图书馆员培训丛书

高校图书馆员应知应会

陈 红 主编

国家图书馆出版社

图书在版编目（CIP）数据

高校图书馆员应知应会 / 陈红主编. -- 北京：国家
图书馆出版社，2021.10
（图书馆员培训丛书）
ISBN 978-7-5013-7240-9

Ⅰ.①高… Ⅱ.①陈… Ⅲ.①院校图书馆－图书馆工
作 Ⅳ.① G258.6

中国版本图书馆 CIP 数据核字（2021）第 003049 号

书　　　名　**高校图书馆员应知应会**
著　　　者　陈　红　主编
特约策划　王　波
责任编辑　邓咏秋
责任校对　郝　蕾
封面设计　德铭文化 + 邢毅

出版发行　国家图书馆出版社（北京市西城区文津街 7 号　100034）
　　　　　（原书目文献出版社　北京图书馆出版社）
　　　　　010-66114536　63802249　nlcpress@nlc.cn（邮购）
网　　　址　http://www.nlcpress.com
排　　　版　北京旅教文化传播有限公司
印　　　装　河北鲁汇荣彩印刷有限公司
版次印次　2021 年 10 月第 1 版　　2021 年 10 月第 1 次印刷

开　　　本　710mm×1000mm　1/16
印　　　张　17.5
字　　　数　270 千字
书　　　号　ISBN 978-7-5013-7240-9
定　　　价　85.00 元

目　录

图表目录

表目录

图目录

前　言

　　图书馆是知识的宝库、信息的中心，也是一个国家和地区文明程度的标志。图书馆的类型多种多样，高校图书馆就是其中的一个重要类型。教育部 2015 年印发的《普通高等学校图书馆规程》中明确指出："高等学校图书馆是学校的文献信息资源中心，是为人才培养和科学研究服务的学术性机构，是学校信息化建设的重要组成部分，是校园文化和社会文化建设的重要基地。图书馆的建设和发展应与学校的建设和发展相适应，其水平是学校总体水平的重要标志。"随着现代信息技术发展，高校图书馆已不再是旧时的藏书阁，它是"与时俱进"这个词的见证者和执行者，它在保护着历史，又拥抱着未来。而人才作为图书馆的重要人力资源，其素质的培养就显得尤为重要。

　　一名合格的高校图书馆员，不仅要有端正的从业态度，能够充分认识到图书馆工作的重要性，热爱这份工作并且有全心全意为读者服务的职业觉悟，更重要的是，需要有适应图书馆发展的专业素养。那么，作为一名高校图书馆员，有哪些知识是您应该而且必须知道的呢？基于此，我们特编撰了《高校图书馆员应知应会》一书。在本书的策划上，《大学图书馆学报》副主编王波和国家图书馆出版社图书馆学编辑室主任邓咏秋提供了大量帮助，在此谨表衷心感谢！本书的作者来自多所高校图书馆，他们都是术业有专攻的专家型馆长、资深馆员，在此一并表示感谢！

　　本书紧紧围绕高校图书馆工作的主要方面进行介绍，以实用为原则，以应知应会、实际操作技能为主要内容。全书共包括九讲内容。第一讲为认识图书馆行业组织，由北京大学图书馆原馆长、深圳北理莫斯科大学图书馆馆长朱强牵头编撰；第二讲为高校图书馆组织机构，由北京大学图书馆原副馆长、山西大学图书馆馆长肖珑负责编撰；第三讲为高校图书馆资源建设，由重庆大学图书馆馆长杨新涯负责编撰；第四讲为高校图书馆信息组织，由华东师范大学图书馆研究馆员胡小菁牵头编撰；第五讲为高校图书馆信息素养教育，由浙江工业大学图书馆研究馆员卢振波牵头编撰；第六讲为从数字图书馆到智慧图书馆，由浙江大学图书馆副馆长黄晨牵头编撰；第七讲为高校图书馆阅读推广，由浙江工业大学图书馆副馆长池晓波牵头编撰；第八讲为高校图书馆空间再造，由沈阳师范大学图书馆党总支书记王宇牵头编撰；第九讲为高校图书馆员科研指南，由北京大学图书馆研究馆员、《大学图书馆学报》副主编王波负责编撰。

长风破浪会有时，直挂云帆济沧海。图书馆博采众长、包罗万象，为每一位馆员施展才华提供了广阔的舞台。由衷希望各位图书馆同人，特别是新入职馆员通过对本书的学习，对图书馆工作有一个较全面的了解。由衷希望本书能为馆员的业务素养提升与自我成长带来帮助。由于水平有限，书中难免存在不足之处，在此，也希望得到高校图书馆同行的批评指正！

陈红

浙江工业大学图书馆馆长

2021 年 4 月 8 日

第一讲　认识图书馆行业组织

朱　强　蒋一平*

每一个行业都是一个使命共同体、发展共同体、竞合共同体、文化共同体、命运共同体，行业组织就是这个共同体不同圈层的协调者、组织者、领导者。进入图书馆行业，成为一名光荣的图书馆员，首先要知道这个行业有哪些知名的国际国内专业组织。了解了这些组织的宗旨、章程、职能，也就领悟了图书馆职业共同的使命、价值、文化，积极参与它们发起的活动并申请成为其成员，就能更快地找到职业的归属感、交流的知音感、从业的自豪感，在世界图书馆是一家的团结氛围中，携手并肩开创人类图书馆事业更加美好的未来。

第一节　图书馆国际组织

一、国际图书馆协会和机构联合会（IFLA）

（一）概况

国际图书馆协会和机构联合会（International Federation of Library Associations

---

*　朱强,现任深圳北理莫斯科大学图书馆馆长。1982年1月毕业于北京大学图书馆学系。1982—1989年就职于全国高等学校图书馆工作委员会秘书处,1987年起任副秘书长。2008年1月至2017年7月任北京大学图书馆馆长,同时兼任中国高等教育文献保障系统（CALIS）管理中心副主任、教育部高等学校图书情报工作指导委员会主任等。曾担任中国图书馆学会副理事长及高校图书馆分会主任,国际图联（IFLA）管理委员会委员（2009—2011）,环太平洋数字图书馆联盟主席（2009—2012）等。长期从事图书馆事业现代化的研究和实际工作,发表著、译作100多篇。

蒋一平,浙江工业大学图书馆综合业务部主任,副研究馆员,浙江大学情报学硕士。主要研究领域:读者服务、空间服务、社会化服务。

and Institutions，IFLA），简称国际图联，是一个独立的、非
政府性的国际组织。IFLA 是国际图书馆与情报机构的领导
组织，致力于让公众广泛认识到图书馆与信息服务的价值，
其代表的是世界各地图书馆协会、情报协会、图书情报服务
机构的利益。

网址：https://www.ifla.org/。

（二）发展历程

1927 年，国际图书馆和目录学委员会在英国爱丁堡正式成立，瑞典皇家
图书馆馆长科林当选为第一任主席。1929 年该委员会更名为国际图书馆协会
联合会（International Federation of Library Associations，IFLA），并正式通过
《国际图书馆协会联合会章程》。1971 年，IFLA 正式在荷兰注册。1976 年在
名称中增加"机构"一词，更为现名。经过近一个世纪的发展，目前 IFLA 在
全球 150 多个国家拥有 1500 多个成员。

（三）愿景、使命与核心价值

IFLA 的愿景、使命与核心价值为世界范围内图书馆人的合作奠定了基础，
为同行间的广泛合作指明了方向。2019 年 8 月 24 — 30 日，第 85 届国际图联
大会发布的《2019—2024 战略报告》（*IFLA Strategy 2019–2024*）[1] 对 IFLA
的愿景、使命与核心价值提出了最新的阐释。

愿景："构建强大且团结的图书馆界，为打造信息互通的参与型社会建设
提供动力"[2]。

使命："激励、吸引、赋能并实现全球图书馆的互联互通"[3]。

核心价值："认可《世界人权宣言》第 19 条所体现的自由获取信息、思想
和创造性作品以及言论自由的原则；确保个人、社区和组织能够公平地获取信
息、思想和创造性的作品，以实现社会、教育、文化、经济和民主的发展；通
过图书馆高质量的信息服务保障人们获取信息的权益；不论国籍、身体状况、
民族、性别、地区、语言、政治倾向、种族或宗教信仰，保证联盟所有成员能
参与联盟活动并从中受益"[4-6]。

（四）组织架构

根据 2021 年 8 月 26 日起实行的国际图联新管理架构①，国际图联设有管

① 根据 IFLA 官网 2021 年 9 月数据。

理委员会、专业理事会（下设专业分会、专业组等）、区域理事会、咨询委员会等，每年召开会员大会。国际图联总部设在荷兰海牙。

会员大会（General Assembly）是国际图联的最高权力机构，把国际图联会员聚集在一起做出重要决策，主要职能包括确定国际图联的宗旨和价值、修改章程、确定会员资格以及审议准年度财务报告和账目等。会员大会通常与一年一度的世界图书馆和信息大会（World Library and Information Congress）同时举行，以便让尽可能多的会员能亲自参加。在大会上，国际图联主席、司库和秘书长会报告国际图联的工作，会员有机会发表意见。

管理委员会（Governing Board）负责国际图联的管理、财务和专业方面的事务，确保组织可持续发展，监督国际图联的战略方向。管理委员会负责指导、支持并监督地区理事会（Regional Council）和专业理事会（Professional Council），并接受咨询委员会（Advisory Committee）的建议。管理委员会由 11 名成员组成，由国际图联主席、当选主席和司库，3 名当然委员〔专业理事会、地区理事会和图书馆协会管理专业组（Management of Library Associations Section）主席〕以及 5 名经选举产生的委员组成。秘书长（Secretary General）担任管理委员会的秘书，不作为委员。

地区理事会由管理委员会直接管理，下设 6 个地区分部委员会，分别是亚洲与大洋洲、欧洲、拉美与加勒比、中东与北非、北美、撒哈拉以南非洲。

专业理事会接受管理委员会管理，负责管理和协调国际图联下各专业分会的活动、政策和计划，就专业方面的问题向管理委员会汇报并提出意见。其成员由主席和 8 个专业分部委员会（Professional Division Committee）主席组成。专业理事会下设 8 个分部（A—H），每个分部下设 6—8 个专业组（Section）和特别兴趣小组（Special Interest Group, SIG），涉及图书馆各方面的专业事务。每个专业组由 3 名主管（主席、秘书和信息协调员）领导，他们与 10—20 名常务委员一起工作。特别兴趣小组旨在为新问题、前沿潮流或者对某话题有长期兴趣的小部分人提供探讨平台。每个特别兴趣小组都由一位会议召集人和至多九名成员组成。

咨询委员会共有 4 个：版权和其他法律问题咨询委员会、文化遗产咨询委员会、自由获取与表达咨询委员会、标准咨询委员会。每个咨询委员会由 10 人组成，包括一位主任。咨询委员会的职责是提供关于关键政策和专业问题的咨询和建议。

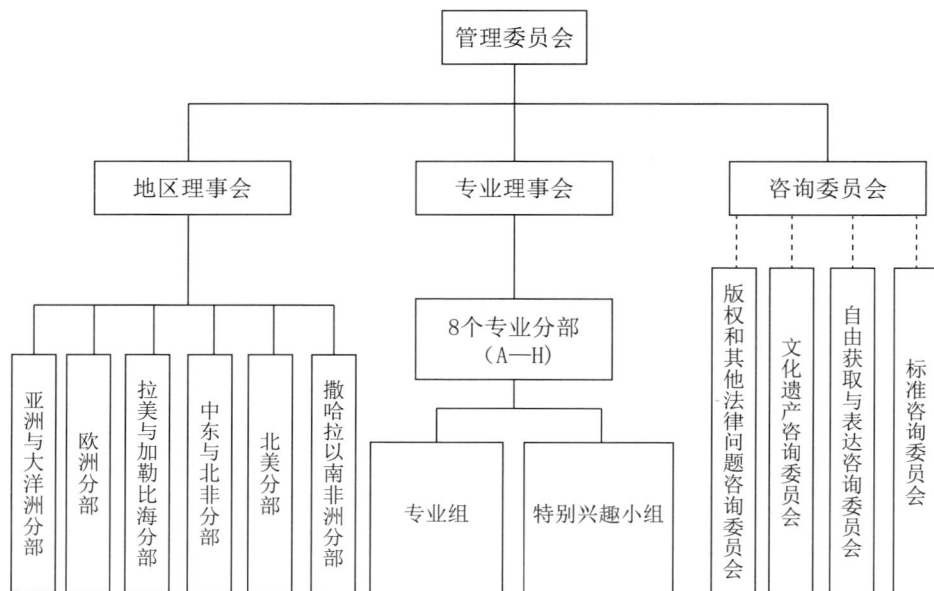

图 1-1 国际图联组织结构图

（五）主要活动

国际图联一直致力于通过搭建多种形式的平台或者提供丰富的资料，"鼓励不同地区、不同类型的图书馆既竞相展示自身的独创与价值，争取公众对图书馆的关注和信赖；又在求同存异中守望相助、共同发展，集结形成图书馆发展的命运共同体，以崭新的活力与生命力从容应对未来挑战"[7]。

1. 国际图联标准

标准是经过审查、发布和定期更新的文件。现行的标准包括概念模型、数字格式代码、资源描述规则、一般准则、范例等五种（具体如表 1-1）。这些标准对行业有指导作用，而且会不断更新。

表 1-1　国际图联标准

概念模型			
FRBRoo 的定义：面向对象的书目记录的功能需求概念模型	PRESSoo 的定义：与连续出版物和其他连续资源相关的书目信息的概念模型	规范数据的功能需求——概念模型（FRAD）	书目记录的功能要求（FRBR）
主题规范数据的功能需求（FRSAD）——概念模型	国际图联图书馆参考模型（LRM）		
数字格式代码			
UNIMARC 简明规范格式	UNIMARC 规范格式手册（第 3 版）	UNIMARC 简明书目格式	
资源描述规则			
IFLA ISBD 命名空间在 RDF 中的翻译指南	ISBD：国际标准书目著录综合版		
一般准则（指南）			
基本连续出版物管理手册（BSMH）（修订版）	照片的保养、处理和储存	善本和特藏专业人员能力指南	图书馆捐赠馆藏管理指南
图书馆和其他机构视听和多媒体资料指南	规范记录与参照指南	馆际互借和文献传递最佳实践指南	儿童图书馆服务指南
法定缴存立法指引	议会图书馆指南	易烂资料指南	展览资料出借指南
使用 Conspectus 模型的馆藏发展政策指南	继续职业发展指导纲要：原则和最佳实践	青年图书馆服务指南（修订版）	长期护理设施中为医院病人和老年人和残疾人服务的图书馆指南
基于图书馆的扫盲计划指南	政府部门图书馆指引	婴幼儿图书馆服务指南	盲文用户图书馆服务指南
囚犯图书馆服务指南	议会研究服务指南	多语种叙词表指南	报纸保存缩微胶卷指南
联机公共查询目录（OPAC）显示指南	为阅读障碍者提供图书馆服务指南—修订和扩展	善本与手稿馆藏数字化规划指南	图书馆与信息专业教育规划指南

续表

图书馆公共互联网访问指南	建立数字统一项目的指南	国际图联数字参考咨询指南	国际报纸编目指南
国际图联 0—18 岁儿童图书馆服务指南（2018 年修订版）	国际图联灾害预防手册	国际图联图书馆建设指南：发展与反思	国际图联图书馆资料保护和处理原则
国际图联公共图书馆服务指南	国际图联学校图书馆指南	国际图联为无家可归者提供图书馆服务指南	国际资源共享和文献传递：程序原则和指南
电子资源馆藏发展的关键问题：图书馆指南	用于数字化和光学字符识别的缩微胶片	移动图书馆指南	多元文化社区：图书馆服务指南（第3版）
多语言编目术语和概念词典（MulDiCat）	数字时代的国家书目：指南和新方向	在图书馆中用研究来促进识字和阅读：图书馆员指南	
原则			
国际编目原则声明（ICP）2016			

这些国际图联标准为不同类型图书馆、不同类型服务对象的服务工作提供了指导意见，同时也对不同的文献载体、不同的业务工作提供了工作规范。国际图联标准对我国图书情报从业人员而言具有积极的理论与实践价值。近年来我国学者热议与关注的指南包括以下几种。

《保护文化遗产国际图联指南》（*Preserving Cultural Heritage: An IFLA Guide*）于 2017 年 8 月发布，是国际图联在文化遗产保护方面的宣传手册，简单概述了国际图联在文化遗产方面的工作，主要包括：建立国际图联保存保护核心项目工作网络、开展文化遗产的保护和修复项目、推进数字保存工作等。该指南对于指导"我国图书馆参与文化遗产保护工作，加强专业性合作和集中化管理，建立数字化保护路径"具有积极意义[8]。

网 址：https://www.ifla.org/publications/preserving-cultural-heritage--an-ifla-guide。

《善本和手稿藏品数字化规划指南》（*Guidelines for Planning the Digitization of Rare Book and Manuscript Collections*）于 2014 年 9 月发布，主要描述了数字馆藏

项目管理、过程管理、技术管理等方面的内容[9]。该指南适用于所有参与规划善本和特藏数字化项目的人，包括提议项目的图书馆领导，规划和执行项目的图书馆员和研究人员，以及正在考虑对特藏数字化进行支持的基金组织。

网址：https://www.ifla.org/publications/node/8968?og=59。

2. 国际图联工具包

为更好地推进议题发展和目标实现，IFLA 会在声明、宣言或报告之后发布工具包（Toolkits）来提供指导性的材料和相关信息。一般而言，"工具包"会提供背景知识、政策建议、实施方案和一些有助于实现发展目标的实例和资源，还会提供一些更为细节性的内容，如信函模板、演讲技巧、谈判要点等[10]。现行国际图联工具包有以下几种。

《国际图联工具包：图书馆和联合国 2030 年议程的实施》（*IFLA Toolkit: Libraries, Development and the United Nations 2030 Agenda*），2015 年 10 月发布第 1 版，2021 年 3 月发布修订版。该工具包旨在支持各国将图书馆和信息获取纳入国家和地区发展计划，这将有助于实现《变革我们的世界：2030 年可持续发展议程》（"联合国 2030 年议程"）。该工具包具体包括：了解联合国 2030 年议程进程和国际图联的主张；了解联合国 2030 年议程如何在国家层面实施；组织政策制定者开会，以展示图书馆和信息获取对国家发展和整个可持续发展目标的贡献；跟踪联合国 2030 年议程和可持续发展目标的实施；告知图书馆用户可持续发展目标的相关情况[11-12]。

网址：https://www.ifla.org/publications/node/10156。

《国际图联工具包：构建素养和阅读国家战略》（*IFLA Toolkit for Library Engagement in Literacy and Reading Strategies*），于 2019 年 9 月发布。工具包旨在帮助图书馆协会、机构以及图书馆和信息工作者倡导在相关国家战略文件中承认图书馆在素养和阅读方面的作用。该工具包提供了图书馆机构、协会在与相关公共机构合作时所需的资料，包括开展宣传活动的策略，图书馆在支持素养和阅读方面的成功案例，以及其他相关的资源列表。

网址：https://www.ifla.org/publications/node/92449。

《国际图联工具包：公共访问互联网政策工具包》（*Public Access Policy Toolkit*），于 2019 年 8 月发布。互联网访问是图书馆的重要资源，也是现代图书馆服务必备的基础设施。因此该工具包旨在帮助图书馆员、图书馆和图书馆协会向国家或区域决策者争取公共互联网访问的政策支持。工具包简要介绍与技术相关的法律、法规和公共访问付费相关的问题，梳理了相关的政策问题，阐述了图书馆协会和图书馆可以开展宣传的要点，并且提供了丰富的参考信息资源。

网址：https://www.ifla.org/publications/node/83356。

《国际图联工具包：如何使用〈2019 年发展与信息获取报告〉》（*IFLA Toolkit: How to use the Development and Access to Information Report 2019*）于 2019 年 5 月发布。《2019 年发展与信息获取报告》是由国际图联与华盛顿大学信息学院合作编写的，主要包括：构建了一个衡量世界各地信息获取水平的框架；展现了图书馆在提供服务方面的独特优势与价值；明确了各地区实现可持续发展目标的关键领域。该报告是图书馆的宣传工具，目的是在联合国、其他国际场合以及区域层面，宣传信息获取的重要性，强调图书馆作为发展加速器的作用。关于如何使用《2019 年发展与信息获取报告》的工具包既提供了报告的摘要，也提供了图书馆协会、图书馆和个人可以采取的一系列建议行动。

网址：https://www.ifla.org/publications/node/92494。

3. 国际图联专业奖项

国际图联专业奖项用于表彰图书馆和信息服务部门的个人或组织在国际图联专业活动或特定专业领域的贡献或潜在的未来贡献。现有的国际图联专业奖项包括以下几个。

国际图联最具活力和影响力奖（IFLA Dynamic Unit and Impact Award）：该奖项旨在表彰专业单位在实现专业委员会所定义的活力与影响力上所取得的成功；

国际图联最佳海报奖（Best IFLA Poster）：从世界图书馆与信息大会期间展示的海报中选出最佳海报；

国际图联绿色图书馆奖（IFLA Green Library Award）：奖励对环境可持续性发展作出实践探索的最佳绿色图书馆；

国际营销奖（IFLA International Marketing Award）：该奖项旨在表彰富有创意、以结果为导向的图书馆营销项目或活动；

国际图联都市图书馆短片奖（IFLA Metropolitan Libraries Short Film Award）：奖励关于大城市和大都市区公共图书馆的最佳短片；

国际图联最佳新公共图书馆奖（IFLA Public Library of the Year）：自 2014 年以来，国际图联颁发该奖项用以表彰过去一年内建造或改建的公共图书馆中表现突出者。

我国图书馆积极参与国际图联专业奖项的评比，尤其是在国际图书馆营销奖与国际图联绿色图书馆奖方面都有不少收获。

国际营销奖自 2003 年起评，到 2021 年已经举办 18 次。该奖项的目标是在全世界范围内，对在上一年度 1 月 1 日至 12 月 31 日期间最好的图书馆营销项目进行奖励；鼓励图书馆进行营销宣传；为图书馆提供分享营销经验的良机。该奖项每年（偶有年份未颁奖）根据图书馆领域的创新性营销贡献选出三个获奖项目（第一、二、三名），另外还选出七个独特项目（这七个项目不排序）。中国图书馆积极参与国际营销奖，许多优秀的案例入围前十名，并有三次获得第一名（见表 1-2）。IFLA 国际营销奖为世界图书馆开展营销活动提供了案例借鉴，同时也提供了图书馆间交流共享的平台[13]。

表 1-2　中国图书馆界荣获 IFLA 国际营销奖情况

届次	获奖单位	获奖项目名称
第 10 届（2012）（第一名）	清华大学图书馆	"爱上图书馆"短视频及排架游戏（Falling in Love with the Library）
第 12 届（2014）	杭州图书馆	发现身边的图书馆（Found Around the Library）
第 13 届（2016）	厦门大学	圕·时光（Tuan Time）
第 14 届（2017）（第一名）	北京科技大学图书馆	阅读日（READay）
第 14 届（2017）（第二名）	上海图书馆	开放数据应用开发大赛，"家谱寻根"（Open Data Application Development Contest 2016）
第 14 届（2017）（第三名）	武汉大学图书馆	"微天堂真人图书馆"（Little Paradise Human Library）
第 15 届（2018）	广州图书馆	广州新年诗会（Guangzhou New Year Poetry Gala）
第 15 届（2018）	重庆图书馆	格林童话之夜（Night of Grimm's Fairy Tales）
第 16 届（2019）	重庆图书馆	阅读之星（Reading Star）
第 16 届（2019）	南京大学图书馆	图书馆奇妙夜（Night at the Library）
第 17 届（2020）（第一名）	佛山图书馆	"邻里图书馆"（N-Library to Forge a Closer Community of a Shared Future）
第 17 届（2020）	宁波图书馆	24 小时约会一本书（Dating a Book in 24 Hours）

续表

届次	获奖单位	获奖项目名称
第17届（2020）	武汉大学图书馆	书与梦的使者（Messenger of Books and Dreams）
第18届（2021）（第二名）	济南市图书馆	泉城书房——'快递小哥'阅读驿站（Quancheng Study—"Delivery" Buddies Post）
第18届（2021）	上海图书馆	"我的战疫"阅读马拉松线上快闪比赛（My Battle against Covid-19, Online Pop Up Reading Marathon）
第18届（2021）	温州图书馆	漫画温图（The Comics of Wenzhou Library）

国际图联绿色图书馆奖通过阐明图书馆和图书馆员在推进可持续标准和促进专业知识方面的作用，来推动图书馆行业的发展。该奖项于2016年设立，目前已经评选6届。我国佛山市图书馆获得2018年国际图联绿色图书馆奖冠军，广东省立中山图书馆、香港中文大学图书馆获得2017年该奖项亚军，杭州图书馆获得该奖项2020年亚军。"绿色图书馆大奖激励图书馆在可持续发展中的实践与创新思维，从而更好地发挥图书馆的社会治理效能"[14]。2021年国际图联绿色图书馆奖设立"绿色图书馆"（Green Library）和"绿色图书馆项目"（Green Library Project）两个类别，深圳坪山图书馆成功入围2021年"绿色图书馆"奖，获得第三名。

4. 国际图联项目

为推动重大战略的实施或联合全球图书馆人的力量，国际图联开展了一些专题项目。近年来影响较大的项目有两个。

全球愿景项目（Global Vision Project）将全球图书馆人联合起来，充分汇聚馆员的才智，以自下而上的方式来制定影响行业发展未来的新战略。它让世界上的每一位图书馆员都有机会做出贡献。凭借来自190个联合国会员国的反馈和投入，国际图联创建强大而团结的图书馆领域的全球愿景，从而让图书馆行业能够在为构建文化素养良好、信息通达的参与型社会发挥积极的作用。中国图书馆学会积极响应国际图联倡议，分别召开了面向专业图书馆、公共图书馆和高校图书馆的研讨会，反映中国的现状与思考，为全球图书馆的共同发展提供中国智慧。

讲好图书馆故事（Tell us your story）项目："国际图联在其'2016—2021战略规划'框架下，为进一步强化对图书馆影响力的宣传，发起'讲好图书馆故事'项目"[15]。该项目旨在帮助图书馆员和图书馆支持者讲述有关图书馆活动、项目和计划的引人入胜的故事，展示它们对社区和人们生活的影响。这些故事展示了图书馆在实现联合国可持续发展目标（SDGs）方面的贡献。IFLA 邀请全世界的图书馆员和图书馆支持者通过 LMW SDG Stories 平台提交他们的故事。

二、图书馆联盟之国际联盟（ICOLC）

（一）概况

图 书 馆 联 盟 之 国 际 联 盟（The International Coalition of Library Consortia，ICOLC）是一个非正式、自组织的联盟，于 1996 年成立。ICOLC 的运作由 ICOLC 成员选举的协调委员会指导。ICOLC 每年举行两次会议，专门向参与者通报新的电子信息资源、电子信息供应商、供应商的定价做法以及其他对图书馆重要的问题。

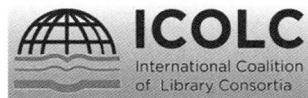

网址：https://www.icolc.net/。

（二）发展历程

图书馆之间的协议联盟（Consortium）旨在共同解决面临的各种问题，比如：资源需求增加、资源种类数量过多、财政开支困难、用户分散等问题。1995 年，美国图书馆联盟的领导人建立了一个电子邮件讨论列表，以支持联盟内部的沟通。随着全世界对社区对话的兴趣增加，1999 年在欧洲举行的一次图书馆领导人聚会上，图书馆联盟之联盟（COC）成立，并很快更名为图书馆联盟之国际联盟（ICOLC）。

（三）工作模式

ICOLC 的合作模式是完全非正式的，主要是为了解决现实的问题，并尽可能在业务细节和组织架构上少花费时间。随着时间的推移，ICOLC 会议形成了每年两次的模式。北美举办春季会议，欧洲举办秋季会议。每次会议都会吸引 100 多名 ICOLC 的代表参加，会期持续数天。供应商和出版商只被邀请参加特定的会议，讨论图书馆关注的具体问题。迄今为止，ICOLC 已举行了 16 次欧洲和北美会议。

（四）会员

ICOLC 目前在北美、南美、欧洲、大洋洲、亚洲和非洲有大约 200 个图书馆联盟成员。中国高等教育文献保障系统（China Academic Library & Information System，CALIS）也加盟了 ICOLC。ICOLC 不收取任何会费，只需支付会议费用。

三、环太平洋研究图书馆联盟（PRRLA）

（一）概况

环太平洋研究图书馆联盟作为一个区域性、专业性的组织，专注于促进环太平洋

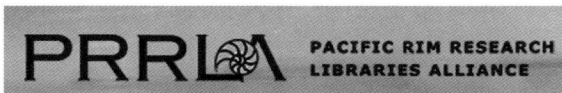

地区学术图书馆之间的合作。PRRLA 试图通过积极的资源共享、合作性的馆藏开发以及利用技术来支持文献传递，从而改善学术研究资料的获取。目前，PRRLA 有中国、美国、加拿大、日本、韩国、新加坡、澳大利亚等 10 多个国家和地区的 41 个成员馆。

网址：https://pr-rla.org。

（二）发展历程

1995 年，美国加州大学圣地亚哥分校（University of California，San Diego，UCSD）图书馆获得美国安全教育计划为期两年的资助，用于开发多语言计算机服务器。

1995 年 12 月，UCSD 图书馆邀请了太平洋沿岸国家的技术专家举办了一次研讨会，共同探讨多语言服务器的开发问题，会后参与者之间保持了良好的电子交流。这种跨学科、跨国界学术信息的电子交流非常成功，我国北京大学、香港大学也参与到这种交流之中。

1997 年 10 月，UCSD 发起，与太平洋地区的知名大学和国家图书馆共同建立环太平洋数字图书馆联盟（Pacific Rim Digital Libraries Alliance，PRDLA）。2015 年，成员投票决定将 PRDLA 更名为"环太平洋研究图书馆联盟"。

（三）主要活动

卢国邦（Karl Lo）奖：为了表彰 Karl Lo 在组建环太平洋数字图书馆联盟方面的领导作用以及他对全球图书馆和图书馆事业的贡献，PRRLA 于 2007

年设立 Karl Lo 奖。该奖项申请人必须是 PRRLA 成员图书馆馆员，同时为环太平洋图书馆的合作和数字图书馆的发展做出贡献。目前该奖项已经评选 11 年。至今，我国有 4 位馆员获得该殊荣，分别是 2011 年香港中文大学图书馆 Louisa Lam、2019 年复旦大学李彦霖、2020 年厦门大学陈娟、2021 年中山大学图书馆苏日娜。

环太平洋图书馆（Pacific Rim Library，PRL）项目：PRL 项目旨在改善全球对 PRRLA 成员馆具有强大研究和教学价值的馆藏数字资源的访问。PRL 项目鼓励会员按照一定的元数据开发策略和规则，将他们的数字馆藏添加到 PRL 数据库中。

第二节 各地区图书馆行业组织

一、亚洲地区

亚洲很多国家都建立了完备的图书馆行业组织。其中，中国、日本的协会（学会）活动较多，在国际上的影响力较大，在亚洲地区图书馆事业的发展中发挥了重要积极作用。

（一）中国图书馆学会

中国图书馆学会（Library Society of China），是由图书馆及相关行业或机构科技工作者自愿结合、依法登记成立的全国性、学术性、非营利性的社会组织，是引导图书馆行业全面落实科学管理，推动科技进步，发展我国图书馆事业的重要社会力量。学会办事机构行政上隶属国家图书馆。

网址：http://www.lsc.org.cn/。

1. 发展简史

中国图书馆学会的前身是 1925 年成立的中华图书馆协会。1927 年中华图书馆协会成为国际图联（IFLA）的发起单位之一。1979 年 7 月，中国图书馆学会正式成立，并于 1981 年 5 月恢复了在国际图联的合法席位[16]。

2. 组织体系

按照民政部和中国科协有关要求，中国图书馆学会第九届理事会共设置 16 个分支机构，分别是：学术研究委员会、图书馆学教育委员会、阅读推广委员会、编译出版委员会、交流与合作委员会，以及公共图书馆分会、高等学校图书馆分会、专业图书馆分会、中央国家机关图书馆分会、医学图书馆分会、高职院校图书馆分会、中小学图书馆分会、党校图书馆分会、团校图书馆分会、未成年人图书馆分会和工会图书馆分会。

3. 业务活动

中国图书馆学会积极致力于建成"自主发展力、会员凝聚力、学术引领力、行业协调力、社会公信力和国际影响力更强的现代社会组织"[17]。

（1）中国图书馆学会充分发挥行业指导与协调的作用，开展学术交流、教育培训、阅读推广、编译出版等日常工作，促进学术繁荣和事业发展。

其中，在学术交流方面，中国图书馆学会形成了"以年会为核心，以青年学术论坛、百县馆长论坛和未成年人服务论坛等学术品牌学术活动为重点，集合我国图书馆界重要学术活动为一体的综合学术交流体系"[18]。

在教育培训方面，学会注重馆员的培训与教育工作，通过举办业务培训班、召开专业研讨会、开辟网络学习平台等多种形式，不断提高馆员的专业水平；通过开展馆员职业道德教育，规范馆员职业行为，树立职业观念与自信。

在阅读推广方面，中国图书馆学会阅读推广委员会非常活跃，发挥行业指导作用，引领图书馆界开展多种多样的阅读推广活动，为学习型社会、书香社会的建设发挥积极作用。

在编译出版方面，"学会鼓励与支持馆员新思想与新成果的交流与推广"[19]。通过《中国图书馆学报》的有效运营、专业教材（如《阅读推广人系列教材》）及专业图书等出版物的编撰发行，学会发挥了学术研究与交流的引领作用。

（2）中国图书馆学会积极推动国际和地区间学术交流活动，充分发挥对外合作的桥梁纽带作用，不断提高中国图书馆学界在全球同行中的影响力。

与国际图联的合作：中国图书馆学会全力支持我国图书馆界的学者参选国际图联相关专业委员会委员，提高中国馆员在国际图联的影响力；学会积极组织会员参加国际图联年会，包括向大会提交学术论文，到现场聆听学术报告等，为会员开辟国际交流渠道。

搭建国际学术交流平台：学会通过"走出去""请进来"等方式，为国内外与地区之间的学术互动搭建丰富的交流平台，促进学术思想的充分碰撞与升华。

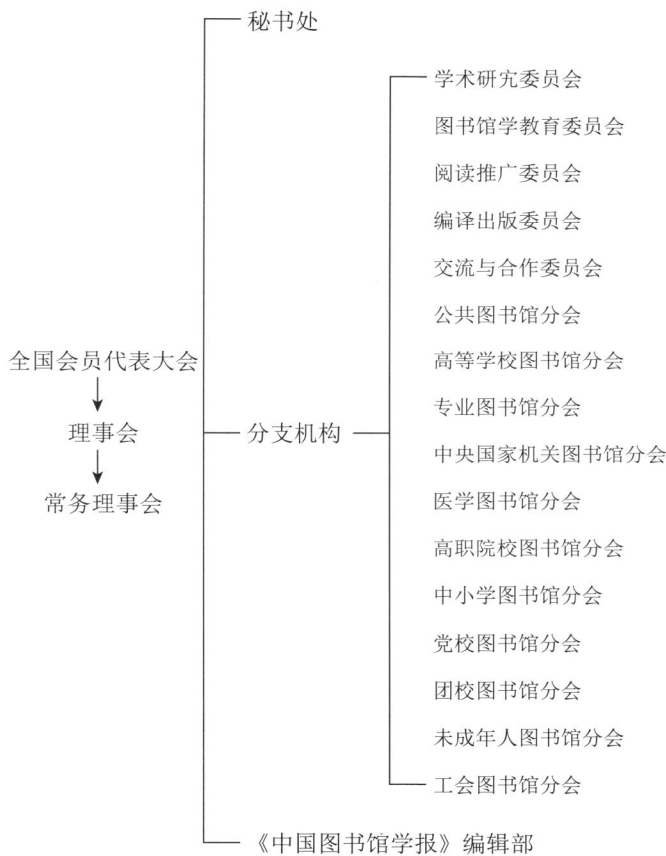

图 1-2　中国图书馆学会组织架构

（二）日本图书馆协会

日本图书馆协会（Japan Library Association，JLA）的前身是 1892 年（明治二十五年）成立的"日本文库协会"，1908 年（明治四十一年）正式改名为"日本图书馆协会"，1929 年加入国际图联（IFLA）。

日本图书馆协会的目的是促进各种类型图书馆的发展，支持人们阅读和使用信息资料，并为文化和科学的发展做出贡献。它的主要职责包括：开展图书

馆工作人员的培训，研究和收集图书馆管理、运营 / 服务、技术等方面的相关资料，组织推动图书馆发展的活动，支持与国内外图书馆组织等的合作。

JLA 在发布行业指导性文件方面做了大量工作。如二战后，JLA 颁布的《图书馆知识自由声明》（1954 年和 1979 年修订）和《图书馆员道德规范》（1980 年）是图书馆员的职业准则。在指导公共图书馆建设活动中，JLA 于 1963 年出版了《中小城市公共图书馆管理》，1970 年出版了《市民图书馆》，提出了建设市民图书馆的重要性。此外，JLA 出版和修订了《日本十进分类法》（NDC）、《日本编目规则》（NCR）等编目分类规则，规范业务流程。

网址：https://www.jla.or.jp/。

二、美洲地区

在美洲地区，美国和加拿大的图书馆事业与行业组织较为发达，在国际上的影响力也较大。

（一）美国图书馆行业组织

美国是世界上图书馆事业最发达的国家之一，美国图书馆行业协会对美国乃至全球图书馆事业的影响都比较深远。

1. 美国图书馆协会

（1）概况

美国图书馆协会（American Library Association，ALA）是世界上历史最悠久、规模最大的图书馆协会，其使命是"为促进并保证所有人都能获取信息，引领图书情报服务和图书馆员职业的发展与提高。"ALA 于 1876 年 10 月在美国费城成立，主要创始人为 J. 温泽、W. F. 普尔和 M. 杜威。自 1909 年起，美国图书馆协会在芝加哥市设立总部，并在华盛顿设立办事处。

网址：http://www.ala.org/。

（2）组织机构

ALA 的领导机构是理事会，由 100 名理事组成，任期 4 年。ALA 的主席、副主席、执行秘书等任期为 1 年。ALA 的执行机构为执行委员会，由 ALA 的理事会议代表 8 人、刚离任的理事会主席及若干办事职员组成。执行委员会负责管理协会的日常事务、会员登记、财务及检查各项活动的进展情况。

ALA 有八个分部（Divisions），主要是根据图书馆类型、服务类型或特定的兴趣领域来划分的，分别是：美国中小学图书馆员协会（American Association of School Librarians，AASL）、儿童图书馆服务协会（Association for Library Service to Children，ALSC）、大学与研究图书馆协会（Association of College and Research Libraries，ACRL）、"核心：领导、基础设施、未来"协会（Core：Leadership，Infrastructure，Futures）、公共图书馆协会（Public Library Association，PLA）、参考咨询与用户服务协会（Reference and User Services Association，RUSA）、图书馆联合会（图书馆信托人、赞助人、友好人士与基金会联合会）〔United for Libraries（Association of library trustees，advocates，friends and foundations，ALTAFF）〕、青少年图书馆服务协会（Young Adult Library Services Association，YALSA）。这些分部有各自的治理结构与组织模式，只有是 ALA 的成员才能加入分部，只有是分部的成员才能在分部委员会任职。

ALA 的圆桌会议（ALA Round Tables）作为一种常设机构，由一些知识渊博的图书馆专家组成，主要是为了方便同行之间进行交流与合作，分享专业知识，构建专业所需的资源和工具。现有的圆桌会议有：民族与多元文化信息交流圆桌会议（Ethnic & Multicultural Information Exchange Round Table，EMIERT）、展览圆桌会议（Exhibits Round Table，ERT）、电影与传媒圆桌会议（Film and Media Round Table，FMRT）、游戏圆桌会议（Games and Gaming Round Table，GAMERT）、政府文献圆桌会议（Government Documents Round Table，GODORT）、漫画圆桌会议（Graphic Novels and Comics Round Table，GNCRT）、知识自由圆桌会议（Intellectual Freedom Round Table，IFRT）、国际关系圆桌会议（International Relations Round Table，IRRT）、馆员继续教育圆桌会议（Learning Round Table，LearnRT）、图书馆史圆桌会议（Library History Round Table，LHRT）、图书馆用户培训圆桌会议（Library Instruction Round Table，LIRT）、图书馆科研圆桌会议（Library Research Round Table，LRRT）、图书馆员工权益圆桌会议（Library Support Staff Interests Round Table，LSSIRT）、地图与地理空间信息圆桌会议（Map and Geospatial Information Round Table，MAGIRT）、新会员圆桌会议（New Members Round Table，NMRT）、彩虹圆桌会议（Rainbow Round Table，RRT）、退休会员圆

桌会议（Retired Members Round Table，RMRT）、社会责任圆桌会议（Social Responsibilities Round Table，SRRT）、员工组织圆桌会议（Staff Organizations Round Table，SORT）、可持续发展圆桌会议（Sustainability Round Table，SustainRT）。

ALA 共有 57 个州和地区分会（Chapters），遍布在美国 50 个州、哥伦比亚特区等地。各分会在其地域内促进图书馆服务和图书馆学研究的发展。

（3）会员

ALA 有个人会员、组织会员、企业会员三种常规的会员类型，另外也包括常任会员与终身会员两种特殊的会员。截止到 2020 年，ALA 拥有会员 54169 人。ALA 为会员提供了丰富的资源与平台，ALA 会员可以：通过 ALA 的官方社交媒体、ALA Connect 平台、面对面的会议和活动、虚拟 ALA 市政厅等方式与同行交流；参加 ALA 的圆桌会议、分部会议、分会活动，进行专业研讨与学习；利用 ALA 提供的资源与工具开展有关知识自由、访问公平性、版权、素养教育等方面的工作；利用 ALA 提供的线上和线下专业学习资料以及参与 ALA 的志愿者活动，培养图书馆员必要的技能。

（4）主要职责

ALA 在为引导图书馆员提供图书信息服务方面发挥了重要的作用。通过制定战略方针、规范馆员职业资格认证、出版专业书刊、设立图书馆奖项等，ALA 帮助馆员不断得到社会的广泛承认，同时也使民众获得了更多的信息。

ALA 会根据协会发展实际提出未来的战略方向，从而为图书馆行业的发展指明方向。在 2018 年秋季会议上，ALA 执行委员会表决确认 ALA 的四个战略方向是：宣传（Advocacy）、信息政策（Information Policy）、专业与引领发展（Professional & Leadership Development）、公平性、多样性和包容性（Equity，Diversity & Inclusion）、社会责任与公益（Social responsibility and the public good）、可持续性（Sustainability）。

ALA 积极致力于美国图书馆员职业资格认证工作。ALA 制定图书馆和信息研究硕士课程认证标准，目前适用于美国、加拿大、波多黎各。现行认证标准是 2015 年标准，于 2015 年 2 月 2 日经 ALA 理事会批准通过，并于 2019 年 1 月 28 日进行了修订。ALA 认可的硕士课程提供的学位包括图书馆学硕士（MLS）、文学硕士、图书馆和信息研究硕士（MLIS）和理学硕士。同时 ALA

还制定了《认证流程、政策和程序（第四版）》（2015 年 6 月发布，2017 年 5 月更新）。ALA 的认证制度不仅明确了获得硕士认证需要达到的知识与技能水平，也规定了认证的途径，为馆员提供了清晰的职业提升路径。

ALA 另一个对图书馆专业比较大的贡献是出版工作。其中 ALA 的指南和标准从图书馆服务的各个方面向图书馆员提供建议，对图书馆从业人员而言操作性很强，实用价值很高；ALA 出版的《美国图书馆》（*American Libraries*）是世界上发行量最大的图书馆学刊物之一，每年出版纸质版 6 次，数字版的 7 月、8 月刊以及不定时的数字增刊，发送给全球约 65000 名个人和组织，ALA 会员可以免费获得该杂志的阅读权；ALA 商城（ALA Store）为图书馆和信息专业人士提供纸质图书、电子图书、图片、CD 以及独特的海报、书签等，来满足馆员继续教育或职业发展的需要。

ALA 奖励计划每年都会奖励为行业提供出色服务的获奖者。具体包括以下几大类：①荣誉会员（Honorary membership）。这是 ALA 的最高荣誉，旨在表彰对图书馆和图书馆事业做出杰出贡献的会员。荣誉成员由 ALA 理事会根据 ALA 执行委员会的推荐选出。② ALA 综合奖（General Awards）：由 ALA 管理办公室（Governance Office）管理，通常被称为表彰奖（Recognition Awards）。目前 ALA 公布的综合奖共有 137 种。③一些是由 ALA 分部、圆桌会议等部门评选的，包括 ALA 奖学金（Scholarships）（32 种）、图书与媒体奖（Book/Media Awards）（80 种）、资助金（Grants）（109 种）。ALA 主持的奖项覆盖范围非常广泛，基本上覆盖图书馆所有的相关领域。这些奖项从图书馆行业发展的多方面肯定了图书馆机构或个人的价值，对于推动图书馆事业的发展有积极的作用。

2. 美国公共图书馆协会

（1）概况

美国公共图书馆协会（The Public Library Association，PLA）是美国图书馆协会最大的分部，致力于支持公共图书馆专业人员独特和不断发展的需求。PLA 成立于 1944 年，在美国和加拿大为各类公共图书馆近万名成员提供服务，在世界各地的影响力日益扩大。

网址：http://www.ala.org/pla/。

（2）主要活动

PLA 为会员提供继续教育机会、奖励计划，并搭建合作平台，从而促进会员的职业发展与学术进步。

①继续教育

PLA 为图书馆工作人员提供 LibraryCareers.Org 等职业探索的资源平台，帮助他们了解图书馆学情报学硕士课程的认证标准，了解图书馆学教育的政策规定，并提供丰富的学术和公共信息资源，及时把握技术前沿；此外也通过 ALA 招聘信息中心（ALA Recruitment Clearinghouse）等平台，及时为正在探索职业生涯的图书馆从业人员提供专业领域的就业资源。

②奖励计划

PLA 通过不同的奖项，表彰提供公共图书馆服务的人或组织。PLA 主要的奖项包括以下几个。

艾莉·贝丝·马丁奖（Allie Beth Martin Award）：用于表彰在公共图书馆领域中表现出对书籍或其他图书资料非凡的知识广度和深度，并具有杰出的分享知识能力的图书馆员；

贝克与泰勒音频音乐及视频音乐产品奖（Baker & Taylor Entertainment Audio Music / Video Product Award）：旨在奖励为公共图书馆扩展馆藏格式的活动；

查理·罗宾逊奖（Charlie Robinson Award）：表彰为满足社区居民需求而积极创新和变革的公共图书馆馆长；

EBSCO 乡村图书馆卓越服务奖（EBSCO Excellence in Rural Library Service Award）：旨在奖励为 10000 或以下人口服务的公共图书馆，其整体服务项目或特别项目显示出对社区的卓越服务；

科纳布尔知识自由奖（Gordon M. Conable Award）：表彰推动知识自由和图书馆权利法案的公共图书馆工作人员、图书馆受托人或公共图书馆；

约翰·伊利夫奖（John Iliff Award）：表彰使用技术和创新思维改善公共图书馆用户服务的图书馆员或图书馆；

新领袖旅费资助（New Leaders Travel Grant）：鼓励新公共图书馆员参加专业活动来促进他们的专业发展并提高他们的专业知识；

PLA 图书馆创新奖（PLA Library Innovation Award）：奖励公共图书馆为社区提供的创新和创造性服务计划；

美国浪漫小说作家协会图书馆资助（Romance Writers of America Library Grant）：由 PLA 和美国浪漫小说作家协会共同举办，旨在资助公共图书馆建立或扩展浪漫小说收藏范围或开展与浪漫小说有关的活动；

辛格集团"帮助社区团结"奖（The Singer Group Helping Communities Come Together Award）：认可公共图书馆在危机和分裂时期对社区开展的创造性的活动；

公共图书馆专题论文比赛（Public Libraries Feature Article Contest）：表彰上一年公共图书馆杂志上发表的最佳专题论文。

合作平台：PLA 会员可以参加美国图书馆协会分部、圆桌会议、其他分会等组织的会议与活动，与其他会员进行专业问题的研究与探讨；同时 PLA 会员也可以通过在线社区平台（ALA Connect）与其他会员进行线上的交流与合作。

3. 美国华人图书馆员协会

美国华人图书馆员协会于 1973 年成立，是美国图书馆协会的会员组织，总部在芝加哥，是目前为止美国最大的华人学术组织。

该协会的主要目的是："促进美国华人图书馆员之间的交流与合作，帮助他们解决在工作和生活中遇到的问题；促进华人图书馆员和美国图书馆员之间的交流与合作；促进美国华人图书馆员之间的学术交流"[20]。该协会在推动中美图书馆界的合作与交流方面也发挥了作用。

CALA 有八个分会：中大西洋分会（GMA）、中西部分会（MW）、东北分会（NE）、北加州分会（NCA）、南加州分会（SCA）、东南分会（SE）、西南分会（SW）和加拿大分会。

网址是 http://www.cala-web.org/。

（二）加拿大图书馆行业组织

加拿大的图书馆事业居世界前列，加拿大的图书馆行业组织在推动加拿大图书馆事业的发展中发挥了重要作用。

☞ 加拿大图书馆协会

加拿大图书馆协会（Canadian Library Associa-

tion, CLA) 是非营利性的组织, 于 1946 年在安大略省汉密尔顿成立。

执行委员会 (Executive Council) 具体负责协会的管理工作, 由 7 个人组成, 包括: 主席、副主席、财务主管、前任主席和 3 名其他当选委员。委员会分为两种类型: 咨询委员会和常务委员会。咨询委员会由执行委员会设立, 为协会就具有战略性专业利益的主题提供专家建议。咨询委员会可能是长期的, 也可能是短期的, 这取决于所讨论的主题。常务委员会由执行委员会设立, 以促进协会的持续治理。常务委员会是长期的。

CLA 成员包括个人、机构、企业和合伙人等四种类别, 现有会员约 2000 多人。

CLA 有五个分会, 分别是加拿大中小学图书馆协会 (Canadian Association for School Libraries, CASL)、加拿大高校图书馆协会 (Canadian Association of College and University Libraries, CACUL)、加拿大公共图书馆协会 (Canadian Association of Public Libraries, CAPL)、加拿大专业图书馆及信息服务协会 (Canadian Association of Special Libraries and Information Services, CASLIS)、加拿大图书馆理事协会 (Canadian Library Trustees Association, CLTA)。

加拿大图书馆协会积极推出各项活动帮助公众认识图书馆在加拿大人生活中起到的重要作用。自 2007 年起将 10 月定为 "加拿大图书馆月"（Canadian Library Month); 颁发各种具有影响力的图书奖项, 包括年度最佳儿童书奖 (Book of the Year for Children Award)、加拿大青少年图书奖 (Young Adult Canadian Book Award)、阿米莉亚·弗朗西丝·霍华德－吉本插画奖 (Amelia Frances Howard–Gibbon Illustrator's Award) 等。

网址: http://cla.ca/。

三、欧洲地区

欧洲图书馆的总体水平是比较高的, 欧洲地区的图书馆行业组织的起步也比较早。最有影响力的是欧洲研究型图书馆协会、英国图书馆与情报专家学会。

（一）欧洲研究型图书馆协会

1. 概况

欧 洲 研 究 型 图 书 馆 协 会 (Ligue des Bibliothèques Européennes de Recherche,

LIBER
LIBER
Ligue des Bibliothèques
Européennes de Recherche
Association of European
Research Libraries

LIBER）注册于荷兰，成立于 1971 年，是欧洲研究图书馆行业的代言者，目前大约有 450 家图书馆构成了 LIBER 的合作网络。

LIBER 的使命是实现世界一流的研究，价值观是协作和包容。LIBER 旨在：提供信息基础设施，使 LIBER 机构的研究达到世界一流水平；在欧洲国家中通过 LIBER 的呼吁促进欧洲图书馆事业发展；培养具有创新能力的图书馆和信息专业人员，他们可以在 LIBER 和国家 / 国际图书馆界中发挥领导作用。

网址：https://libereurope.eu/。

2. 组织机构

LIBER 的执行委员会、委员会和工作组都由来自欧洲各地的资深图书馆专业人士来管理。LIBER 的工作组负责研究图书馆社区的重要工作领域，图书馆所有的工作人员都可以参与自己感兴趣的工作组。LIBER 现有的工作组包括：数字人文与数字文化遗产工作组（Digital Humanities & Digital Cultural Heritage Working Group）、建筑工作组（Architecture Working Group）、公民科学工作组（Citizen Science Working Group）、版权和法律事务工作组（Copyright & Legal Matters Working Group）、图书馆数据科学工作组（Data Science In Libraries Working Group）、教育资源工作组（Educational Resources Working Group）、FIM4L 工作组（FIM4L Working Group）、创新指标工作组（Innovative Metrics Working Group）、领导力计划工作组（Leadership Programmes Working Group）、关联开放数据工作组（Linked Open Data Working Group）、开放存取工作组（Open Access Working Group）、研究数据管理工作组（Research Data Management Working Group）等。

3. 会员

图书馆的工作人员可以共享 LIBER 丰富的资源与平台，包括参加 LIBER 年会的研讨会和演讲，与同行进行面对面交流；参与 LIBER Journées 项目和新兴领导者项目（LIBER Emerging Leaders Programme），帮助图书馆工作人员和馆长发展他们的领导技能；参加建筑研讨会，提高对图书馆建筑项目的了解；加入 LIBER 的工作组，拓宽人际网络并分享知识；在开放获取期刊 *LIBER Quarterly* 中分享工作实践；学习与浏览 LIBER 的资源，及时获取前沿信息。

4. 主要活动

（1）开展 LIBER 项目。为了联合和团结欧洲研究型图书馆，LIBER 参与和发起了一系列战略与创新项目。这些项目的实施目的主要包括：引领开放科学实践的发展，促进学术的创新与交流，支持数字技能的培训与发展，促进基础设施和服务的研究与利用，与学术界合作制定标准和激励措施，以支持更开放、更透明、更充实的研究和学术实践。现在正在实施的项目包括：欧洲开放研究项目（Open Research Europe Project）、重新审视数字版权法项目（Rethinking Digital Copyright Law）、面向社会科学和人文科学的开放云项目（an Open Cloud for Social Sciences and Humanities）等。

（2）代表图书馆行业发表意见。LIBER 与欧盟委员会和其他欧洲机构密切合作，向他们提供立场声明、情况说明和其他材料，从而确保图书馆的工作受到重视；每年通过召开会议、举办研讨会或讲习班等方式组织图书馆员、学者和政治家发表演讲，宣传图书馆的价值与作用。

（二）英国图书馆与情报专家学会

1. 概况

英国图书馆与情报专家学会（Chartered Institute of Library and Information Professionals，CILIP）是"图书馆员、情报人员和知识管理者的专业领导机构"[21]。CILIP 致力于支持、团结和培养信息专业人士和图书馆员。

CILIP 的领导机构是理事会。CILIP 共有 12 个分会，充当理事会与会员之间的纽带。通过组织专业和社交活动，传播分会活动的信息来吸引会员的广泛参与。每个分会都有一个委员会来管理分会的活动。整个 CILIP 大约有 30 个特殊兴趣小组。

网址：https://www.cilip.org.uk/。

2. 发展历程

CILIP 的前身——英国图书馆协会（Library Association，LA），是世界上最早成立的图书馆专业组织之一，成立于 1877 年。在成立以后的几十年里，LA 实际上只是公共图书馆协会。后来，于 1926 年成立了英国专业图书馆和情报机构协会（Association of Special Libraries and Information Bureaux），1937

年成立了学校图书馆协会，1950 年成立了国立和大学图书馆常设会议（Standing Conference of National and University Libraries，SCONUL），档案学家协会以及情报科学家协会等。这些协会既隶属于 LA，也相对独立[22]。

1958 年，一些在科技领域从事情报工作的专业人员从 LA 中分裂出去，成立了英国情报科学家学会（Institute of Information Scientists，IIS）。2002 年 4 月 1 日，LA 和 IIS 合二为一，统一后的机构命名为"图书馆与情报专家学会"，即 CILIP。

3. 具有影响力的活动

CILIP 每年都要颁发诸多奖项，从而使相关人员的价值得到认可和支持。这些奖项中比较有影响力的包括：卡内基大奖（CILIP Carnegie Medal）和凯特·格林纳威奖（CILIP Kate Greenaway Medals）。作为英国历史最悠久、最负盛名的儿童图书奖，这两个奖每年同期颁发，前者主要奖励用英文写作的优秀的儿童与青少年文学作品，后者主要奖励优秀的图画书。"名誉研究员"称号（Honorary Fellowship）是对为图书馆和信息领域做出杰出贡献的人的最高认可；"图书馆改变生活奖"（Libraries Change Lives Award）是对英国图书馆和信息服务的卓越和创新的认可。

CILIP 努力打造多种宣传与发声平台，帮助个人、社区和组织获取信息和知识，从而让图书馆和信息专业人员在培养公众读写技能、改善人们健康、提供支持政府和公司决策等各个方面发挥重要作用。比较有名的活动项目包括：

正确的决定（The Right Decision）：苏格兰图书馆员为正确的决定、正确的人、正确的时间提供证据；

事实很重要（Facts Matter）：活动要求人们与 CILIP 一起支持高质量信息和事实证据；

图书馆很重要（Libraries Matter）：了解有关影响苏格兰地方政府选举候选人的运动；

图书馆周（Libraries Week）：每年 10 月的第二周，图书馆会展示富有创意和多样化的活动。

四、大洋洲地区

大洋洲图书馆事业深受英国文化传统的影响。尤其澳大利亚图书馆的服务可与英国或北美城市的公共图书馆服务相媲美。

☞ 澳大利亚图书馆和情报协会[23]

澳大利亚图书馆和情报协会（Australian Library and Information Association，ALIA）的前身是 1937 年成立的澳大利亚图书馆员学院（Australian Institute of Librarian），1949 年改名为澳大利亚图书馆协会，1989 年启用现名。作为图书馆与情报界的行业性组织，ALIA 在澳大利亚图书馆情报事业发展中占有重要地位。其宗旨是增进图书馆情报服务和图书馆学、情报学教育的发展；其目标是：促进图书馆和情报事业的发展；提高图书馆和情报人员的专业水平，激励其职业兴趣和热情；在政府、其他组织和社会活动中代表会员的利益；鼓励人们投身于图书馆和情报事业[24]。

ALIA 致力于通过阅读推广活动来提高图书馆和情报服务行业的影响力、提升民众的信息和数字素养。ALIA 每年主办"全国同步故事时间"、"图书馆和信息周"以及"爱图书馆日"等项目，参与组织"阅读一小时"等活动，吸引民众参与阅读，积极营造良好的阅读氛围[25]。

网址：http://www.alia.org.au/。

五、非洲地区

非洲各国的图书馆事业是在非洲国家独立后才真正开始发展起来的。尽管起步较晚，但是非洲国家的图书馆协会积极致力于消灭文盲、普及教育的阅读推广活动，积累了丰富的经验。

☞ 非洲图书馆与情报协会

1. 概况

非洲图书馆与情报协会（African Library & Information Associations & Institutions，AfLIA）成立于 2013 年，2014 年 10 月根据加纳法律注册为独立的国际非政府组织（NGO）。AfLIA 是非洲图书馆和情报界在非洲发展中值得信赖的代言者。

网址：https://web.aflia.net/。

2. 组织机构

AfLIA 委员会是 AfLIA 的管理机构，由主席，副主席，前任主席，非洲中部、东部、北部、南部、西部五个地区各选出的一名代表，非洲葡萄牙语区的一名当选代表，西非法语区当选代表一名，各分会主席，执行主任组成。AfLIA 包含的图书馆类型有国家图书馆、学术图书馆、公共（社区）图书馆、特殊图书馆（信息和文献中心）、学校图书馆、图书馆与情报教育（培训）机构、侨民图书馆等。

3. 阅读推广活动

AfLIA 各分会开展了丰富的阅读推广活动[26]。

南非图书馆与情报协会（Library and Information Association of South Africa，LIASA）推出图书馆爱好者月（Library Lovers' Month）、南非图书馆周（South African Library Week）、南非图书馆员日（South African Librarian's Day）、开放获取周（Open Access Week）等系列品牌阅读推广活动，活动过程中注重鼓励南非人使用母语。

埃及图书馆和档案协会（Egyptian Association for Libraries and Information，EALA）积极推广"全民阅读计划"，获得了广泛好评，其成功经验也在其他阿拉伯国家得到推广；由 EALA 成员开罗歌德学院主导的，与奥巴萨书店合作推出的汽车图书馆项目，主要是为埃及偏远地区 8—14 岁的孩子选购阿拉伯语的图书及媒体资料，这为解决孩子们的读书、学习问题提供了成功的实践经验。

肯尼亚图书馆协会（Kenya Library Association，KLA）又称东非图书馆协会，该协会在每年 6 月 16 日"非洲儿童纪念日"当天积极参与组织"朗读"（The Read Aloud）活动，将不同地区的孩子们组织起来共读一本书，以此来鼓励孩子们热爱阅读。

第三节　高校图书馆行业组织

一、中国教育部高等学校图书情报工作指导委员会

教育部高等学校图书情报工作指导委员会（Steering Committee for Academic Libraries of China，SCAL）是对我国高校图书情报事业进行研究、协调和指导的专家组织。

网址：http://www.scal.edu.cn/。

（一）历史沿革

1981 年，为了加强对高校图书馆资料情报工作的领导，教育部成立全国高等学校图书馆工作委员会（简称"图工委"或"高校图工委"），作为教育部主管全国高校图书馆工作的机构。1990 年，教育部将图工委秘书处由北大撤回部机关，不再保留秘书处的事业编制与工作经费[27]，委员会的工作陷入停顿。1999 年 10 月，教育部高教司成立教育部高等学校图书情报工作指导委员会（仍简称"图工委"或"高校图工委"①）。此时的教育部图工委是一个专家指导咨询组织，主要发挥协调、咨询、研究和指导作用。教育部图工委成立后，除港澳台以外，其他省份都设立了本省份的图工委。

（二）组织机构

教育部图工委由教育部聘请有关专家组成。2018—2022 年教育部图工委主任委员为陈建龙（北京大学），副主任委员为：刘万国（东北师范大学）、陈进（上海交通大学）、崔波（郑州大学）、王新才（武汉大学）、李洪渠（武汉职业技术学院）、程焕文（中山大学）、党跃武（四川大学）。

教育部图工委设立秘书处，设在北京大学，负责处理日常事务性工作。2018—2022 年教育部图工委秘书长为陈凌（北京大学），副秘书长为王波（北京大学）。

---

①　本书后文将"教育部高等学校图书情报工作指导委员会"简称为"教育部图工委"。

据教育部图工委章程，教育部图工委"根据需要可设立若干专题工作小组，以便组织力量进行某一方面或某项专门工作的调查研究"[28]。2018—2022 年教育部图工委共分本科教育支持组、学科服务创新组、馆员队伍建设组、信息资源建设组、信息文化建设组、信息技术应用组、管理转型发展组、战略规划研究组等 8 个组。

（三）业务活动

教育部图工委通过制定行业规范、推动文献资源共建共享、组织学术交流、开展评优评奖等业务活动，推动了高校图书情报工作的有序发展。

制定行业规范：教育部图工委通过参与"制定并修订《普通高等学校图书馆规程》，制定与优化高校图书馆评估指标体系，发布《高校图书馆文献采访政策编制指南》《高等学校图书馆数字资源计量指南》等工作指南，指导和规范高等学校图书馆工作"[29]。

文献资源共建共享：教育部图工委通过组织全国或地区高校文献资源的联合采购，为成员馆节约采购成本，实现有限采购资金的利用最大化；通过搭建数字资源共享平台、馆际互借平台等，实现高校图书馆资源的共建共享。

组织学术交流：教育部图工委通过组织学术研讨会、主办学术期刊、开展科研立项等方式，促进高校图书馆界的学术交流。

二、美国大学与研究图书馆协会

（一）概况

美国大学与研究图书馆协会（The Association of College & Research Libraries，ACRL）作为美国图书馆协会最大的分部，是北美唯一一个通过开发项目、产品和服务以帮助学术和研究图书馆员学习和创新的组织。ACRL 的成立是为了建立图书馆员之间的定期交流渠道，核心目标是引导学术研究图书馆和馆员推进学习和转化学术成果，促进、支持和提升图书馆对高等教育界的价值影响。

网址：http://www.ala.org/acrl/。

（二）会员

ACRL 成立于 1940 年。截至 2018 年 8 月，ACRL 共有 10260 名成员（占

ALA 成员的 17.7%），其中个人成员 9608 名，组织成员 634 名，企业成员 18 名。

（三）运行机制

ACRL 董事会（Board of Directors）对协会的事务进行总体监督和指导，对需要长期关注的事务成立常设委员会（Standing Committees），为了特殊项目或活动，ACRL 董事会成立专责小组（Task Forces），专责小组最长不得超过两年。

分会和兴趣组是 ACRL 普通会员参与协会活动的主要组织形式。ACRL 分会的目的是使协会更接近会员，并在地方一级提供有利于会员的活动方案。目前 ACRL 有 43 个分会。兴趣组为具有相似兴趣的图书馆员提供了非正式的合作方式，以便于馆员收集和交换信息。目前 ACRL 有 34 个兴趣组。

（四）主要活动

设置奖项：ACRL 通过奖项来认可和表彰会员的专业贡献和成就。这种认可增强了会员的个人成就感，也能提升会员在业界和学术界的形象。奖项具体包括成就和杰出服务奖、出版奖项、研究奖励和资助、奖学金等四种。

提供专业工具：ACRL 提供丰富的资源，促进会员的专业发展，具体包括：全球公共卫生危机期间用以支持学术和研究图书馆的"学术图书馆疫情资源"；面向高校图书馆建筑师、规划师和图书馆员的学术图书馆建筑设计资源；为图书馆、情报领域服务的 JobLIST 就业资源；指导具体工作事务的工具包资源。

组织专业发展活动：ACRL 为会员提供各种专业发展活动，从而促进会员的继续教育与专业发展。具体的活动包括：ACRL 会议、ACRL 巡回路演（ACRL Roadshows）、各种主题的现场和交互式网络直播、在线课程、图书馆员夏令营等。

（注：本讲参考了各协会的官方网站信息，特此致谢。）

参考文献

［1］IFLA Strategy 2019-2024［EB/OL］.［2019-08-27］. https：//www.ifla.org/strategy.

［2］陈晨艳. 国际图联两版战略计划的对比分析和启示［J］. 四川图书馆学报，2020（6）：75-78.

［3］徐路，曹晨晨. 面向图书馆界话语权的战略发展：多元参与、互联互通——基于

《国际图联（IFLA）2019—2024战略报告》的分析［J］.情报资料工作，2020（5）：107-112.

［4］许亮.图书馆学进行解释学研究的意义——以"图书馆核心价值研究"为例［J］.高校图书馆工作，2015（3）：8-11.

［5］魏荣芳.图书馆核心价值与图书馆核心能力及其关系研究［D］.哈尔滨：黑龙江大学，2019.

［6］曹海霞，周琴，张玢.图书馆转型与发展趋势探讨——基于第84届IFLA大会主题内容［J］.新世纪图书馆，2019（10）：9-11.

［7］王建功.国际图联"全球愿景"项目研究及启示［J］.图书馆建设，2018（11）：97-101.

［8］曾文，马杰.《保护文化遗产国际图联指南》解读［J］.图书馆建设，2019（1）：61-66.

［9］杜婕，张文亮.IFLA《善本与手稿馆藏数字化规划指南》解读［J］.图书馆建设，2015（10）：51-54.

［10］黄丹俞，范并思.《IFLA工具包：构建素养和阅读国家战略》解读及思考［J］.图书馆杂志，2020，39（4）：27-36.

［11］黄小平.可持续发展背景下的图书馆社会责任——IFLA《图书馆与可持续发展目标故事讲述指南》的解读与启示［J］.图书与情报，2018（3）：103-108.

［12］程焕文.图书馆之社会与社会之图书馆——国际图联与《联合国2030议程》［J］.中国图书馆学报，2021，47（2）：21-28.

［13］杜婕，吴鸣.图书馆营销要素构建及分析——以IFLA国际图书馆营销奖为例［J］.图书馆建设，2018（12）：63-69，83.

［14］刘涵.IFLA绿色图书馆获奖项目解读［J］.图书馆学研究，2021（5）：95-101.

［15］江山.国际图联"讲好图书馆故事"项目解析与思考［J］.图书馆建设，2018（9）：78-82，89.

［16］黎晓，李家寿.公共图书馆在图书馆协会指导下持续发展——浅谈对图书馆协会的认识［J］.农业图书情报学刊，2010（12）：200-203.

［17］中国图书馆学会第十次会员代表大会在国家图书馆召开［J］.大学图书馆学报，2021（1）：109.

［18］中国图书馆学会2020年年报［EB/OL］.［2021-06-17］.http://www.lsc.org.cn/contents/1298/15174.html.

［19］詹福瑞.与时俱进，开拓创新，全面促进图书馆事业和谐发展——中国图书馆学

会第六届理事会工作报告［J］.中国图书馆学报，2005（5）：5-11.

［20］郭鸿昌.美国华人图书馆员及其图书馆组织［J］.图书馆杂志，2001（11）：60-62，12.

［21］谈大军，房宣伊.英国图书馆与情报专家学会"营销优秀奖"分析及启示［J］.图书情报工作，2017，61（10）：81-86.

［22］彭俊玲，钟小钰.论学会协会与图书馆事业的发展：比较研究［J］.图书馆，1999（5）：23-28，53.

［23］陈春野.澳大利亚图书馆和情报协会［J］.图书馆工作与研究，1996（2）：61-63.

［24］蒋永福.从图书馆管理走向图书馆治理——图书馆法人治理结构与行业管理初探［J］.高校图书馆工作，2010（5）：3-8.

［25］张晓梅.澳大利亚图书馆和情报协会的阅读推广工作及启示［J］.山东图书馆学刊，2020（2）：86-91.

［26］郭敏，张黎，胡青蓉.非洲四国的阅读推广研究［J］.图书馆建设，2015（3）：80-84，92.

［27］李晓明.雪泥鸿爪忆庄师［J］.大学图书馆学报，2021（3）：16-17.

［28］教育部高等学校图书情报工作指导委员会章程［J］.大学图书馆学报，1999（5）：2.

［29］张静茹，徐红昌."双一流"建设背景下高校图工委服务模式与发展策略研究［J］.河北科技图苑，2020（5）：85-89.

思考题

1.试论国际图联（IFLA）对全球图书馆事业发展的积极作用。

2.试论图书馆行业组织的职能。

3.试论中国图书馆学会的业务活动。

4.教育部高等学校图书情报工作指导委员会的秘书处设在哪里？该委员会下设的专题工作小组中哪个小组与你的工作关系密切？

5.国外国内的图书馆行业组织的哪些资料对你及你所在的图书馆有益？结合你的本职工作，谈谈你应重点关注哪些图书馆行业组织的哪些项目。

第二讲　高校图书馆组织机构

肖　珑[*]

第一节　高校图书馆组织机构的内涵与作用

高校图书馆组织机构主要指图书馆内部的组织系统，包括图书馆内部部门、虚拟组织的组成，以及部门设置原则、排列顺序与位置、职责与职权、部门关系模式、运行规则等管理体制，也涉及由图书馆主导的外部组织。功能齐备、合理有序的组织机构，能使图书馆成为一个高效有机的整体，推动图书馆整体向前发展。

高校图书馆组织机构的作用如下：

（1）组织机构是高校图书馆科学管理的有力组织保障。要满足读者需求，执行图书馆的发展规划，指挥、协调、合作、控制和监督具体工作的执行，就必须有一定的组织机构和组织活动。分层负责、分级管理、分工合作、责权利相一致，才能保证图书馆有效收集到读者需求和问题，合理调配和科学组织各方面资源开展工作。

（2）组织机构是实现高校图书馆发展规划和目标的有效手段。图书馆通过组织机构的合理设置、科学安排，实行岗位聘任，明确岗位责任，开展岗位绩

＊　肖珑，北京大学图书馆二级研究馆员，山西大学图书馆馆长，研究生导师，兼任国际图联（IFLA）知识管理专业委员会委员、山西省高等学校图书情报工作委员会副主任、山西省图书馆学会副理事长、中国图书馆学会学术委员会用户与研究专委会副主任。曾任北京大学图书馆副馆长。从事图书馆工作三十五年，主要研究领域：信息资源建设与共享、图书馆服务与管理、数字图书馆标准规范、图书馆空间布局等。已出版专著、教材16部，发表中英文论文110余篇。

效考核，执行规章制度，使各项工作落实到部门和个人，做到有章可循、有宿可归、有条有理，以提高图书馆运行效率，实现图书馆既定目标。

（3）组织机构设置是高校图书馆业务流程优化的直接体现。图书馆业务流程是否流畅，取决于组织机构的设置，科学合理的设置能够保证各项工作之间衔接有序。各部门以及馆员之间合理分工、通力合作，整体流程无遗漏与空白，可以避免出现人浮于事、相互推诿的现象，从而保障高校图书馆在高校人才培养、科学研究、社会服务和文化传承创新中作用的发挥。

（4）组织机构的动态调整是高校图书馆可持续发展不可或缺的过程。高校图书馆组织机构在一定时间内要保持相对稳定和正常运行，也要根据社会、学校等图书馆外部环境的变化、用户需求，以及内部环境的需要适时调整变革。结构调整、机构重组是高校图书馆适应社会环境、不断进步、可持续发展的常用保障手段。

从管理学的角度来看，高校图书馆组织机构包含以下要素：

（1）职权：经过一定的正式程序，赋予某项职位的一种管理权限，是受职务范围限制的权力，如馆长、副馆长、部门主任、项目负责人、团队负责人的不同权力。

（2）职责：担负某项职位应该完成某项任务的义务和责任，包括集体的（如部门职责、团队职责）、个人的两类。

（3）负责：反映上下级之间的关系，上级对下级有分工管理指导工作的责任，下级对上级有汇报工作、反映情况的责任。如分管读者服务的业务副馆长，即对相关业务部门（如流通部、咨询部）和相关业务（如其他部门或项目涉及的服务工作）有指导、指挥、协调的责任，这类部门和业务也有向该副馆长汇报和要求解决问题的责任。

（4）关系：强调组织机构各实体部门、各虚拟机构、各岗位之间的关系。常见的关系模式有直线式、职能式、矩阵式等组织机构关系类型，具体可见下文中实例说明。

第二节　高校图书馆组织机构的设置与模式

高校图书馆组织机构与管理体制是否建全、完善，是否有利于图书馆发展目标的实现，是由机构设置及其运行水平决定的。因此在设置机构时，要充分考虑其影响因素，制定基本设置规则，选择适合本校本馆情况的设置依据和模式，以保障组织机构各方面的作用得到充分发挥，高效运行。

一、影响图书馆组织机构设置的因素

（一）外部因素

外部因素即影响图书馆发展的各种外在因素。图书馆是一个面向公众、面向用户的开放系统，在设置图书馆组织机构时，要将图书馆置身于外部大环境中，使图书馆组织机构与外部环境相适应，具备组织活力、发展潜力以及可持续性。外部因素主要包括以下三个方面。

（1）社会环境。如当前的政治、经济、教育、科学技术、文化等方面的发展，这代表了制约和影响高校图书馆的各种客观条件，决定着图书馆未来生存的大方向。由于高校图书馆是高校教学科研的公共服务体系，因此与高等教育发展相关的各种宏观环境因素尤为重要。例如，信息化社会的发展、高等教育向世界一流水平迈进，都是高校图书馆向数字图书馆、智慧图书馆发展的重要推动力。

（2）特定环境。包括：高校图书馆所处的事业管理体制，例如公办高校、民办高校、中外合作办学等不同体制，对图书馆及其机构设置的影响是不同的；与图书馆相关的法律法规，如教育部颁发的《普通高等学校图书馆规程》等，对高校图书馆体制、机构、工作人员、经费、馆舍、设备、文献信息资源建设、服务、管理等都有明确规定；高校图书馆行业环境，特别是近年来信息资源共建共享的发展；相关技术发展水平，特别是图书馆自动化系统、数字图书馆系统及标准规范等方面因素。

（3）学校环境。大学是高校图书馆的母体机构。学校的现状、未来发展方

向、办学目标、规模、师生数量、投资、校舍等都对图书馆有直接影响，而体制、经费、馆舍、工作人员、用户需求等是确定大学图书馆组织机构设置的最终决定性环境因素。

（二）内在因素

内在因素指影响和制约图书馆组织机构的各种图书馆本身存在的因素，包括：用户、馆员、文献资源、经费、馆舍、技术条件、发展战略等。其中，用户是图书馆的服务对象，包括教师、学生、科研人员、管理者、校友以及社会读者，图书馆的工作就是为了满足其需求；馆员是图书馆组织机构的基本组成单位，是开展图书馆工作的管理者和实施者，包括专业馆员和非专业馆员；文献资源是图书馆开展服务的基本条件，包括印本资源、数字资源的总体情况、年度新增情况，及其整理编目和组织工作；经费是图书馆全部工作得以开展的保障，包括校拨经费、专项经费和捐赠经费；馆舍是读者利用图书馆、文献资源保存、馆员办公、家具设备利用的最基本空间保障设施；技术条件是做好图书馆工作的软硬件基本设施；发展目标与发展战略则是图书馆组织机构高效运行的决定性因素。

二、图书馆组织机构设置的基本原则

（一）服务主导性原则

高校图书馆是服务型机构，"为读者服务""服务至上"已成为当今高校图书馆工作的基本理念和中心环节，因此，业务工作的开展、组织机构的设置都应该充分考虑外部大环境因素和读者服务需要，围绕着"服务流""用户流""知识流"进行，以人为本，以满足读者需求、保障读者服务为宗旨。这便是服务主导性原则。在服务主导性原则下，切忌把图书馆当成行政管理机构，动辄"管理"读者，甚至部门的名称都叫作"流通管理部""技术管理部"，这样的组织环境势必造成馆员缺乏服务理念，不能很好地为读者提供服务。

（二）优化管理原则

优化管理原则主要针对图书馆内部管理而言。图书馆内部管理的对象包括不同类型的文献资源、馆舍空间及其运行维护、经费的使用、馆员的聘任管理和培训、软硬件基础设施等。如何不断优化内部管理，使其充分发挥作用，是组织机构设置不可或缺的重要原则。具体来说，优化管理原则包括以下五方面内容。

一是仔细分析影响机构设置的各方面因素，根据本馆实际情况进行设置，尤其不要照搬其他图书馆的做法，例如研究型大学有大量科研工作，所以研究型大学图书馆就会设置相关部门（如研究支持中心）来提供这方面的支持服务；但普通本科高校、高职高专学校的教学工作更多，就不一定照搬大馆设置这类部门。

二是组织结构模式要灵活，可以考虑直线式、职能式、矩阵式多模态结合、多元化设置，如一般业务部门与跨部门团队的结合。

三是职责要分明，各部门、各团队、各岗位的职责要清晰，边界要明确，主次要分明，权限要授清，以保证工作责任有主体，相关工作有机构承担，不会出现遇事推诿。

四是要有协调有合作，以保证新的工作、新的项目在尚未明确职责的情况下，可以向前推进。

五是要适度，即部门、团队和岗位的设置既要控制机构层次、管理岗位数量、部门的数量，以保证队伍精干、管理简化；同时也要对重要部门和岗位保持足够的数量支持。

（三）开放动态原则

高校图书馆的组织机构设置和聘任完成之后，要保持一定时间内的稳定，以3—4年为宜，否则容易造成混乱。但同时，随着外部宏观环境的变化，内部机构也会出现不适应、固化呆板的问题，因此需要有一种开放心态，接受外部的变化，及时进行调整，例如合并、减少某些部门、削减某些岗位，同时新增一些部门和项目团队、新设岗位，以及调整部门和岗位职责等，以保证组织机构的高效运行和作用的发挥。

三、图书馆组织机构设置的依据

高校图书馆组织机构设置的依据很多，也可以多元化结合，主要包括以下设置和划分标准。

按"文献流"划分，即以文献信息资源为核心，以资源建设及其服务利用为业务流向设置部门，通常还包括整合这个"文献流"的图书馆自动化系统，如：采访部、编目部、流通部、咨询部、古籍部、特藏部、系统部、行政部等。

按"用户流"划分，即以用户层次和用户需求为核心，以服务为导向，通过读者分层、用户分流、资源整合进行设置，如：整合纸本资源和数字资源的资源建设部门、面向本科生学习和教学的学习支持部门、面向研究生和教师科研的研究支持部门、面向专门读者的特藏服务部门、本科生图书馆、残疾人服务部等。

按学科或研究方向划分，整合不同学科、不同专业的资源与服务。这种设置方法尤其适合综合性的高校图书馆，如在总图书馆（总馆）下设医学图书馆、法学图书馆、物理学图书馆、东亚（研究）图书馆、人文社科分馆、云冈学文献中心等。

按文献资源划分，如文献资源类型、文献资源语种、文献资源设备等。常见的机构设置有：古籍特藏部、数字资源部、流通阅览部（以印本书刊为主）、多媒体资源部、日俄文部、外国语分馆、缩微资料部等。

按服务范围、服务区域划分，即根据某个学院、某个区域来设置部门，尤其适合大规模、多校区的高校，如设置在经济学院内的经济学院分馆、设置在主校区之外的某个分校区图书馆等。

按图书馆工作任务与性质划分，主要包括：业务部门，如资源建设部、信息咨询部、流通阅览部、系统部等；行政部门，如办公室、后勤部、安保部等；虚拟团队，如信息素养团队、服务宣传推广团队，以及临时性的项目团队；咨询委员会，如学术委员会、用户委员会；挂靠性非实体机构，如学校层面的图书馆工作委员会、教育部或省教育厅领导的高校图工委秘书处、专业学会秘书处等。

四、图书馆组织机构设置的基本模式

从管理学的角度来看，高校图书馆组织机构设置的基本模式（也就是组织形式）大致分为两类：直线—职能制结构、矩阵制结构。随着现代化管理的发展，这两种类型的组织形式也随着图书馆职能的发展，逐渐结合应用。

（一）直线—职能制组织结构

直线—职能制结构源于直线制结构和职能制结构。直线制是最早也是最简单的组织形式，其特点是从上到下实行垂直领导，下属部门只接受一个上级的指令，如馆长领导副馆长、副馆长领导所负责的部门主任，各部门主任对自己

部门的一切工作负责，如业务、人员、行政等，但不会负责其他任何工作。这类模式结构简单、职责分明、命令统一，但馆领导和部门负责人必须负责多种工作，凡事亲力亲为，在图书馆和部门规模比较大的情况下，很难胜任。因此这种模式仅适用于规模较小的图书馆，如各类分馆。

职能制结构，是指除馆长、副馆长之外，还要相应地设立一些职能部门，如人事办公室、财务办公室等，协助馆领导从事相应的管理工作。各业务部门除了接受主管馆长的领导外，还要接受职能部门的协调指挥。职能制适合综合性、大规模、管理分工比较细致、层次比较多的图书馆，可以充分发挥职能部门的专业管理作用，减轻馆领导和部门主任的负担，但容易缺乏集中统一指挥，职责分工不明确，造成管理秩序混乱。

直线—职能制是在直线制和职能制的基础上，取长补短，吸取其优点建立。这种模式就是把机构分为两部分，一部分为接受馆长/副馆长直线领导的直线部门，如流通服务部、资源建设部、信息咨询部等；另一部分是作为馆领导参谋的职能部门，为馆领导和直线部门开展工作提供协助、指导和咨询类工作，如馆长办公室、人事办公室。直线部门与职能部门有时很难划分清楚，有些部门亦同时兼具两方面功能。

图 2-1 为北京大学图书馆 2015—2019 年组织机构示意图，是直线—职能制模式的经典范例。

直线—职能制可以保证图书馆组织管理的集中统一，又可以在各级负责人的领导下，充分发挥各机构的作用。但容易出现这样的问题：职能部门之间、职能部门与直线部门之间的协作和配合性较差，职能部门的许多工作要直接向上汇报请示后才能处理，造成办事效率低。为了克服这些缺点，可以尽可能将直线部门和职能部门合二为一，充分协调各方面的工作。例如图 2-1 中的分馆办公室，既要接受主管领导直线领导开展北京大学文献信息资源体系（总分馆体系）的业务工作，也要为各分馆开展工作提供各种业务指导和帮助，兼具直线部门与职能部门之功能；再如文献资源建设中心，一方面在主管领导直线领导下完成具体的资源采购编目工作，另一方面要协调全校总分馆体系的资源建设工作，后者虽不是主要的工作，但也具有一定的职能部门属性。

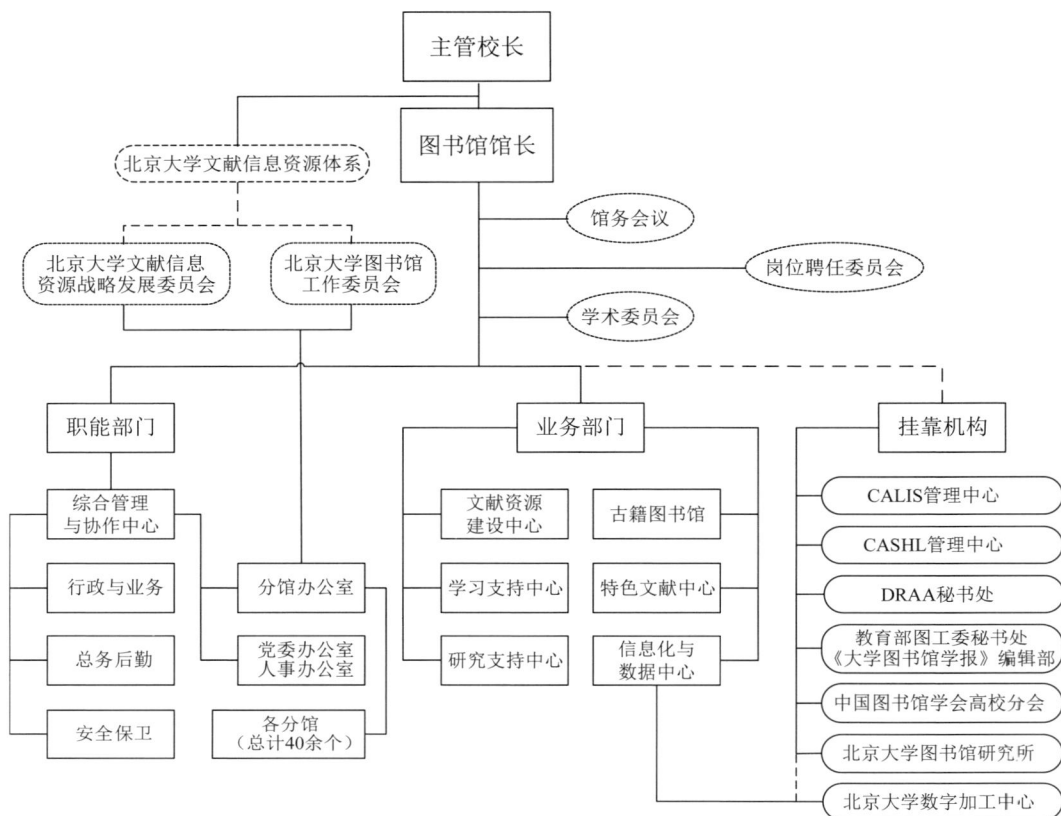

图 2-1　北京大学图书馆 2015—2019 年组织机构示意图

（二）矩阵制组织结构

在组织结构上，把既有按职能划分的直线—职能制等垂直领导系统，又有按项目划分的横向协作与领导关系的结构，称为矩阵制组织结构。图 2-2 即为矩阵制组织结构示意图。

矩阵制组织结构是为了改进直线—职能制横向联系差，缺乏弹性的缺点而形成的一种组织形式。它的特点表现在围绕某项专门任务成立跨职能部门的虚拟团队方面。以北京大学图书馆为例：为了做好信息素养工作，扩大信息素养的规模和体系，成立了全馆范围内的信息素养团队，团队由研究支持中心牵头，成员由研究支持中心和其他部门馆员组成，其目标是：努力将图书馆的信息素养教育纳入学校的教学考核评估体系，形成覆盖从入学到毕业、从学生到教师、从综合到学科甚至课程的一个全面教育体系；结合学科服务，深化嵌入式信息素养服务，并将数字素养、媒介素养、数据素养等纳入信息素养体系。

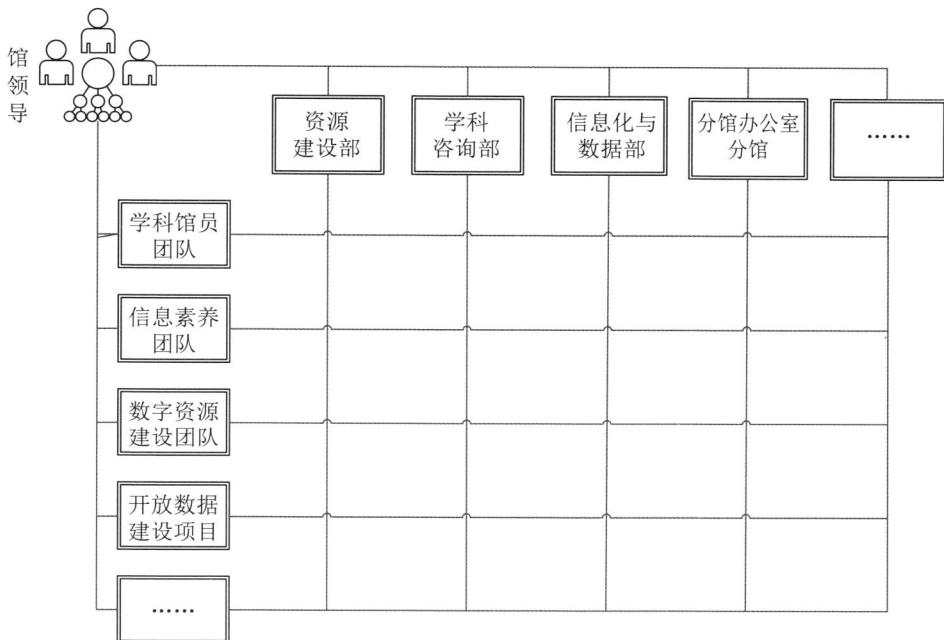

图 2-2　高校图书馆矩阵制组织结构示意图

除了固定的团队外，北京大学图书馆还常常为临时性任务成立项目团队。这种做法，就是将直线—职能制与矩阵制组织架构结合，例如其信息素养团队横跨多个部门，使图书馆的信息素养工作从课程内容、培养对象、教师组成等多方面，形成了完整体系，无论是开辟新的信息素养工作，还是开展日常的讲座和培训，都有人承担和负责，做到条块结合，协调有关部门以保证任务的完成。

矩阵制组织结构非常适用于常规性横向协作和重大攻关项目。其优点是：

（1）横向关系从组织形式上得到了保证，加强了部门之间的协调和成员之间的沟通融合，便于集中各种专业的知识与技能，任务清楚，目的明确，可以迅速完成某一任务，提高了管理的灵活性。

（2）从各方面抽调来的人员有信任感、荣誉感，增加了责任感，激发了工作热情。

（3）不打乱原来的直线—职能制的垂直系统，保障常规性工作的完成，同时也加强了不同部门之间的配合和信息交流，克服了直线—职能结构中各部门互相脱节的现象。

（4）对于馆领导来说，有利于馆长将任务分配下去，摆脱琐碎事务，更好地处理全局性问题。

矩阵制组织结构也存在一定的缺点，垂直系统和横向系统同时存在，职责权限不易划分，任务孰轻孰重容易造成困扰；项目负责人的责任大于权力，因为团队成员始终隶属于原单位，项目负责人对他们管理困难，必须有足够的激励与惩治办法才可能形成有效的管理。

第三节　高校图书馆常见机构及职能

高校图书馆机构划分标准很多，下面按照实体和虚体两方面，分别介绍常见机构。

一、实体机构

（一）领导机构

通常包括党组织和馆务委员会。

党组织根据高校图书馆的机构级别、大小、党员数量分别成立分党委、党总支、党支部和党小组。党组织对图书馆工作实行政治领导，对图书馆的业务工作起监督、保障作用。

馆务委员会通常由书记、馆长、副书记、副馆长、馆长助理、办公室主任等组成，负责主持业务、行政、科研、人力资源、经费和财务等方面的工作。馆务委员会一般由馆长主持工作，定期召开会议，讨论和决定如下重大事项：

（1）图书馆对党和国家的方针、政策及学校各项决定的贯彻落实。

（2）研究落实校党委、校行政交办的重要工作，向校党委、校行政提交重要请示报告。

（3）图书馆的中长期发展规划、五年规划、专项工作计划、年度工作计划、学期工作安排及工作总结和统计等。

（4）图书馆领导班子自身建设的重要事项，如党风廉政建设、思想政治建设等。

（5）图书馆文献资源建设、用户服务、行政管理、基础设施建设、资源配置调整等业务方面重大事宜。

（6）图书馆组织机构重大问题与相关政策，如组织机构设置与部门职责、学术委员会、岗位聘任委员会、用户委员会、文献资源发展委员会等业务组织、群众组织和专门委员会的设置与职责。

（7）图书馆人事管理的重大问题与相关政策，如部门负责人的任免和管理、岗位聘任与绩效考核、人力资源建设与馆员职业发展、干部队伍建设等。

（8）图书馆规章制度和业务规范的讨论、修订、审核与解释。

（9）图书馆财务预决算、大额资金使用问题。

（10）图书馆空间、设备设施的分配与管理工作。

（11）安全保密工作、安全稳定工作和重大突发事件处置。

（12）国内外重要合作与交流事项。

（13）听取各方面工作负责人和部门主任的工作汇报，进行督促、检查。

（二）资源建设部

资源建设部主要负责图书馆文献信息资源建设，常见的职责包括：

（1）馆藏发展：根据学校和学科发展情况，以及本馆馆藏的历史和现状，对图书馆文献信息资源建设进行整体规划，从各种不同途径选择、收集、访求、交换印本文献、数据库、多媒体资源、开放获取资源等各种不同类型的学术信息资源。

（2）采访：主要指对学术资源进行采购、交换的工作流程，如单一来源谈判、供应商招标、审核合同、支付款项、到货或数字资源开通后进行验收、登记等。

（3）评估与典藏：与相关部门、用户合作，对资源进行采购前的决策评估、采购后的使用评估，以及印本资源的分配、调剂、处置剔除等。

（4）编目：对文献资源进行分类、元数据标引等内容揭示，以及印本资源加工、目录组织、数字资源链接等工作，并负责建立各类资源名称规范档。

（5）在总分馆体系下，协助馆领导协调校内其他分馆的资源建设工作。

资源建设部是比较常见的部门名称，在纸质资源比较多、手工工作量比较大的时代，通常分为采访部、编目部，比较大的图书馆还有专设的典藏部，负责书刊的典藏、分配、调拨、清点、处置等。资源建设部也被称为文献资源部

（中心）、资源部、采编部等。

（三）流通阅览部

负责图书馆书刊借还、阅览服务及其管理，工作包括制定借阅政策、本馆书刊借还、与外馆之间的馆际互借与文献传递、新书推荐、目录检索咨询等服务，以及馆藏空间规划、书库管理、开架阅览区管理、书刊上架整架、书刊清点与内部典藏、书刊修复装订等工作。

流通阅览部也称为文献借阅部、流通服务部、基础服务部等。随着图书馆服务的发展，相当多图书馆将一般性咨询、电子资源检索、移动设备外借、新生入馆培训、教学参考书等读者常用服务纳入流通阅览部，流通阅览部逐步发展成为以本科生和低年级研究生等到馆频率高读者为主要服务对象的服务部门，名称也逐步改为学习支持部（中心）、学习服务部、读者服务部、公共服务部等。

（四）学科咨询部

最初名为参考咨询部，主要负责对读者利用图书馆文献资源提供各种指导和帮助，如指导读者检索目录、检索电子资源、编制专题书目、馆内咨询台服务、虚拟咨询台服务、科技查新、查收查引、定题服务、信息素养教育等服务。该部门又称为咨询部、信息咨询部、信息服务部、情报咨询部、信息参考部等。

随着图书馆服务的发展，咨询部逐渐成为以教师和高年级研究生为主要服务对象，开展知识服务、研究支持服务的服务部门，其服务体系逐渐完整，包括面向学科发展的科研支持服务、决策支持服务、数据支持服务、学术出版服务、知识产权及专利信息服务、信息素养服务、课题咨询服务等，其名称也逐步改为学科咨询部、研究支持部（中心）、研究服务部、学科服务部、学科知识服务部（中心）、学科服务与咨询部等。

（五）特藏部

特藏资源是指各图书馆经过长期建设积累，在文献类型、内容主题、著名人物、机构特色等方面形成一定规模、结构比较完整的专类文献资源，如特定机构的学位论文、内部出版物、教学课件、名人手稿遗存、古代文献（如古籍、金石拓片、舆图、甲骨、敦煌卷子）、地方特色文献、某个学科／主题的文献等。在数字资源逐渐增加、各高校图书馆收藏逐渐同质化的情况下，特藏部的作用正在逐渐增强。

特藏部基本是对特藏进行"一条龙"式管理和服务的部门，包括访求、收集、整理、保存、修复、数字化等内部管理业务，以及阅览和复制服务、展览服务、开发利用出版等。该部门也叫作特色资源部（中心）等，在古文献收藏量比较大的图书馆，也会单独成立古籍特藏部，但基本工作内容不变。随着网络和数字资源的发展，特藏部收集的数字特藏逐渐增加，其学习和文化展示的功能也不断增强。

（六）总分馆体系及分馆

高校图书馆的总分馆体系也叫大学文献信息资源体系，是学校规模大、学科综合性强、图书馆多的大学图书馆系统的基本体制。其中总馆负责体系的全面规划与建设，提供文献信息资源与服务的最终保障；分馆则包括面向学科的学科分馆、面向院系和研究所（中心）的院系分馆两类，前者如美国高校图书馆中的东亚图书馆，后者如北京大学图书馆的数学学院分馆、物理学院分馆等。分馆的职责是按照学科和院系的需求，访求、揭示和组织相关学科的文献信息资源并提供服务。

分馆的归属性质通常有两种，一种是归属在院系和研究所等二级单位下，在业务上接受总馆的指导和帮助，按照总分馆体系的规章制度和工作规范开展工作；另一种是直接归属总馆，馆舍或独立，或设立在院系和研究所等二级单位中。这两种归属性质不同的分馆在工作职责上并无差别，可根据高校具体情况而定。

（七）信息化部

信息化部也叫系统部、技术部、信息技术部、自动化部、信息化与数据部（中心）、系统与数字化部等。其基本职责是负责全馆信息化建设的规划和实施，负责信息基础设施（网络、服务器、无线网、交换机、台式机、笔记本、自助服务设备、除菌机、复印机、扫描仪等硬件）运维更新，图书馆主要系统和各类应用平台的自行开发或调研购买、运行维护工作，全馆基础业务技术支持如软件安装培训、数据管理及长期保存、新技术研究与应用等。

信息化部在图书馆向数字图书馆、智慧图书馆发展转型的过程中，起着至关重要的作用，既要做好信息化全盘计划、带领全馆业务部门应用新技术新系统，又要做好技术支撑工作。

（八）数据部

随着信息化及大数据的发展，数据已经逐渐成为图书馆资源和资产的重要组成部分，有些图书馆逐渐将数据相关工作从资源建设部、研究服务部、信息化部等部门分离出来，单独成立数据部，负责收集、加工、整理、组织、管理、保存各类数据，如元数据、全文数据、研究数据、图像数据、流媒体数据等，并建立平台（如机构知识库、开放研究数据系统、数据管理平台等）提供相关服务。该部门亦称为数据管理部、数据中心等。

（九）办公室

办公室也叫馆长办公室、综合办公室、综合管理与协作中心等，通常包括党务工作、行政管理、后勤保障、物业安保、业务协调、人力资源协调与管理、经费统筹与管理、科研管理协调、公共关系与宣传、空间管理与支持等，有时还会包括一些挂靠部门。也有些大中型图书馆将后勤、安保、保洁工作分离出来，单独成立部门，或者外包给物业公司。

前述第（二）至（八）这些常见实体机构都是高校图书馆业务部门，部分业务部门亦承担有职能部门职责。办公室则属于行政管理和执行部门，兼具比较多的职能制机构性质。办公室既要协助图书馆领导做好秘书和各类协调工作，又要面向各业务部门做好支撑与服务工作，工作头绪多、内容杂，需要与多方面合作分工。

二、虚体机构

高校图书馆现代化管理离不开矩阵制组织机构，因此在实体部门之外，还根据图书馆发展需要设立了多个虚体组织，包括各类委员会和工作组。这类虚体机构可根据实际工作需要设立和撤销，通常由某个馆领导直接负责，或某个部门牵头成立。

（一）大学图书馆工作委员会

大学图书馆工作委员会是学校文献信息资源体系建设的咨询和决策机构，负责组织资源体系建设战略研讨、审核发展规划、形成决策方案、为学校决策层提出建议、促进校内各图书馆之间的共建共享，并开展调研、组织图书馆评估、协调重大业务问题。委员会一般由学校主管校领导担任主任，总馆馆长任副主任，成员包括学校相关职能部门负责人、重点院系主管领导、部分教授代表、部分学生代表，以及校外业内专家；委员会定期召集会议，讨论决策相关事宜。

（二）图书馆学术委员会

图书馆学术委员会通常是由研究馆员和专家代表组成的学术审议机构。委员会在馆长领导下负责审定科学研究计划方案、评定科学研究成果、协助专业职称评审等有关学术事项，致力于发挥馆员在图书馆业务工作与科研工作中的主导与骨干作用，发扬学术民主，对馆员进行科研、专业方面的培训，指导馆员申请各类科研项目基金的资助和出版成果，开展学术交流活动，提高图书馆科学研究的水平，促进图书馆事业发展。

（三）图书馆岗位聘任委员会

图书馆岗位聘任委员会由馆党政领导、民主党派、工会/团委/妇联代表、学校教职工代表大会代表等组成，一般由馆长任主任，定期调整聘任。委员会负责对图书馆在职员工和新聘人员进行岗位聘任与考核，负责对岗位设置进行审定，通过综合考核，客观、公正、实事求是地评价各类人员的德、能、勤、绩等方面的水平，为图书馆人员的优化组合、人才资源的合理配备提供客观依据，以保证图书馆建立起科学、合理并符合图书馆事业发展的人员结构，最大限度地调动与发挥各类人员的工作积极性和创造性。

（四）文献资源发展委员会

文献资源发展委员会亦称馆藏发展委员会，通常由馆长或主管馆长任主任，资源建设部门牵头负责，成员包括各相关业务部门负责人、学科专家、熟悉图书馆与文献信息资源的资深学者等。委员会成立的目标是加强对图书馆文献资源及其发展的宏观调控，通过开展资源建设的规划、组织、协调、评估等工作，使图书馆的馆藏发展更加科学合理并具备可持续性。

文献资源发展委员会的职能包括：

（1）文献资源发展的规划与设计：制订、颁布及复审图书馆文献资源发展目标及方针；确定图书馆文献资源的学科、类型、语种、媒介等结构；确定图书馆文献资源的范围、规模及收藏级别；审核相关规章制度。

（2）馆藏发展的管理协调工作：审核图书馆文献资源发展及采购工作的规范与流程；必要时审批不同类型、学科、语种、媒介之间资源建设的协调方案；部门之间必要的协调性工作；协调本馆文献资源发展与共建共享组织〔如高等教育文献保障系统（CALIS）、中国高校人文社会科学文献中心（CASHL）〕之间的关系。

（3）文献资源建设经费的宏观管理：审核年度预算方案及经费的使用情况；审批合作或集团采购方案；审批重要数据库的采购；审批高价书刊的采购。

（4）审核文献资源发展的调查、评估方案。

（五）用户委员会

用户委员会也称读者委员会，通常由图书馆读者组成，包括教师、学生、职工、校友等各方面代表。其主要职责是参与图书馆管理及日常工作，及时反馈各类读者意见，协助或策划组织读者需求调研，监督工作人员的服务，为图书馆服务水平提升提出意见和建议。

其他如"图书馆之友""图书馆学生管理委员会"等各类不同名称的学生社团，因其能够全部或部分发挥用户委员会的作用，亦可算作用户委员会组织。

（六）学科馆员工作组

学科馆员工作组也称学科服务团队，适用于学科服务工作由专职学科馆员和兼职学科馆员共同负责的高校图书馆。学科服务是图书馆面向学科发展开展的全方位、多层次的服务，其最终目标是使图书馆成为教师、科研人员、博硕士研究生开展教学科研活动的伙伴。学科馆员工作组通常由学科咨询部（研究支持部）牵头，成员包括专职学科馆员和兼职学科馆员，团队的工作目标是建立完善的学科馆员制度和服务工作机制，加强图书馆与学校各学科/院系的联系，在师生的需求与图书馆的资源、服务之间架起一座沟通的桥梁，帮助师生充分利用图书馆的资源和服务，更多地了解、满足用户的需求，为院系的学科建设、人才培养和科学研究提供强有力的支持。

学科馆员工作组的职责包括：面向学科（或院系）的沟通与营销；学科咨询服务；科研评价与学科发展支持；决策支持服务；信息素养教育；数字学术交流工作等。

（七）服务宣传推广工作组

服务宣传推广工作组是为加强图书馆服务宣传与形象营销而成立的跨部门工作团队。其工作目标是宣传图书馆服务、扩大图书馆影响、打造图书馆服务品牌。服务宣传推广工作组通常由某个服务部门如流通阅览部（学习支持部）牵头，相关部门骨干工作人员组成，由主管馆长直接负责。也有的图书馆直接将其设为实体部门，称为推广部、推介部、阅读推广部、阅读体验部等。

职责包括：

（1）在读者服务中开展图书馆形象营销、图书馆文化建设的方案设计与实施，为某些特定的服务策划专题活动。

（2）通过各类活动（如大赛、游戏等）的开展，推广包装新资源和新服务，推陈出新已有资源和服务。

（3）开展读者调查和研究，如读者座谈、读者公关活动、需求问卷调查等。

（4）组织图书馆的阅读推广工作，如举办读书讲座、开展读书沙龙类活动、线上线下展览、主题书目推荐、读书会、发布读者阅读榜、发布阅读报告等。

（5）负责社交媒体相关内容的策划和发布等。

（八）信息素养工作组

该工作组适用于信息素养工作由专职信息素养教师和兼职信息素养馆员共同负责的高校图书馆。一般由学科咨询部〔研究支持部）牵头，以学科馆员为主，相关业务部门人员参加，主要工作目标是：持续扩大信息素养教育的内容、规模和体系，形成覆盖从入学到毕业、从学生到教师、从综合到学科甚至课程的完整的信息素养教育体系；结合学科服务，深化嵌入式信息素养服务，并将数字素养、媒介素养、数据素养等努力纳入信息素养体系。

类似以上虚拟机构的业务团队还有一些，不同高校图书馆皆可根据自身情况选择性成立和撤销，运行时需有相应的管理机制和管理办法。

第四节　高校图书馆组织机构的管理机制

完整的高校图书馆组织机构需要健全的管理机制，才能保证组织机构合理、科学和完善运行。所谓管理机制，就是促使管理对象不断向管理目标趋近的客观作用力。好的管理机制能够推动图书馆不断向前发展，激发馆员潜力，使图书馆整体充满活力，具备可持续性，完成目标愿景。

高校图书馆的管理机制，主要包括以下要素：高校图书馆发展规划；岗位责任与岗位聘任制；规章制度建设；人力资源发展。

一、高校图书馆发展规划

高校图书馆发展规划是战略管理的首要因素。所谓高校图书馆战略管理，是指从高校整体发展目标、利益和需求出发，为保障高校图书馆的长期稳定发展，进行战略目标、愿景与使命的规划，进而指导、实施、评价和有效控制图书馆中长期发展的动态过程。在这个过程中，发展规划的制订是首要环节，是最为基础的工作，对战略实施具有指导作用。因此，制订高校图书馆发展规划要遵循全局性、长远性、前瞻性、适用性、模糊性、创新性、挑战性、竞争性、法规性等原则，换言之，要做充分的调研，具有一定的战略高度和长远眼光，从多角度进行整体考量。所制订的高校图书馆发展规划应符合行业和机构的发展特点，能够满足用户的需求，为今后的实施奠定坚实的基础。

高校图书馆发展规划大致包括中长期规划、五年规划、行动计划、项目可行性报告、年度计划以及实施方案等，有本馆单馆层面或学校文献信息资源保障体系的规划，也可以有国家性的、地区性的以及行业性的规划。涉及的时间范围短则 1 年、长则 20 年，常见的多为 3—5 年，如五年规划。

制订高校图书馆的发展规划，要从以下几个方面充分进行考虑和调研。

（1）考量国家的宏观环境。国家宏观环境代表了社会对图书馆发展的要求，决定着图书馆未来生存的大方向和各种客观条件。高校图书馆是为高校教学科研服务的，因此在制订战略发展规划时尤其要考虑与高等教育发展相关的各种宏观环境因素，特别是国家发展战略。尽管这些外部因素与高校图书馆没有直接的关联，但深刻地影响着高校图书馆的发展。

（2）扫描行业发展。站在全球、全国图书馆行业发展层次上进行考察和比较，会帮助高校图书馆将视野放大，一方面发现本机构特点与优势，另一方面可以学习参考其他机构的做法，形成自己的愿景、目标、核心竞争力等。当然，高校图书馆的行业扫描不应仅限于图书馆行业，还应扩展到数据化信息化发展和现代信息服务产业，如上游的数字出版业，以及百度、谷歌、情报所、咨询公司等。

（3）在大学的层面上制订规划。大学是大学图书馆的母体机构，大学图书馆的发展要得到全校师生的支持，让师生感觉到与他们的利益息息相关，就需要把图书馆的规划放到学校层面上来设计，规划制订者要站在学校的层面上来思考，要对大学的现状与未来发展有所认识，对大学图书馆特定用户群的需求进行分析。这直接决定着大学图书馆具体规划的实施甚至是未来的走向，是确定大学图书馆发展愿景和目标的最终决定性因素。

（4）寻求突破点。在大方向、大目标确定的前提下，调研分析目前的发展热点，从中选择适合本校本馆特点的发展方向，如：本科院校的图书馆主要强调以本为本、教学支持、结合阅读与素养的学习服务；研究型大学的图书馆不仅要有学习服务，也要具备支持科研、支持学科发展的知识服务能力，以及包括机构知识库、科研数据体系、开放获取在内的研究生态系统建设的支撑；无论是哪种类型的高校图书馆，都要有培养元素养、提高元认知能力、具备个性化特点的信息素养体系建设；等等。

（5）激发创造力。为了鼓励图书馆团队不断释放能量、不断创新，可以采取以下方法。一是组织架构要能够随业务发展而变化适应，要敢于打破固化的部门界限，保障每个馆员都有发展与上升的空间，组织内部总是能形成随时随地头脑风暴的氛围。二是，强化专业馆员制度，对专业馆员的专业素养、业务能力要进行不断培训与提升。三是相信馆员，组建团队时给予充分的信任，充分挖掘其潜能。四是要敢于大胆实行聘任制，有一个有效的绩效评估和激励机制。

（6）具备执行力。要以框架和纲要的方式将规划分解为具体的建设任务、完成指标及所需要的建设保障，以保证规划能够得到正确而有效的执行。指定相关的部门或者新成立团队具体负责，而负责的团队还需要进一步就任务的目标、步骤、流程、时间安排、预算、团队组成、评估核验等做出具体规划，再开始操作实现。

完整的发展规划通常包括如下部分：

①当前形势与环境扫描；

②总体目标、具体指标及基本建设原则；

③建设任务以及进一步分解的子任务；

④实施方案，包含子任务目标、相关团队及具体计划；

⑤建设保障，包括经费预算、人力资源规划等。

二、岗位责任制与岗位聘任制

（一）岗位责任制

岗位责任制，是指具体规定了高校图书馆各级各类工作人员岗位职责的制度。岗位责任制是根据图书馆组织结构模式、部门职责、业务流程、馆员分工协作的原则与要求建立的一种工作责任制度，规定了图书馆各个工作岗位的职责范围、工作任务和具体要求。在岗位责任制下，馆员职责明确、分工合理，工作有效率，能够遵守劳动纪律。

在岗位责任制下，馆长负责主持全馆工作，组织制订和贯彻实施图书馆发展规划、规章制度、工作计划、队伍建设方案及经费预算，主持馆务会议，讨论决策本馆重大事项、重要干部任免、重大项目安排、大额资金使用等"三重一大"问题。副馆长协助馆长负责或分管某一方面或某几方面工作。

部门负责人属于图书馆的中层，起着上情下达的作用，其职责包括：全面负责部门工作的规划、协调和推进；根据图书馆的发展规划和年度工作计划，制订部门规划和计划，并负责实施；对每个岗位进行分工，明确其岗位职责，负责绩效评估；协助制定规章制度，并监督检查制度的执行；负责部门业务管理，加强质量管理；执行劳动纪律，负责本部门工作人员考勤；负责本部门业务工作统计和总结；协调部门内部、部门之间、部门与外部行业和社会之间的关系；等等。

部门负责人和馆员的岗位职责及岗位要求，因部门和岗位的不同而不同，表 2-1 的案例展示了北京大学图书馆学科服务主管的岗位职责（2009 年）。

表 2-1　北京大学图书馆学科服务主管的岗位职责及岗位聘任要求（2009 年）

岗位名称	学科服务主管
所属部门	信息咨询部
岗位职级	5 级，2 人（文科组长 1 人，理工科组长 1 人）
岗位简介	负责学科服务的设计、规划、推进、评估和考核，以及具体的业务工作
岗位职责	**业务职责：** （1）负责制订本组学科服务方案。 （2）统筹和协调本组的相关服务（制订工作计划，服务团队的建立、工作安排与实施等）。

	（3）本组学科服务的大力宣传和推广。 （4）本组学科服务工作及员工的工作量统计、考核和评估（分月、学期和年度来统计）。 （5）负责新进人员的查新、查收查引等业务培训；从事具体的查新工作并负责查新审核；完成的查新和查收引业务量不少于学科馆员工作量的70%。 （6）每人承担1—2个学科的学科服务工作，工作任务性质和要求与学科馆员相同。 （7）组织团队，深入院系了解读者的具体需要，把图书馆的资源推荐给用户，把服务送到用户的桌面。 （8）参与文献检索课或讲座等用户信息素养教育工作。 （9）理工科组长：负责教育部查新年检工作（撰写报告和检查日常查新工作的规范执行等）；日常咨询（含虚拟咨询）服务的检查和督促；学期末或年终负责将咨询相关的各项工作汇总给部门；同时具体负责2个学科的学科服务工作。 （10）文科组长：负责服务宣传和报道（包括为本馆《北京大学图书馆通讯》供稿以及其他对外宣传）；负责本部门工作的报道；负责阳光大厅咨询台日常值班的安排；同时具体负责2个学科的学科服务工作。 （11）根据工作需要和安排，能承担日常值班、周末班、晚班、节假日值班以及部门的其他临时性任务。 **研究职责：** 聘期内应在核心期刊上公开发表1篇与本岗位相关的文章（第一作者）或提供一份业务研究报告（有数据、有分析、有结论和建议）。
纵向关系	向部主任负责
馆内协作关系	（1）资源建设部 （2）分馆建设办公室
馆外关系	馆内外的图书馆同行
工作量预估	（1）学科服务：154个工作日（70%的工作量） （2）其他日常咨询工作：66个工作日（30%的工作量） 共计220个工作日。
任职条件	**资格条件：** （1）硕士学历或副高级以上职称； （2）有课题咨询工作经验，对工作认真负责； （3）较强的沟通和协作能力，做事干练、利落，能吃苦；

续表

	（4）敢于创新，勇于开拓； （5）能承受工作压力，能承担突击任务。 **基本知识与基本能力：** （1）具有相关学科背景和一年以上课题咨询的工作经验； （2）具有较强的策划能力，善于宣传图书馆的服务； （3）善于与人沟通，具有团队合作精神； （4）熟悉图书馆的业务工作； （5）擅长信息检索和分析，熟悉图书馆的资源（特别是电子资源）； （6）能熟练掌握和应用新信息技术； （7）外语较好。
工作评价要求	（1）自评报告； （2）馆内同行评价、工作量考核； （3）领导评审。

在矩阵制组织结构模式下，所有跨部门的横向委员会和工作组也都有明确的团队职责，但其成员的岗位职责则比较灵活，可根据项目和工作需要进行调整。

（二）岗位聘任制

图书馆岗位聘任制是指：按照"按需设岗、公开招聘、平等竞争、择优聘用、严格考核、优胜劣汰"的原则，根据学校和图书馆发展需要，科学合理地设置各级各类岗位，明确岗位职责、任职条件、聘任期限、岗位待遇等（见表 2-1），按照规定程序对各级各类岗位实行公开招聘、平等竞争、择优聘任。馆员在平等自愿的基础上，通过签订聘任合同明确双方职责和权利，并通过考核决定是否续聘和发放绩效奖励等。

岗位聘任制与岗位责任制息息相关，岗位聘任制是在岗位责任制基础上，对岗位责任制科学完整的落实，也进一步推进了高校图书馆用人机制的改革，实现了由身份管理向岗位管理的转变。

岗位聘任制的聘任程序一般包括：

（1）设岗。根据"按需设岗、科学发展、均衡和谐、民主参与"原则，通常由各业务部门根据部门工作量和工作任务设立工作岗位，做出岗位描述（见表 2-1 中的"岗位简介""岗位职责"），提出部门岗位编制，这个过程可有部门工作人员广泛参与讨论。其中要特别注意"满负荷工作原则"，即应充分考虑每个岗位的工作量，所有岗位都应以满负荷工作为标准，工作量不足一个岗位的应如实设置，如：0.5 或 0.7 个岗。

（2）定岗。由图书馆岗位聘任委员会综合全馆部门岗位，进行横向评定、岗位级别比例预估、岗位津贴测算、固定编制与流动编制人员的比例测算等工作，提出各部门岗位设置、岗位编制以及岗位描述等方案，最终由馆务会讨论确定，作为全馆岗位招聘的依据。

（3）招聘。根据"公开招聘、竞争上岗、双向选择、按需录用"原则，在全馆范围内进行公开招聘，由应聘者和聘任方双向选择。聘任工作要做到公开、公正、公平，接受全馆人员监督。聘任顺序是：

①图书馆岗位聘任委员会聘任部门主任、副主任。

②部门主任、副主任聘任馆员。在此过程中，个人与部门之间双向选择，部门按照工作需要聘用。一个馆员可以应聘 2—3 个工作量不满一个岗的岗位，如副部主任 0.5 个岗 + 馆际互借与文献传递 0.5 个岗 =1 个岗。

③由部门根据应聘条件和人选提出初步意见，由图书馆岗位聘任委员会讨论确定最终人选。

（4）公示。向全馆公布拟聘名单，在此期间，馆员可以提出申诉、要求调整，由图书馆岗位聘任委员会进行讨论并提出意见。

（5）聘岗结束。经馆务会讨论决定完成最终聘任方案，所有应聘人员签订《聘期岗位目标责任书》（2—3 年为宜）。

（6）考核。岗位考核是对图书馆员履行岗位职责、完成岗位任务的实际情况进行考查、评价并做出结论，既为续聘、竞聘、绩效津贴提供关键依据，也是岗位聘任制度长期开展的必要保障。考核通常按年度进行，每个聘期结束时，综合各年度考评成绩即可。具体包括：

①考核内容：包括德、能、勤、绩几个方面，全面考察应聘人员履行岗位职责情况和工作实际效果。

②考核方式：包括应聘人员自评、自我总结和他人打分，打分可按百分制或者优秀/良好/合格/不合格进行，由馆务会给部门负责人打分，部门负责人给馆员打分，馆员给部门负责人打分。

③考核结果：最终考核结果将反馈给本人，并指出被考核人的不足及今后努力的方向，做好相应的思想工作，对考核结果有异议者，可向图书馆岗位聘

任委员会或学校上级部门反映。

（7）续聘。聘期结束后，所有考核合格人员可以参加续聘。

三、规章制度

高校图书馆规章制度指与图书馆建设和运行相关、工作人员和读者都必须遵守的各项规则、规程、规范、章程、制度、标准、程序、办法等。它是依法治馆、保持组织机构有效运转的重要手段，是实行科学化、规范化、制度化管理的基础和准绳，是合理组织图书馆工作、充分发挥图书馆职能的保证，也是预防和解决劳动争议的重要依据。

（一）高校图书馆规章制度的制定与执行

1.制定规章制度要遵循的基本原则

政策性原则：高校图书馆规章制度要符合党的路线方针、国家的法律法规、教育部门的相关政策、所在学校的各类规定规则，不能逾越图书馆的职责范畴。

系统性原则：高校图书馆的规章制度要呈现系统性、整体性，既包括行政工作、业务工作，也包括用户服务，彼此之间要相互衔接、互为补充、相辅相成，不能脱节，也不能相互矛盾。

实际需求原则：要从图书馆的实际需要和实际情况出发，经过调查研究、反复试行、实践，最终确定规章制度。

与时俱进原则：要随着时代、环境的变化和图书馆的发展，废止、修订、补充完善原有的规章制度，制定新的规章制度，为图书馆的发展提供保障。

2.制定规章制度的一般性步骤

第一步，提出议题。可以由馆务会成员、部门负责人、馆员甚至读者提出需要制定的规章制度议题。

第二步，调查研究。了解实际情况和实际需求。

第三步，起草文件。这个过程中，要反复组织相关人员甚至读者对规章制度内容进行讨论修改。

第四步，实际试行。经馆务会讨论后进入实际试行阶段；如果规章制度文件内容涉及图书馆职权范围以外的工作管理，还需要交给学校职能部门审核，并上报学校批准。

第五步，正式实施。试行一段时间后，可以根据各方面的意见再次进行修改，经馆务会讨论后成为正式文件；必要情况下，也需要上报学校批准。

第六步，修订废止。随着时代的进步、图书馆的发展，对规章制度要不断进行审视和修订完善，对已经失去实际意义的要及时废止。

3. 规章制度的实施

规章制度经过反复考量和讨论制定，最终强调的是实施。一是要对工作人员和读者进行反复宣讲教育，使其了解规章制度，自觉自愿执行。二是依法治馆，即严格执行规章制度，让规章制度发挥作用，尤其要加强监督。三是奖惩分明，公平公正，对执行规章制度、表现优秀的要及时表扬，对违反规章制度的，要进行批评或处分。

（二）高校图书馆规章制度的内容体系

1. 适用于行业的规章制度

这类规章制度具有普适性和宏观指导性，如教育部颁发的《普通高等学校图书馆规程》（教高〔2015〕14号），就是为了促进高等学校图书馆的建设和发展，指导和规范高等学校图书馆工作而制定。中国图书馆学会制定的《中国图书馆员职业道德准则（试行）》，是为了总结我国图书馆活动的实践经验，为履行图书馆承担的社会职责而制定的行业自律规范。

2. 适用于某一高校的图书馆规章制度

这类规章制度通常由图书馆负责起草执行，必要时由职能部门审核、学校批准。包括：

综合性规章制度：如《北京大学文献信息资源体系管理办法》（校发〔2008〕201号），开篇就强调了这个文件的制定目的："北京大学文献信息资源体系是在总馆协调下，由多个图书馆组成的、为学校教学科研提供文献信息资源保障的公共服务体系，也是学校学术竞争力的重要组成部分。为建设全校统一的文献保障服务体系，加强管理，使北京大学文献信息资源发挥更大的效益，更好地服务于建设世界一流大学的目标，特制定本办法。"

业务类规章制度：主要是图书馆内部业务工作需要遵守的规章制度和业务规范，多是根据多年的工作经验起草整理而成，可以分为文献资源发展（如《北京大学图书馆馆藏发展委员会章程》）、文献资源加工整理（如《北京大学图书馆西文图书著录细则》）、文献资源管理（如《北京大学关于保存、使用学位论文的管理办法》)、信息化建设（如《电子邮件账号使用管理规定》)、用户服务（如《北京大学图书馆馆际互借工作业务规范》)，以及科研工作、分馆建设运行等多类多方面。

行政管理类规章制度：包括日常行政工作（如《北京大学图书馆公章使用管理规则》)、人力资源管理（如《北京大学图书馆关于员工在职学习的管理规定》)、财务管理、保安/消防管理、科研管理（如《北京大学图书馆学术委员会章程》）等。

读者用规章制度：需要读者遵守的规章制度，如《北京大学校园网电子资源使用管理办法》《北京大学图书馆读者入馆注意事项》等。

四、人力资源管理与发展

随着现代管理理念的逐步输入，传统意义上的图书馆人事管理已经演变为"以人为本"的图书馆人力资源管理与发展。无论是事业规划、岗位责任与岗位聘任，还是规章制度的制定和执行，组织机构的管理实际上是以人为核心来实现的。

图书馆人力资源是图书馆所有有劳动能力的、负责承担图书馆运行管理的人员的总称，也统称为图书馆员，包括专业馆员、辅助馆员以及学生助理馆员。根据教育部《普通高等学校图书馆规程》（2015年)，专业馆员是指具有硕士研究生及以上层次学历或高级专业技术职务、经过图书馆学专业教育或系统培训、从事专业性比较强的工作的图书馆员。专业馆员的数量应不低于馆员总数的50%。辅助馆员一般指具有高等教育专科及以上层次学历、从事辅助性工作的图书馆员。学生助理馆员则由在校学生组成，也从事辅助性工作。

图书馆人力资源工作包括两方面：人力资源管理（human resource management）和人力资源发展（human resource development）。

（一）人力资源管理

人力资源管理，是指从图书馆发展战略、组织机构运行需要，有计划地对人力资源进行合理配置，通过对馆员的分类招聘、培训、聘任、考核、激励、调整等一系列工作，调动图书馆员的积极性，发挥其作用，做好图书馆各方面工作，为读者带来高水平服务，实现图书馆的战略发展目标。具体包括：

（1）图书馆人力资源战略的制订，例如根据图书馆发展规划，以及现有的专业馆员与辅助馆员结构、年龄梯队、职称与学历构成、性别差异、未来退休等各方面情况，制订人力资源未来发展战略，亦包括根据国家、地方、行业相关政策，以及组织机构设置、资源发展、服务工作量、开馆时间等制订定岗定编定责计划。

（2）根据岗位设置和岗位责任，对专业馆员、辅助馆员和学生助理馆员的招聘、选拔、聘任工作进行组织和协调。

（3）馆员系统性培训计划的制定与实施。

（4）馆员的绩效管理，包括根据岗位责任进行岗位考核、奖励分配等。

（5）馆员的流动性管理，如退休、调入调出等的管理。

（6）馆员的关系管理。

（7）馆员安全与健康管理。

（二）人力资源发展

人力资源管理是从图书馆发展需要的角度而言的，而人力资源发展则强调个人发展，即以人为本，从个人内在出发配合图书馆外在发展，努力做到人适其所，发挥其长。图书馆人力资源发展有三个方面的工作：培训，强调馆员在当前工作岗位上的学习；教育，强调馆员对图书馆未来发展、专业知识的学习；发展，学习某种特定技能技巧。具体可以包括以下内容：

（1）专业素养学习：即图书馆学情报学专业知识的学习，是实际工作、馆员职业能力可持续发展的基础。包括图书馆学基础理论、文献信息学与数据理论、知识组织理论、用户服务理论以及与所在图书馆相关知识的学习。

（2）职业精神培养：职业精神是我们常说的"图书馆精神"的重要组成部分，是图书馆从业者所秉承的价值观、理想信念与追求，是共同一致、彼此共鸣的内心态度、意志状况和思想境界，是图书馆员积极工作、使图书馆充满活力的精神力量。职业精神的内涵，体现在图书馆员对图书馆行业以及自身从事的具体图书馆工作所持有的敬业精神、勤业态度、创业意志、立业能力等方面。职业精神需要不断培养和在实践中磨炼。

（3）职业能力培养：职业能力是指从事图书馆职业的工作能力的综合，包括核心能力、岗位能力、拓展能力。其中，核心能力主要包括专业素养、信息素养、技术应用能力、沟通交流能力、阅读写作素养等；拓展能力则强调领导力、组织协调能力、宣传推广能力、教学和培训能力、评估能力、创新能力等；岗位能力则因岗位不同而不同。

（4）继续学习能力培养：在实际工作中不断学习的愿望与能力的培养，是保证职业可持续发展的续航措施、实现事业理想与目标的前提。图书馆员的继续学习可以通过本岗学习、轮岗学习、在职学历教育、接受深度培训、参加专业会议、参加科研团队和科研项目等不同途径来实现。

（5）图书馆事业精神：将图书馆事业视为毕生为之奋斗的事业，营造梦想、确立目标、指导未来，并为之努力奋斗。任何时候，事业精神都是图书馆员的精神力量，而营造图书馆文化、确立组织目标、激励图书馆馆员的事业心、给予图书馆员一定的奋斗空间、鼓励图书馆员在事业上有所成就并获得成就感等，都是培养图书馆事业精神的关键途径。

人力资源发展可以改善图书馆员的知识、技能、态度、创造力与理想等，可以提升图书馆员能力，进而提升图书馆的整体绩效，并促进图书馆员个人和图书馆的长期发展。

第五节　发展变化中的高校图书馆组织机构

随着社会经济的发展、信息技术水平的提升，高校图书馆也在不断进步；特别是最近十多年进入数字图书馆发展阶段以后，用户需求持续变化，推动图书馆职能发生巨大演变。为了满足不断增长的用户需要，促进图书馆服务内容的多元化、提高服务水平，高校图书馆面对挑战，勇于从内部改变自己，组织机构及其管理体制也在不断改革和发展中。

一、从静态到动态，组织亦成为不断生长的有机体

在传统图书馆时代，高校图书馆组织机构处于比较静态的变化中，即在相当长一段时间内，组织机构没有颠覆性变化，虽然在设置上有些调整——比较典型的是采访部与编目部、流通部与阅览部的合并与拆分，但在业务流程、机构职能、岗位设置与聘任方面没有大的变动，图书馆内部已经习惯了在这样情况下工作，稳定、认同而不想有变化，因而也较少有突破性、创新性发展。

现在，面对新信息技术的应用与普及、用户学术研究与交流模式的转变，高校图书馆主动变革创新，其组织机构已经时时处于动态的变化中，即每隔6—8年左右就会有一些大的变革，3—4年左右会有微调，同时调整的还包括业务流程、岗位设置、制度规则等，这种以发展的眼光、动态的观念进行的组织机构管理，能够保障组织机构适应变化、不断发展，成为"图书馆是一个生长着的有机体"（A library is a growing organism，阮冈纳赞图书馆学五定律之一）的有效组成部分，充满生机和活力，更好地面向未来。

例如，2014—2018年间，在双一流高校中，北京大学、清华大学、上海交通大学、复旦大学、武汉大学、中山大学等至少20多所高校图书馆进行了一轮或多轮组织机构重组。以北京大学图书馆为例，2009年，即以"坚持改革开放、主动适应变化"为方针，以"重新定位图书馆的功能和作用，加速数字化建设、建立E-only的环境，创新文化、创新团队、创新服务，开放、合作、共享"为思路，进行了比较大的组织机构和业务调整改革，包括传统业务外包、业务流程再造、机构重组、空间调整、后勤服务社会化、图书馆自身信息化、规章制度修订完善等。到2015年，北京大学图书馆又根据学校"世界一流大学"的发展目标，提出"全面转型"，按照业务、条件支撑、对外关系三大模块，进行业务流程再造、机构重组、馆领导分工调整，在全国首个提出高校图书馆应具备资源建设、支持学习、支持研究、支持学术交流职能。2019年，又根据发展需要再次对机构进行了调整。

二、从直线—职能制到矩阵制，使图书馆可以应对多元化发展

传统图书馆时代，图书馆业务流程比较固化，用户需求也基本限于书刊借阅、参考咨询、信息素养等方面，因此组织机构职能也相对比较稳定，其设置模式以直线—职能制为主。进入信息化社会以后，用户需求逐渐复杂多变，图书馆服务向多元化发展，既要满足比较基础和比较稳定的需求，也要灵活多变、经常成立各种团队，以适应各种新需求、新任务、新项目的产生，因此逐渐向矩阵制组织模式发展，打破部门间行政壁垒，以跨部门团队合作方式开展工作。

以北京大学图书馆为例，在2015年的机构改革中，除了成立资源建设中心、学习支持中心、研究支持中心、信息化与数据中心、特色资源中心、古籍图书馆、综合管理与协作中心 7 个部门之外，还成立了用户服务宣传推广与社交媒体工作组、学科资源建设团队、学科服务馆员团队、信息素养教育团队、新技术研究与应用团队等，以及一系列相关的运行管理办法等，矩阵制组织结构使得实体部门与虚体团队结合，不同岗位责任交叉，极大地调动了员工的创造性，推进了工作的开展。

三、从资源主导到服务主导，带动业务流程重组

传统图书馆的职能是以文献信息资源及其利用为核心开展工作的，因此其组织机构也是以文献信息基础的"文献流"或"信息流"体系为基础，主要包括技术服务（资源采访、编目、典藏等内容）、读者服务（流通、阅览、咨询、检索等内容）两大组成部分，称为"资源主导型组织"。

随着信息社会的发展，图书馆和文献资源都已经不再是用户获取信息的唯一途径；用户面对的，也不以如何获取文献信息为主要问题，而是如何在海量信息中准确、快捷地挖掘出自己所需要的知识，并应用这些知识来构架自己的知识体系，进一步开展创新研究。在这种情况下，图书馆的组织机构及其管理，就逐步发展成为以用户知识获取、支持用户知识挖掘和组织、为用户知识应用提供创新服务为职能，以"用户流""服务流""知识流"体系为基础的"服务主导型组织"，需要重新整合人力资源，优化业务流程。

以美国加州大学伯克利分校图书馆为例，在其读者服务部门中，既有负责书刊流通借阅、多媒体和缩微服务、一般咨询等业务的公共服务部（Access Services），也有面向教学支持的教学服务部（Instruction Services），更有直接面向学科的艺术和人文科学部（Arts & Humanities）、工程和物理科学部（Engineering & Physical Sciences）、生命和健康科学部（Life & Health Sciences）、社会科学部（Social Sciences）。又如，近年来，国内很多高校图书馆都增设了新的读者服务部门，如阅读推广部、应用服务部、文化育人中心、学习支持中心、研究支持中心、海洋文献与数字化部、研究合作部等。再如，北京大学图书馆在 2015 年机构调整中，秉承"以人为本"理念，成立了为本科生和低年级研究生提供服务的学习支持中心，以及为教师和高年级研究生提供服务的研究支持中心，使得读者需求、读者信息集中而有共性，馆员的服务专注而有效率，提高了服务的水平与效益。

四、组织机构设置迭代加速，新岗位不断出现

信息社会的升级、图书馆事业的发展，要求高校图书馆不断变革和推陈出新，为了适应这种变化，图书馆组织迭代加速，机构设置处于动态变化中，新岗位和新人不断涌现，员工培训和学习成为常态，其目标就是防止组织老化，打破习惯性思维，避免"人还是那批人、观念也还是那些老观念"的现象。

以美国华盛顿大学图书馆为例，2015 年，根据笔者对该馆的访问调查和时任副总馆长 Cynthia Fugate 女士的介绍，该馆的读者服务部门包括"研究与教学部"（Research & Instruction Services）、"参考咨询和研究服务部"（Reference & Research Services）、"Odegaard 本科生图书馆"（Odegaard Undergraduate Library）、"公共服务部"（Access Services）等。2015 年以后，该馆不断发展研究支持服务，到 2019 年机构设置已经调整如下。

研究与学习服务
Research and Learning Services

图书馆馆长

主管副馆长

| 公共服务部 Access Services | 研究和教学部 Research & Instructions | 信息技术服务与数字战略部 Information Technology Services & Digital Strategies | Odegaard本科生图书馆 Odegaard Undergraduate Library | 学术交流与出版部 Scholarly Communication & Publishing | 研究服务部 Research Services |

研究数据服务馆员 Research Data Service Librarian

学术出版联络馆员 Scholarly Publishing Outreach Librarian

版权馆员 Copyright Librarian

数字交流馆员 Digital Scholarship Librarian

图 2-3　2019 年美国华盛顿大学图书馆读者服务机构设置

这次调整反映了如下变化：

（1）将原来的"信息技术服务部"改为"信息技术服务和数字战略部"，从技术支持部门归并为读者服务部门；

（2）将原来的"参考咨询和研究服务部"改为"研究服务部"，将一般性咨询放在了"公共服务部"下面，使"研究服务部"更加专注于研究支持服务，

在该部门新增设了"研究社区馆员"（Research Commons Librarian）等职位；

（3）新设立了"学术交流与出版部"，增加了如"研究数据服务馆员""学术出版联络馆员""版权馆员""数字交流馆员"等新职位，招聘新人，以支持蓬勃发展的数字学术与交流服务。

在这方面，国内高校图书馆亦不落后。以重庆大学图书馆为例，在组织机构改革中不仅增加了"文化育人中心"这样的机构，而且将教师代表、学生代表等新人纳入其中，与馆员合作互动，不断创新服务。与此同时，该馆还设立了"重庆大学图书馆前沿研究高级访问馆员计划"项目，邀请国内其他图书馆馆员来访，通过交流扩大馆员视野，提高馆员的业务水平。

结语：组织机构是高校图书馆科学管理、有效运行的组织保障和最重要因素。随着社会经济变革、信息社会发展和用户需求的不断变化，高校图书馆组织结构也必将不断面临挑战，而在变革中求突破，在组织迭代中求创新，也会成为高校图书馆今后的常态。正如谚语所说：鸡蛋从外部打破是食物和毁灭，从内部打破便可获得新生。如此才能够保障高校图书馆的可持续发展，发挥更大的作用和价值，为高等教育和社会建设做出贡献。

参考文献

［1］吴慰慈，董焱.图书馆学概论［M］.4版.北京：国家图书馆出版社，2019.

［2］黄宗忠.图书馆管理学［M］.武汉：武汉大学出版社，1992.

［3］刘喜申.图书馆管理：协调图书馆人行为的艺术［M］.北京：北京图书馆出版社，2002.

［4］潘寅生.图书馆管理工作［M］.北京：北京图书馆出版社，2001.

［5］朱强，别立谦.面向未来的大学图书馆业务与机构重组——以北京大学图书馆为例［J］.大学图书馆学报，2016（2）：20-27.

［6］肖珑，张春红.高校图书馆研究支持服务体系：理论与构建——兼述北京大学图书馆的相关实践［J］.大学图书馆学报，2016（6）：35-42.

［7］陈思彤，那春光."985"高校图书馆组织机构设置的调查与思考［J］.图书情报工作，2018（4）：50-56.

［8］肖珑.十四五规划之外：升维思考，降维行动［J］.高校图书馆工作，2020

（5）：4-7.

［9］高倬贤.北京大学图书馆的人事管理改革与岗位聘任——做法与思考［J］.大学图书馆学报，2000（5）：63-66.

［10］教育部.普通高等学校图书馆规程［EB/OL］.［2020-12-10］.http://www.scal.edu.cn/gczn/sygc.

［11］XIAO Long. Innovative application of knowledge management in organizational restructuring of academic libraries：a case study of Peking University Library［J/OL］. IFLA Journal, 2020, 46（1）：15-24. https://journals.sagepub.com/eprint/MKENT7NCYWUJKMEYECPK/full.

［12］UC Berkeley Library. About the libraries［EB/OL］.［2020-12-10］. https://www.lib.berkeley.edu/about/about-the-libraries.

［13］University of Washington Libraries. Organization at a glance［EB/OL］.［2020-12-10］. https://www.lib.washington.edu/about/organization.

思考题

1.高校图书馆组织机构设置的原则和依据是什么？

2.高校图书馆组织机构的直线—职能制模式和矩阵制模式是指什么？为什么进入信息化社会以后，会从直线—职能制模式逐渐向矩阵制模式发展？

3.制定高校图书馆发展规划时，要从哪些方面进行考虑和调研？

4.在高校图书馆组织机构的管理中，岗位责任制和岗位聘任制的含义是什么？二者是什么关系？

5.高校图书馆人力资源队伍包含哪几种类型的人员？人力资源管理和人力资源发展有何不同？各自应该如何进行？

6.根据本讲内容，你认为你所在的图书馆目前的组织机构存在哪些问题？应该向什么方向发展？

第三讲　高校图书馆资源建设

杨新涯[*]

文献资源是图书馆建设的基石，在古代藏书楼—近代图书馆—现代图书馆的演变发展过程中都是核心中的核心。"资源为本""资源为王"是图书馆圈内常说的内行话。巧妇难为无米之炊，图书馆只有拥有丰富优质的文献资源，才能为读者提供多样化的服务。随着文献数字的不断发展，文献出版形式逐渐多样化，数字出版方式逐渐占据人们的视野，海量的文献资源让图书馆在资源建设中眼花缭乱。如何不迷失在资源建设的汪洋大海中，如何构建一条属于图书馆自身的资源建设之路，需要馆员具备藏书家的眼光，具有根不能把所有的好书都收藏到自家图书馆的心态，还要对各种文献资源了然于胸，能根据外部环境变化随时调整资源建设的计划。

第一节　资源为本

一、厘清资源

图书馆资源是根本，是图书馆开展各项服务的基础。社会的变化发展及信息技术的更新迭代，使图书馆各时期的资源建设呈现出不同的特点，也使图书馆资源建设内容愈加丰富多样且兼具复杂性。从传统文献资源建设、纸质资源建设到如今纸质＋数字资源的一体化建设，图书馆始终面对着这样的任务：从

---

　　* 杨新涯，博士，研究馆员，重庆大学图书馆馆长，兼任教育部高等学校图书情报工作指导委员会委员。研究领域为数字图书馆和智慧图书馆。

不同来源、不同出版形式及不同文献类型的海量资源中选择出最有效、有用的资源进行馆藏建设。因此图书馆们在选择资源时，不能对数据库商、出版社及代理商提供的所有的资源都照单全收，图书馆员需要施展火眼金睛，以专业的学科知识水平、信息技术能力、情报分析能力、信息检索能力及经费控制能力等分析识别出最符合图书馆性质、资源建设目标及读者服务需要的资源。

孙悟空在太上老君的炼丹炉待了七七四十九天，尝尽各式丹药才练就了识别妖魔鬼怪的火眼金睛，那么，图书馆员如何练就属于自己的火眼金睛呢？这就需要图书馆员重点厘清图书馆资源建设范畴、资源类型及资源来源等内容。厘清资源是图书馆员必备的专业素养，也是馆员做好资源建设工作的前提和基础。

分类是个复杂的问题，厘清文献资源就要对图书馆进行分类，根据不同图书馆的特点，按照其属性、资源建设任务及服务对象等进行资源建设边界划分。我国图书馆分为国家图书馆、大学图书馆、中小学图书馆、专门图书馆及公共图书馆，不同类型图书馆资源建设范畴具有普遍性，但也有各自的资源建设独特性。大学图书馆，更注重为读者提供满足教学科研需求的学术型资源；公共图书馆则更强调为广大社会读者提供普及科学文化知识的文献资源，因此在进行资源建设时，图书馆员们需要首先明确这个资源建设范畴问题。其次，采访馆员要了解目前图书馆资源建设类型有哪些？如根据不同载体形式可划分为印刷型文献、缩微型文献、机读型文献及声像型文献。不同文献载体下又可细分为不同的类型、类别，即期刊数据库、学位论文库、索引 / 文摘数据库，纸本书籍、数字图书、数字期刊、数字报纸、教学教参、古籍、标准、专利、会议论文、科技报告、多媒体资源等。最后，图书馆员如何利用自身专业能力为图书馆获取这些类型多样、主题丰富的文献资源呢？目前资源建设来源主要以采购为主，自建和共建共享为辅。图书馆绝大部分资源都是通过采购途径获取的，导致各图书馆资源同质化严重，所以在未来资源建设中，自建或共建共享资源将成为主流，如何自建与学校文库、机构知识库、硕博论文、古籍资源、学科特色、区域特色、专题特藏等相关的文献资源是重点。此外，口述文献资源、用户生成内容及社会记忆资源等也应该纳入资源建设范畴。图书馆员们只有将资源建设主体内容熟记于心，才能在资源采购中驾轻就熟，一举命中最适合图书馆资源建设需求、学校教学科研发展需求及读者服务需求的文献资源。

二、明晰问题

传统图书馆到数字图书馆的发展使图书馆资源建设内容越来越丰富多彩，尤其是数字资源的出现，在丰富图书馆资源程度、节省图书馆馆藏空间、提升图书馆资源利用率的同时，也给图书馆员们的资源建设工作带来极大挑战，如纸本＋数字资源协调采购、资源重复采购浪费、中外文资源采购经费分配及庞大的馆藏中外文资源有序管理等问题也日益突出、严重。图书馆员在进行资源建设时，不能盲目地闭门造车，亦不能因循守旧、埋头苦干，面对日趋成熟的资源建设工作，只有馆员在资源建设过程中不断发现问题，并以问题为导向指导未来资源建设工作的开展，才能不断优化图书馆资源结构，让图书馆资源在合理的新陈代谢中永葆生机与活力。近年来，图书馆在文献资源建设方面普遍存在和亟待解决的问题主要有：

一是纸本资源依然无法被替代。近年来，各图书馆数字资源购买经费逐渐远超纸质文献资源购置经费，所占比例还在不断上升，数字资源覆盖范围日益广泛，其使用效果也较为显著。尽管如此，图书馆纸本资源依然无法被替代。首先，数字资源的资产属性一直没有有效解决，一些数据库只有使用权，对于长期保存十分不利。其次，数字资源的利用，在文献传递、本馆的传播权等方面不是十分明晰，在一些服务场景中还处于法律的空白。第三，孩子们从来的教育还是基于纸质文献，很多人仍然是纸质文献的忠实读者，这点从出版图书的销售量逐年增长可以看出，只不过人民生活水平提高了，很多人为了便利直接就购买所需图书，据为己有，而不是利用图书馆。因此，纸质资源仍应是各高校图书馆馆藏的重要组成部分，尤其是一些珍本古籍资源，相较于数字资源有其独有的收藏和保存价值，且购买纸本资源的成本更低。对于读者来说，纸本资源更利于读者深入阅读、书写及长期保存，可见二者各有千秋，在资源建设中平分秋色且不能被互相替代。图书馆员应将纸质资源和数字资源放在同等重要的位置看待，万不能盲目跟风，在馆藏建设中尽量保守一点，不能盲目跟从"去纸化"及"电代纸"。

二是纸质期刊转为数字资源。从20世纪末开始的数字图书馆建设，实现了馆藏资源的数字化，出现纸质资源和数字资源的并存，读者可以根据需要、爱好，选择不同文献类型的资源进行检索、利用。数字时代的到来使读者阅读习惯发生了很大变化，对图书馆资源建设也带来了一定影响，读者更偏向于利用方便快捷的数字资源，这使得数字期刊的使用率成直线上升。数字期刊凭借更新快、时效性强、检索利用方便快捷的优势为广大读者喜爱，且在采购价格上比纸质期刊更便宜。图书馆员在进行期刊资源建设时，完全可以将纸质期刊转为利用率高的数字期刊资源，还能降低纸刊在资源流通、阅览及管理上人力、物力和馆舍空间的成本。

三是中文图书种类和载体繁多。图书馆对中文图书资源的建设保障力度更讲求资源的覆盖面和系统性，因此尽可能全面地采购与图书馆资源建设目标相关的图书资源。日益发达的出版行业，使得不同出版社、不同版本、不同出版时段、不同装帧、不同载体形式的中文图书资源让图书馆员目不暇接，也许某一书名的版本就多达十个以上，那么，如何避免重复采购带来的资源浪费，如何在不同版本形式的书籍中选择最优的资源进行采购，如何在纸本＋数字资源并存时代有区分地进行资源建设等，成为图书馆员最头疼的问题。图书馆员不仅要考虑已有纸本图书的复本、读者借阅率及不同版次等的保障力度，还要思量读者对相同中文图书数字版本的需求。长久以来，图书馆员很难分清哪些版本的书籍是已经购买了的，当面对新的书籍采购清单，如何选择新的图书资源进行补充成为难题，这就加速了资源建设和文献分布的无序化状态，致使图书馆馆藏建设的中文图书普遍呈现出种类繁多且杂乱的现象。

四是外文期刊采购经费昂贵。图书馆资源建设经费使用必须科学合理、符合规范。对于图书馆而言，资源采购经费都是不够的，因此资源建设经费应该用在刀刃上，如对一流学科、重点学科及潜力学科资源的经费支撑。虽然图书馆资源建设经费在逐年增加，但是经费增加的速度与资源价格增长的速度远不成正比，尤其是外文资源的采购价格，往往是国内期刊资源的数倍。面对外文期刊采购经费昂贵的问题，图书馆员应该适当缩减购买外文期刊的经费，剔除对低使用率或者零使用率期刊的购买，或者将购买纸质期刊转变为购买数字期刊，降低资源的获取难度以提高资源的利用率。

第二节　对症下药

针对上面的一些问题，图书馆在文献资源建设的过程中，以问题为导向进行资源建设的顶层设计和合理规划，相应的工作就得心应手了。

一、资源建设原则和策略

（一）资源建设原则的制定

图书馆应根据学校专业设置和教学、科研的需要，及时了解和掌握国内外出版发行的情况，深入研究读者需求，制定符合学校发展和师生需求的资源建设原则，形成本馆的馆藏特色。文献资源建设的原则制定，可以从系统性、学术性、协调性、保障性等方面探索考虑：系统性即系统地、连贯地、完整地构建支撑学校教学科研的文献保障体系；学术性即注重文献收藏中学术型文献的权重，非学术型文献的比例；协调性即充分考虑纸质资源与数字资源的协调发展；保障性即文献资源建设对学校重点发展学科、特色发展专业的保障。各个学校办学理念、学科建设以及人才培养目标侧重点不同，应根据本校的实际情况，以问题为导向制定符合学校发展的资源建设原则。

（二）采访馆员的"望闻问切"

采访馆员需要根据图书馆制定的资源建设原则和策略，对海量的采访数据、用户数据进行分类、筛选、分析及判断，以尽可能小的资金投入收获尽可能大的回报的资源。这一过程就需要"望闻问切"。

1. 望

"望"即关注，平时务必关注出版社，关注数据库，关注著名研究学者、诺贝尔奖得主、各种国际国内获奖者等核心作者。关注与学校关联学科出版社的出版动态，出版社每年的出版计划、出版规律、出版内容；关注以往出版的经典出版物、大套出版物等；关注专家评价高的出版物；关注学科核心期刊和核心数据库的变化；关注出版类型的变化如数值型、档案型、工具型数据库，各类分析软件等；关注开放获取的资源情况。

2. 闻

"闻"即分析。通过"望"获取的大量数据，需要采访馆员进一步分析、明确采访资源的具体信息：资源的学科分布、与学校学科匹配度；核心数据覆盖率；与现有资源的重复度、差异；图书馆的权益，如数据库的固定期限使用权、采购期使用权、永久使用权、所有权（有载体）、存档权等；主要使用领域与用途；资源市场认可情况、功能特色；资源的收录情况、数据量、月更新量、OA 资源比例、期刊在权威索引数据库中的收录情况、图书新书比例等。通过对大量数据的分析、与已有馆藏资源的对比，"闻"出适合本馆采购和收藏的资源。

3. 问

"问"即调研。调研本校用户的需求信息和已采购学校的反馈信息是采访馆员"问"的核心内容。图书馆可以建立以学科馆员为核心的团队，制定调研策略，如邀请用户参与图书馆资源的荐购、图书的采选，对试用资源的评估等，及时了解院系师生在学科资源上的需求。调研团队成员还可以与院系建立一对一的联系，了解各学科资源情况、了解教师课题组的研究方向，根据研究方向分析相关学科资源的需求情况。调研已购学校的反馈信息，可以提前掌握资源的实际价值和效益，是采访馆员最常"问"的途径。资源好不好，用户实际使用率高不高？能不能解决用户需求，售后好不好，图书馆投入的经费是否物有所值等这些问题，已购已使用过的用户最有发言权。因此，不同类型、不同地区采访馆员，建立起友好交流、信息共享的渠道和平台，可以提高"问"的效率，使采访工作起到事倍功半的效果。

4. 切

"切"即触切，了解用户对采购资源的反馈情况，关切采购资源的推广情况、资源的友好性、资源的培训情况、资源采购效益等信息。近几年，图书馆通过组建资源绩效评估团队或者购买专业资源绩效分析软件，来帮助采访馆员获得用户对采购资源公正科学的评价。这反映出"切"由采访馆员的工作上升为图书馆整体层面关注的重点工作，体现出在信息技术不断突破、大数据背景下，图书馆对资源建设质量的高度重视。资源的推广情况包括用户对资源内容的了解情况，对资源使用技巧的掌握程度等。用户的体验情况包含资源平台的友好性、检索下载速度等。资源的采购效益即数字资源成本与利用率保障情况，通过掌握资源的成本与利用率之间的协调、平衡，"切"实追踪资源采购后的利用情况。而资源推广和用户体验的效果，都最终会在资源利用效率上体现，因此，关注资源效益是采访馆员需要重点关切的内容。

图书馆通过采购原则的制定和馆员"望闻问切"采购策略的实施来开展资源建设，在实际工作中还可以进一步细化。比如，明确纸电资源的经费比例，资源采访种数、复本比例，数字资源淘汰更新比例等。通过遵循的规则、规范，结合学校学科建设情况、图书馆资源利用情况，有侧重点地开展采访工作，从而实现资源建设收益的最大化。

（三）推荐采用智能化的采访系统

一些管理系统已经实现了智能化的采访。以数据驱动和智能算法为基础，通过对图书馆现有馆藏数据和读者行为数据进行分析和建模，系统可以应用数据模型和智能算法，为馆员自动筛选出需要采购的图书，减少不必要的人工重复性操作，提高采访质量和效率。智能采访模式可以帮助采访者根据采访场景配置多套筛选规则，为规则细项设置权重；通过采购规则的配置对计划采购的图书进行综合评分和智能筛选；为智能筛选结果生成统计报告，对筛选结果进行人工干预；重庆大学的智能采访系统还可以帮助采访者对高码洋图书和高复本图书的订购进行审批，帮助采访者管理年度预算和预算进度。大数据和大数据技术推动下，智能文献采访已成为图书馆文献采访的趋势。以大数据为支撑的智能采访系统，能够有效预测未来一段时期内读者的阅读需求，并形成较为准确的读者图书需求趋势分析表单，提升图书采访的精准性与科学性。

二、分类与编目的规范化

采访馆员应具备一定的图书馆学专业知识，需要熟悉图书馆文献分类法。其中，图书著录规则、《中国图书馆分类法》是常用的著录和分类法，也是采访馆员应该具备的知识。在数字资源不断发展的背景下，采访馆员还需要对数字资源进行编目，对元数据进行著录，实现对纸电资源的统一检索。

（一）图书著录

图书著录是指在编制图书目录时，对图书的内容和形式特征进行分析、选择与记录的过程，那些用以揭示图书外表形式、物质形态及内容特征的描述说明称为著录项目，例如题名、责任者、版本、价格、页码、主题等。采访馆员应透彻理解图书著录项目，在采选图书时根据著录项目对图书的内容相关性、时效性、价值性等做出准确判断。

（二）《中国图书馆分类法》

《中国图书馆分类法》（原称《中国图书馆图书分类法》，简称《中图法》）是新中国成立后编制出版的一部具有代表性的大型综合性分类法，是当今国内图书馆使用最广泛的分类法体系。《中图法》初版于 1975 年。1999 年出版了第四版，《中图法》第四版增加了类分资料的类目，并与类分图书的类目以"+"标识进行了区分，因此正式改名为《中国图书馆分类法》，简称不变。2010 年出版了《中图法》第五版。《中图法》是我国通用的类分图书的工具，标记符号采用汉语拼音字母与阿拉伯数字相结合的混合号码，根据图书资料的特点，按照从总到分，从一般到具体的编制原则，确定分类体系，在五个基本部类的基础上，组成二十二个大类。

（三）数字资源的编目

对于数字图书的编目，可以与纸质图书一样，采用《中图法》对数字图书进行编目。一则《中图法》是国内图书分类中应用最广泛的编目方法，有最广泛的使用基础，便于图书管理人员的掌握与使用，尤其有利于资源使用者进行初步的快速定位，在管理海量资源时，提高搜索速度与搜索结果的精确度；二则《中图法》的复分、仿分、组配等具体分类技术非常有利于数字图书管理，并且使用更加灵活。更为重要的是采用与纸质图书相同的分类法，可以帮助图书馆实现对纸电资源的统一编目，完成资源的统一检索。

我国针对数字资源著录方式的条文主要有《中国文献编目规则（第二版）》（以下简称《规则》）中的第十三章"数字资源"和《国际标准书目著录统一版》〔*International Standard Bibliographic Description consolidated edition*，简称 ISBD（统一版）〕中的数字资源著录部分。《规则》主要参考 1997 年出版的 *International Standard Bibliographic Description for Electronic Resources*。最新的 ISBD（统一版）由国际图联 2011 年发布，它虽然也对数字资源著录方式进行了阐述，但对数字资源的编目还没有形成统一的方法。图书馆可以根据本馆馆藏的需要确定非图书类数字资源的馆藏编码的制定方法，解决缺乏统一编目原则下数字资源的编目方案，完成对数字期刊、数字论文甚至某个数据库馆藏编码的制定，解决数字资源的编目和盘存问题。

（四）元数据的著录

文献资产元数据著录涉及的标准有元数据标准、分类标准、判重标准等。当前图书馆的文献资产元数据以都柏林核心元数据元素集（Dublin Core Metadata Element Set，DC）为基础，结合需要整合的文献类型特征，形成元数据著录方案，是一个成熟且广为接受的数据格式。图书馆在数字资源的采购协议中，应对数据商做出提供元数据的相关要求，并在采购协议中对元数据获取和使用等相关权益进行详细描述，既要保障数据商和图书馆双方的权益，又必须充分考虑图书馆对于数字资源管理的多方面需求。

三、充分了解资源建设的需求

以问题为导向进行资源建设的合理规划，关键在于准确把握资源建设的需求。在资源建设中，需要采访馆员提高自身职业素养，成为具备"望闻问切"能力的合格甚至优秀的"医者"。

（一）提高自身职业素养

馆员需要对自身资源建设素养有清晰定位，不断提升自己。在互联网大数据时代背景下，除了在采集图书出版信息的能力、计算机操作能力、外语能力、查重能力、编目与著录等专业能力方面不断提升，还需要在数据获取能力、数据分析能力、规划能力等方面不断学习。始终坚持以用户的需求为出发点，坚持"用户至上"的服务意识，把服务意识纳入采访工作中，资源选择标准不因馆员个人喜好而随意改变，认真对待每一次采访，敬畏采访工作的严谨性，科学合理使用图书馆的资源建设经费。

（二）审时度势

馆员对学校学科规划、师生资源需求有全面清晰的了解，才能在资源建设过程中，有侧重点地采访资源，合理配置资源。"夫事有常变，理有穷通"，图书馆资源结构不是一成不变的，需要图书馆员根据不断变化的外在需求，适时调整资源结构。如图书馆在面对双一流建设中一流学科、潜力学科的资源建设支撑时，就需要及时调整资源建设方向，强化对一流学科、潜在学科文献资源的补充；图书馆在新冠肺炎疫情期间，针对教学科研以及广大未返校师生的资源需求，需要调整访问权限甚至采购权限。这些动态的变化和需求，需要馆员研究、估量形势，做到审时度势。

第三节　文献资源采访：供应商、渠道、联盟及其他

文献资源购买的过程与在琳琅满目的商品中挑选心仪品一样。总会货比三家，从价格、性能、质量、售后等方面反复探究，不断对比，最终也总会选择性价比尽可能高的资源来买。目前，针对高校图书馆的纸质资源和数字资源的采购，市面上已经形成较为成熟的供应商和服务商的体系、平台。

一、馆配商

馆配图书是个商业用语，顾名思义就是对图书馆进行图书配送。出版社出版的书，一般不会直接由出版社卖给图书馆，这个时候就需要有一个中间商来运作（出版社—中间商—图书馆），专门做图书馆图书配送业务的中间商就叫馆配商。在中国，馆配商于 20 世纪 90 年代诞生。比如：某个图书馆一次要采购 10000 册图书，而这 10000 册图书来源于不同出版社，有些出版社少则只有几册，多则几千册，在只有几册订货的情况下，出版社不可能直接发货到图书馆，于是出版社就进行累积，等达到一定数量，在物流成本最低的情况下一次性出货。而所发出去的货有可能是几家图书馆所订，于是必须有个馆配商来进行一次收货，馆配商根据订货单来进行各图书馆的分配，在物流成本最低的情况下给图书馆发货，这样就减少了从出版社到图书馆这一过程的物流成本。

通过馆配商采购图书，一方面解决了图书馆同时面向不同出版社采购的问题，另一方面也能通过馆配商之间的竞争，在采购中取得较好的价格优惠。当前大多民营书店、国企书店都愿意通过取得馆配商资质，开展图书馆馆配业务，给图书馆提供书源和数据加工等服务。图书馆买书、退换货及各类服务找馆配商就行了。

（一）馆配商考核

如果我们把图书馆看作一个家庭，生活必需品：柴、米、油、盐、酱、醋、茶就是我们需要的不同图书，超市就是馆配商，不仅可以让图书馆这个家

庭实现一站式购齐，还能提供退换货等售后服务。因此，我们在买买买的过程中，往往对要买的必需品是明确的，而对于去哪个超市则还在选择。哪家超市活动力度大，服务好、口碑好，自然倾向于哪家。图书馆对馆配商应有一套稳定、符合图书馆管理需求的考察系统，定期对供应商进行考核。主要从采访数据覆盖率、平均到货率、重点出版社图书到货率、服务、机动等指标进行考核。

● 采访数据覆盖率：注重全国百佳出版社、重点出版社等文献入藏的完整性，定期考核供应商提供采访数据覆盖率，具体做法是将采访数据和出版社的出版目录进行比对，以检验采访数据的品种覆盖情况、采访数据时效性等。

● 平均到货率：平均到货率 = 到货册数 / 订购册数 ×100%。

● 重点出版社图书到货率：重点出版社图书到货率 = 重点出版社图书到货册数 / 重点出版社图书订购册数 ×100%。

● 服务：送货、退换货及时顺畅，编目、加工准确有序情况，进度控制情况。

● 机动：处理紧急订单和特殊订单的能力。

考核指标确定后，图书馆可以根据指标权重，制定各指标分值，各指标分值应根据图书馆实际的资源建设需求和采访工作的实际需求进行分配，一般按照满分 100 分进行分配。根据考核的总分结果，图书馆可以对馆配商进行定级，并根据定级情况制定各馆配商订单量的分配原则。

例如，以把考核总分 ≥ 90 分定为 A 级，订单分配系数设定为 1.2；把考核总分 ≥ 80 分定为 B 级，订单分配系数设定为 1；把考核总分 ≥ 70 分定为 C 级，订单分配系数为 0.8。某图书馆纸质图书预算采访经费为 500 万，考核为 A 级的馆配商有 2 个，考核为 B 级的馆配商也有 2 个，考核为 C 级的馆配商有 1 个，总共有 5 个馆配商。假设该馆的订单基础数为 100 万（注：订单基础数 = 采访经费 ÷ 馆配商总个数），那么，考核为 A 级的馆配商获得的订单额 =100×1.2=120 万元，考核为 B 级考核的馆配商获得的订单额 =100×1=100 万元，考核为 C 级的馆配商订获得的单额 =100×0.8=80 万元。

通过对馆配商的各项指标分值制定，总分定级，完成对馆配商的考核与馆配商的效益挂钩，促进馆配商在图书供应质量、对图书馆的服务上的良性竞争，最终升级图书馆馆藏质量。

（二）线上馆配与线下馆配

线上馆配是一种全新的"云采书"模式，是近期比较"潮"的创新服务，是为图书馆、馆配商、出版社关联单位搭建的常态高效的业务沟通服务平台。通过网络化、科学化、个性化的图书馆配资源整合模式，开启图书馆配服务云端化的运营业态。比如2020年全国馆配商联盟春季图采会于3月30日至4月3日举行，全程采用线上馆配模式，所有选书、采购流程都在网上进行。线上馆配与线下馆配，可以说是环肥燕瘦，各有千秋。两者比较大的区别是：线下馆配视觉感强，可以面对面看样订货直接下单，馆配商的服务看得见，摸得着。线上馆配利用网络渠道信息泛化的优势，在满足读者对图书资源多元需求的同时，扩充了读者对图书资源的选择空间，同时也节约了成本。

二、DRAA

高校图书馆数字资源采购联盟（Digital Resource Acquisition Alliance of Chinese Academic Libraries，DRAA）是由中国部分高等学校图书馆共同发起成立的，由成员馆、理事会、秘书处组成。联盟的宗旨是团结合作开展引进数字资源的采购工作，规范引进资源集团采购行为，通过联盟的努力，为成员馆引进数字学术资源，谋求最优价格和最佳服务。

目前高校图书馆的外文数据库一般都是通过DRAA进行集团采购。毕竟性价比永远是图书馆资源采购过程中追求的核心，与数字资源供应商的价格谈判不亚于一场看不见硝烟的战争，图书馆抱团取暖远远比单打独斗获得的利益更多。

DRAA联盟采资源购流程如下：首先在有意向采购的图书馆进行试用，试用到期之后，DRAA会组织专家对资源的试用结果进行评估，形成评估报告；如果试用效果很好，谈判组与出版集团业务代表就数字资源价格进行谈判，形成一个采购方案；牵头中心馆向DRAA的成员馆发布数字资源的详细介绍和采购方案；成员馆根据自身情况（如是否覆盖本校的专业、与已有资源是否重复、经费是否充裕等）来决定是否参与集团采购，然后将决定回复到牵头中心馆；牵头中心馆公布参与集团采购的成员馆名单，然后陆续组织培训师到成员馆开展数字资源使用培训。

使用DRAA参团采购的主要优势有：

1. 价格实惠

数字资源市场由于版权因素，资源往往具备单一来源性，因此大部分资源几乎是处于垄断地位，DRAA 集团引进时，参与价格谈判的代表往往是经过联盟精心挑选的业内专家、法律专家、采购专家，谈判队伍搭配科学。谈判团队从资源背景、资源内容、数据保存、定价策略等方面进行充分的准备和分析，谈判中会尽可能地争取科学合理的价格。谈判获得的采购方案中，大都采用分级定价保障成员馆获得更多优惠。分级定价不仅按标准 FTE（师生）人数，还增加了地区优惠策略，对西部及边远地区制定了优惠的价格方案，相对中东部地区优惠 10% 至 15%，如 Emerald 提供九折优惠，Westlaw 提供八五折优惠。

2. 数据获取方便

DRAA 的网络平台集线上采购、使用统计、评价中心、培训中心为一体，功能成熟细致。以"使用统计"功能为例，提供成员馆各参团数据库的购库费用、捆绑纸本费用、单次目次文摘检索成本、单篇全文下载成本、平均全文下载成本、与平均值的差值、用户总数、今年全文下载成本排名、上一年下载成本排名等统计指标。DRAA 平台的统计功能为成员馆提供参团采购数据库的使用统计，相比非参团采购数据库的使用统计，其来源更可靠，数据更科学真实，更具有比较和参考价值。

3. 采购效率高

资源采购中对于资源的重复性查询和对进口数据库资质的核查是图书馆采访工作的一项重要内容。DRAA 引进数据库以为教学科研服务的海外网络学术资源为主，在资源内容上，联盟集团采购的数据库不允许内容重复，如数据库商销售的不同数据库之间有少量重复，也会在数据库评估中说明重复的情况和大概比例，降低了图书馆的采购风险。另外，DRAA 实行代理商制度，其资质要求为经国家新闻出版署批准的、有进出口资质的、从事中外文网络数据库产品贸易和服务的国内进出口公司及其分支机构。参团后，代理商协助联盟处理集团采购、敦促数据库商做好售后服务工作等，为图书馆分担了部分工作，因此图书馆的采访效率更高。

总的来说，DRAA 集团采购自开展以来，越来越多的高校关注和参与DRAA 集团采购。通过集团筛选资源，其价格、服务、评价等机制已经成熟，是图书馆采购外文数字资源最省心省力的方式。

三、ERMS

图书馆在采购数字资源过程中，需要开发数字资源管理系统（Electronic Resource Management System，ERMS）来完成图书馆数字资源的试用、评估、采购审核、采购计划制定、合同管理、付费管理、采购资源效益分析等。通过 ERMS 管理图书馆采购的各类数字资源，建立完善的、标准化的采购流程，并通过 ERMS 数据完成资源效益的分析，对图书馆的采购决策提供数据支持，是图书馆在信息化建设和管理中的重要内容。

（一）ERMS 现状

在 ERMS 设计开发方面，国外商业性 ERMS 占据主要市场的同时，部分图书馆自主开发了 ERMS，如威斯康星大学拉克罗斯分校墨菲图书馆在 2008 年推出的 ERMS、哈佛大学图书馆推出的 Harvard ERMS 和霍普金斯大学图书馆开发的 Hopkins HERMS。与国外较为成熟的 ERMS 开发相比，国内学者对 ERMS 的研究主要集中在图书馆数字资源管理工作面临的挑战研究及未来数字资源管理系统应有的功能趋势上。比如，陈大庆分析了 2007—2008 年、2008—2010 年、2011—2014 年 3 个阶段国内外数字资源管理系统研究情况，认为未来的 ERMS 以更加整合的方式管理数字资源将是一种新趋势。在对国外 ERMS 的引进实践研究方面，张宝珍等分享了香港中文大学图书馆利用 Innovative 公司的数字资源管理系统来管理与日俱增的数字资源的经验。国内图书馆对 ERMS 的自主开发甚少，深圳大学图书馆自主研发的开源数字资源管理系统 Open ERMS 是国内首个自主研发的 ERMS，重庆大学与维普公司开发的 ERMS 是首个以数字资源元数据的收集和建设为基础，构建元数据仓储来实现数字资源管理的系统。

（二）ERMS 的主要功能

ERMS 的主要功能应包括以下部分：

（1）资源管理：管理图书馆订购资源、试用资源、免费资源、自建资源和其他资源的上级平台及子库的基本信息，并且可控制前台显示与否。

（2）资源评估：对试用资源进行评估，记录评估意见，评估通过的资源后续可加入采购计划。

（3）采购计划管理：新增和管理采购计划，将试用资源（评估通过）和订购资源组成最新采购计划，并标注每个资源的采购状态。采购成功的资源，需要完善验收信息。

（4）合同管理：新增和管理合同基本信息、绑定合同资源、设定付款计划、管理合同附件。

（5）会议纪要管理：管理资源评估、审核、招标等采购流程中的会议纪要基本信息。

（6）付款管理：管理合同及供应商的付款信息。

（7）故障日志及更新日志：记录数据库的故障及更新记录，备查。

（8）统计分析：指定条件下的数字资源采购分析、使用统计、付款统计。

（三）数字资源采购尽量使用 ERMS

ERMS 不仅帮助图书馆实现对数字资源的采购和管理，还可以实现图书馆对数字资源全生命周期的监控管理，通过对资源运行状态的实时监测，对异常的状态提供预警，对数字资源的日常更新和异常事件形成维护日志。因此，在数字资源的采购中，尽量使用 ERMS 进行规范化、精细化管理，各类数据通过 ERMS 进行整合汇总，形成大数据集合，有助于为图书馆决策的制定提供科学可靠的数据支持，让数字资源采购工作的透明度大大提高，尽可能地降低采购工作中馆员的主观性，保障采购工作的连续性，从而确保更好的数字资源采购质量。

四、一些创新的资源采购模式

图书馆资源建设，除传统的资源采购外，更需要图书馆员发挥自身专业水平，利用现代化、信息化的采购合作模式，积极进行资源自建，不断扩充图书馆自有特色资源。近年来一些图书馆已经在文献资源建设上开展一些有益的尝试。

（一）读者选书，图书馆买单

这是典型的按需采购，读者在书店购买后，图书馆付费，读者看完后再还给图书馆编目、借阅，这就保证了至少一次借阅，也是读者真正需要的图书。国内公共图书馆中，内蒙古图书馆自 2014 年率先实施，这一创新模式不仅在国内图书馆界引起了交流学习的热潮、得到了广泛的推广实践，还受到了国际图书馆界的肯定，荣获 2016 年美国图书馆协会"国际图书馆创新项目主席大奖"，这项服务针对图书馆图书流通率趋低的状况，采用高度创新、彰显读者决策采购的采访流程，与书店及读者社区建立战略合作关系，创多方共赢：增加书店的售书额；彻底改变图书馆服务模式；增强图书使用率；最大限度地提高读者满意度。2019 年 10 月，重庆大学与京东集团合作，直接将读者最常用的网络平台提供给读者，打造了国内高校图书馆中第一个"你选书，我买单"京东线上图书购书平台。京东所有线上图弓均可视为图书馆的馆藏图书，读者想看什么书，在平台上挑选图书提交订单，第二天图书送到读者手上，阅读后归还图书馆，进入馆藏流通。"你选书，我买单"打破了图书馆馆藏的界限，让图书馆进入"云馆藏"的时代。在信息技术高度发达的今天，这种全新的模式对于纸质图书的保障率和利用率的提升，图书馆精准采购水平的提高有着积极的意义。

（二）按需印刷

按需印刷（Print on Demand，POD）的概念始于 1990 年，所谓按需印刷是指按照用户的要求，在用户需要的时间和需要的地点，直接将所需资料的文件数据进行数码印刷、装订，为用户提供所需要的印刷品。美国密歇根大学图书馆作为第一个引进按需打印设备的学术型图书馆，早在 2008 年就为读者提供了按需印刷服务。2020 年，新型冠状病毒全球暴发，让世界各地的出版商意识到可替代性供应链的重要性，已经有越来越多的出版社提供这项服务。随着书店的关闭，出版商更加关注读者的位置，并愿意与图书馆形成合作机制，为用户提供按需印刷服务。利用按需服务，借助按需印刷服务项目，图书馆可以扩充一些高质量、高性价比的纸本印刷；可以自行打印获取喜爱的书籍，增加用户参与到图书馆的馆藏建设的途径；按需印刷服务下，文献的单元发生变化，若只需要某一种期刊或者一部论文集中的一篇文章，图书馆不必像以前一样购买一整本书，可以根据需要购买一篇或者一本中的几篇，按需印刷充分调动异地优质资源，解决了短版和绝版书的补藏问题，馆藏学术完整性得到增强，优化了图书馆的馆藏结构。

第四节 特色资源的建设策略

当前图书馆的文献资源建设主要以采买为主，图书馆特色资源的馆藏比例还比较少。这样一来，各个图书馆买到的基本上都是同质的、作为正式出版物的文献资源，比拼的就是财力，长久下去，财力强的图书馆在资源方面可以全覆盖财力差的图书馆，小馆的生存压力剧增。因此，除了采购，图书馆资源建设还应该主动出击，通过各种渠道去"寻访"，根据自身的特色，逐步建设独有的、特色的馆藏体系。

在资源建设中具备敏锐的、主动的资源访问意识是很难的，如何对外界出现的文献资源进行甄别并系统保存也是极困难的。这就需要采访馆员不断培养这种寻访资源的意识和想法，需要具备这种不断寻觅、不断追求资源自建的敏锐力。如图书馆长期以来收藏了各种类型的多媒体资源，内容丰富，载体繁多，有软盘、各种格式的光盘、磁带、硬盘等，但是没有做归一化处理，导致管理、保存及利用难度较大，面对这一长久的多媒体资源建设问题，你是否意识到最好的方式是及时进行数字转换后的长期保存，形成属于图书馆自己的馆藏多媒体资源呢？又如 2020 年新冠病毒肺炎疫情暴发以来，大量与抗击疫情相关的文字、图片、音频、视频等信息资源出现在人们的生活中，这些资源展示了非常时期人们工作生活的面貌，你又是否察觉到这些资源的重大价值和现实意义呢？是否积极采取行动对本校师生及社会上人们抗击疫情的资源进行收集、整理及保存利用呢？

当采访馆员具备这种主动"寻访"的意识后，再进一步将其化为执行力。目前常用的寻访渠道包括：

（1）"孔夫子旧书网"等网络书店。孔夫子旧书网创建于 2002 年，其网上书店数量超过 10000 家，书摊超过 30000 家，展示图书超过 7000 万种，对于寻觅特藏文献真是一个好地方。当然，万能的淘宝也具备一定的能力。

（2）各个城市的旧书店。采访馆员不妨把自己的名片留给这些旧书店的店主，有什么好东西及时通知，尽管这样的旧书店随着互联网的发展越来越少，但我们不能失去任何一个获得珍藏的机会。

（3）拍卖。和国资办等有关部门确定采购流程后，图书馆也可以参加各个拍卖会，直接获取一些珍贵的文献资源。一个典型的、吸引眼球的案例就是2012年，北京大学花费1.1亿元人民币对"大仓藏书"在拍卖市场上进行整体收购。

（4）和藏书家做朋友。采访馆员应主动打入藏书爱好者、藏书家的圈子，一方面提高收藏和鉴别的能力，另一方面可以获取很多特色文献的采购渠道。

除了上面的一系列措施，近些年，各个图书馆可以在多媒体资源和数字特藏方面下功夫，随着数字时代的发展，这些资源的价值将逐渐凸显。

一、多媒体资源

图书馆影像资源、音频资源及图片资源等多媒体资源，是图书馆馆藏资源建设的重要组成部分，尤其是一些独有的、彰显本地区、本校历史人文特色的多媒体资源，更是图书馆应重点收藏且不可或缺的珍贵资源。因此采访馆员在资源建设过程中要学会关注、发现身边的可用资源，充分重视多媒体资源的建设价值，以实现对这些珍贵的多媒体资源的收集、管理、长期保存及利用。积极开展多媒体资源建设的策略包括以下几个方面。

（一）关注多媒体资源的产业链

关注多媒体资源的产业链，才能系统全面、可持续性地进行资源的长效建设。关注多媒体资源的产业链是指要弄清多媒体资源的来源、资源的传播途径及资源的有效使用人群。因此，首先，应学会明确多媒体资源建设来源，主要包括三大类：第一类图书馆自身的资源，例如图书馆历史和文化活动的影像、录音、照片等。第二类是采购的商品化资源，例如随书光盘、音像资料、视频课程等。第三类是网络化的共享资源，例如开放获取的视频、音乐、图片等。只有明确资源来源才能以点概面、层层遴选，交叉形成高质、高效的资源获取渠道。其次，确立读者优先的原则。多媒体资源的建设就是为了服务读者，因此读者是资源的有效使用人群，图书馆作为承上启下的一环，为多媒体资源提供了收集、发现、展示、传播与利用平台，也为广大读者提供了使用丰富多媒体资源的机会。在5G网络时代已经开启的当下，沉浸式体验的直播文化、短视频文化等影响了各年龄层的读者，因此在教学科研支撑、文化建设、历史记录的需求背景下，构建支持多终端的多媒体资源管理与服务平台，是进行广泛的信息传播与利用的有效方式。最后，落实有效使用人群。作为产业链下游的用户或读者，是良性闭环形成的关键因素，要保证多媒体资源的质量和数量，并以大数据技术主动洞察读者的需求，建立需求模型并反馈和辅助应用于资源采购中，使其形成可持续的多媒体资源管理与服务生态体系产业链，以长期保证资源的采集、供应和有效传播与利用。图书馆员在进行其他主题资源的挖掘、建设时，这种系统梳理资源产业链的方式同样适用。

（二）制定多媒体资源收集、整理的流程体系

图书馆在传统资源采购时有成熟的采购标准和流程加以指导约束，因此在建设多媒体资源时，依然需要制定合理的采集和整理流程，保证多媒体资源建设的规范性。一是可以分角色、分权限、分类别地收集各类多媒体资源，主要包括：①以本地区或本校的建设发展、教学科研、文化生活等为主要内容的图片资源；②以纪录片、学术视频、历史相关视频、宣传视频、原创微电影及舞台剧等为主的视频资源；③以讲座录音、有声书、原创音乐为主的音频内容。二是按照不同主题资源内容分级整理、保存。可以设置地区或学校基本建设、党政建设、教学教研、文化生活、社会风采等一级分类，根据实际情况设立二级分类，按类进行整理，保证全面涵盖多媒体馆藏的内容，并遵照统一的多重审核机制、馆藏加工著录标准、资源标引、资源存储与管理等流程。

（三）规范多媒体资源的标准体系

在资源建设中，要系统地管理、利用采购资源，图书馆员就必须建立并不断规范配套的标准体系，对多媒体资源采购指标、加工参数、编目要求等进行规范化。如在加工编目标准中，以具有独立名称或独立标识的一个信息资源为编目单位，如一个视频、一条音频、一组或一幅图像等，而对于多内容资源，可自由选择综合著录或分散著录，每个资源的元数据应当包含标题、描述、时间、地点、人物、版权人、关键词、分类等基础标引项，不同文件类型的资源还需拥有单独的一套附加标引，例如图片应包含有尺寸大小、内容类别、拍摄地点等，视频资源包含拍摄方式、画面质量、压缩方式等。

（四）让读者参与多媒体资源建设

随着智能移动终端的功能与浏览体验越来越完善，人们乐于创建、分享及利用大量的多媒体数据信息。图书馆在多媒体资源建设过程中，更应紧抓多

媒体资源的这一优势，鼓励读者参与资源共建，且由于不同用户具有各自的社会角色，如非遗文化传承人、历史事件亲历者、学科教研创造者、高校历史见证者或文学艺术爱好者等，借此可以自行创建与教学科研、校园生活、感悟心得、文艺活动等主题有关的多媒体资源合集。一方面能帮助用户重温真实经历，保留珍贵记忆；另一方面能寻觅到优质的与本校师生相关的特色多媒体资源，让图书馆多媒体资源不断丰富，提升馆藏实力。

二、"数字记忆"资源建设

在开放的信息技术环境下，人们通过微博、博客及微信等社交媒体，以文字、照片、视频、音频等形式，记录、分享自己工作生活中的情景、感悟等，由此形成海量数字资源。这些具有"记忆"性质的资源，我们可以将其称为"数字记忆"。"数字记忆"具有更新快、数据类型异构、不可再生性等特征，不可错过采访时机。加强对"数字记忆"类资源保存是国家文化强国战略的主要组成部分，对推进国家文化传承与发展，提升文化软实力有重要推动作用。其中包含的社会记忆对人们的认知和观念的形成具有重要影响作用，甚至可以影响社会发展的进程。基于"数字记忆"资源的重要价值，图书馆开展"数字记忆"项目建设势在必行，应该未雨绸缪，抢占"数字记忆"资源建设先机。

（一）关于"数字记忆"资源建设

目前由图书馆主持开展的"数字记忆"项目建设并不多，且大部分研究都集中在理论研究层面。图书馆应意识到社会数字记忆长期保存在新基建过程中的巨大价值，要积极主动联合图书馆界，号召相关部门共同开展对"数字记忆"的研究和立项建设，让更多的、更完整的社会记忆被数字化保存。因此图书馆员一是要明确建设主体，由图书馆主导开展研究，充分发挥图书馆长期在资源建设、保存及利用上的专业优势，同时支持如数据库商、系统开发商、档案馆及广大社会群体的联盟共建，共同制定"数字记忆"建设框架及顶层设计等；二是明确"数字记忆"资源建设的范畴和采集原则，明确"数字记忆"资源来源、传播及利用的完整产业链，有利于"数字记忆"项目建设的长效性和可持续发展；三是制定"数字记忆"资源的采集、整理、加工及分类标准，构建不同类型的资源数据库，保证资源有序规范化的长期保存；四是搭建功能齐全的、可视化的资源利用及展示平台，平台应提供 PC 端、移动端等多样化访问途径；五是处理好资源版权隐私问题，制定严格完善的版权保护协议，为资源建设排除后顾之忧。

（二）"数字记忆"资源建设初露头角

以本次新冠病毒肺炎疫情防控期间的各个图书馆为例，很多图书馆积极开展了一系列以"抗击疫情"为主题的"数字记忆"资源征集活动，通过广泛征集本校师生、社会读者等在抗"疫"期间发生的生动故事、珍贵图片及音视频资源等，并对这些宝贵资源进行数字化整理和保存，取得很好的效果。如天津大学图书馆的情系战"疫"——那些感动你的文字/影像/旋律的有奖征集活动；复旦大学图书馆的抗"疫"日记/故事、战"疫"素材的征集和保存，以"简陋的展览，却是最温暖的光"为主题的线上展览活动；武汉大学图书馆举办的微天堂真人图书馆——采访抗击疫情医护人员战"疫"故事，"生命·战疫"书评影评大赛；重庆大学图书馆举办战"疫"特藏活动，向社会各界征集各种"抗击新型冠状病毒肺炎疫情"的相关实物及资料。短短一个月期间，收集了包括火神山设计图在内的 6000 多件相关藏品，并举办线上展览等。这些活动所收集、记录、形成的文字、图片、照片、视频、音频等都是图书馆在疫情期间宝贵的"数字记忆"。

可见，已经有部分图书馆开始行动起来，但是"数字记忆"资源建设在图书馆领域中仅是初露头角、力量薄弱，需要更多的图书馆、采访馆员行动起来，自发培养资源挖掘分析能力，主动去寻找有意义和价值的资源进行自建，将社会上有保存和利用价值的资源进行有效收集管理及保存利用，为图书馆资源建设注入源源不断的动力。

参考文献

［1］潘艳，唐曦.福州大学城共享资源联盟采购的发展研究——由 DRAA 所得启示［J］.图书馆学研究，2013（6）：56-59，89.

［2］王旭.高校图书馆学科采访馆员的角色定位探讨——以北京大学图书馆为例［J］.大学图书情报学刊，2020（3）：82-84.

［3］周文超.《中国图书馆分类法》（第五版）仿分类目再探讨［J］.图书馆建设，2020（6）：127-133.

［4］潘仁彬．关于图书馆目录中的几个概念的思考［J］．图书馆学研究，1988（6）：81-83.

［5］王俊华．"互联网＋"背景下图书馆配采购渠道创新研究［J］．出版广角，2020（8）：79-81.

［6］贺波．基于DRAA的外文数字资源定价策略研究［J］．电子世界，2013（22）：180-181.

［7］陈大庆．国内外电子资源管理系统研究综述［J］．图书馆论坛，2014（7）：100-106.

［8］张宝珍，吴玉珍，林柔云．香港中文大学图书馆电子资源管理的挑战与对策［J］．大学图书馆学报，2008（6）：68-74.

［9］COLLINS M. Electronic resource management systems：understanding the players and how to make the right choice for your library［J］.Serials review，2013，31（6）：125-140.

［10］DOERING W，CHILTON G. A locally created ERM：how and why we did it［J］.Computers in libraries，2008，28（8）：6，46-48.

思考题

1.《中国图书馆分类法》最新的版本是第几版？

2. 请梳理传统图书馆到数字图书馆的发展过程中，图书馆在文献资源建设方面普遍存在的问题主要有哪些？

3. 你认为采访馆员应具备哪些职业素养，才能准确把握资源建设的需求，成为优秀的采访馆员？

4. 请解释"线上馆配"的含义？

5. 采访馆员如积极开展多媒体资源建设？

第四讲　高校图书馆信息组织

胡小菁　王　芳[*]

第一节　信息组织概述

信息是人类的宝贵财富，信息组织是建立信息系统的重要条件，是信息检索与咨询的基础，是开展用户服务的有力保证。

一、信息组织的定义

社会网络环境下，信息组织是以用户需求为导向，依据信息体自身的属性特征，信息工作者或用户按照一定的原则、方法和技术，将杂乱无章的信息整理成为有序的信息集合的活动和过程。图书馆的信息组织，是为了保证用户的有效获取和利用，由编目人员通过对文献、信息、数据进行描述、标引和揭示，实现将无序、分散的信息资源有序化的过程。

二、信息组织的原理

信息组织是一种人类社会实践活动，在其历史悠久的发展过程中，不断从相关学科的理论和方法中汲取营养，逐渐得到充实和完善。系统论、耗散结构理论和协同论使信息组织有了理论基础，而语言学、逻辑学、知识分类是信息

---

[*]　胡小菁，华东师范大学图书馆研究馆员，中国图书馆学会信息组织专业委员会委员，中国索引学会理事，CALIS 联机合作编目中心质量控制组成员。主要研究领域:图书馆编目和信息资源组织、信息技术在图书馆的应用。

王芳，浙江工业大学图书馆编目部主任，馆员。南开大学图书馆学硕士。CALIS 联机合作编目中心编目员。主要研究方向:图书馆编目、信息组织、信息服务。

组织的方法基础。

首先，系统论认为系统内部各要素是相互关联、有机地结合在一起的，整体功能远远超出各单个要素的功能之和。因此，信息组织的目标是要建立信息系统。从耗散结构理论出发，信息系统应该是一个开放系统，它与外界进行着信息的交换。同时，协同论指出无论什么系统从无序向有序的演化都是大量子系统之间相互作用而又协同一致的结果，信息系统也是如此。

其次，各种信息组织符号系统的形式不同，但都和自然语言一样有着共同特征：有语词、有词汇、有语法，这是信息组织的语言学基础。信息组织是一种思维活动，必须遵循科学的思维方法，只有符合逻辑思维规律才能保证信息组织的优化序化质量。分类是人们认识事物的一种最为基本的方法。知识分类是一门研究知识体系结构的学问。信息的主体是知识，因此信息组织必须建立在人们对知识体系认识的基础之上。

三、信息组织的内容

从广义上来说，信息组织的内容包括：信息搜集与选择、信息分析、信息描述与揭示、信息序化与存储。信息搜集与选择是整个信息组织过程的第一步，对信息的描述与揭示以及序化是信息组织的中心内容，而对经过前面几个环节形成的有序信息集合的存储，则代表整个过程的结束。

信息描述与揭示（著录与标引）是信息组织的核心，也是图书馆编目人员的主要工作。"描述"也译为"著录"，二者通用，信息著录实际上是对信息的外部属性特征（题名、作者等）和内部属性特征（类属、主题、摘要等）进行描述的过程；信息标引是给出信息内容标识（分类号、主题词等）的揭示过程。

第二节　信息资源描述

信息资源描述是指根据信息组织和检索的需要，按照一定的描述规则和技术标准，对信息资源的部分内容（含目次、内容提要等）、形式特征和物质形态等进行分析、选择、记录的活动。

一、编目标准

文献编目规则是文献著录的依据，可以理解为编目的标准或文献著录的标准，其作用是指导信息资源的描述或著录。编目规则并非一开始就是国际通用的，由于文化背景、分类体系等不同，各国的著录规则也不统一。规则的差异阻碍了互通和文化交流，因此通用的著录规则意义重大。

（一）国际性编目标准

1.《国际标准书目著录》

《国际标准书目著录》（*International Standard Bibliographic Description*、ISBD）是由国际图联（IFLA）主持并推广的书目描述著录规则，它的历史可以上溯到 1969 年国际图联编目委员会（IFLA Committee on Cataloguing）召开的国际编目专家会议。会议决议起草一个规范书目著录形式和内容的标准，目的是：使得不同来源的数据之间的交换成为可能；跨越语言的障碍，帮助人们解释书目记录；使得书目数据转换为电子格式更为容易。目前，ISBD 最新版本是 2011 年 7 月出版的 ISBD 2011 统一版。在此版本中，对各种资源的编目规定进行了统一和更新，例如新增了第 0 项"内容形式和媒介类型"，使资源的描述符合《书目记录功能需求》（FRBR）确定的国家书目记录的基本需求。

ISBD 明确规定了八大著录项目、各著录项目的顺序及标识符号的使用。八大著录项目是：①题名与责任说明项；②版本项；③资料或资源类型特殊项；④出版、制作、发行等项；⑤载体形态项；⑥丛编项；⑦附注项；⑧资源标识号与获得方式项。各著录项目间均用规定的标识符号（. —）隔开，第一著录项目和另起一段的描述项，目前这个符号（. —）可以省略。著录规定标识符号还包括：等号（＝）用于表示并列题名、并列责任说明等；斜线（／）标于第一责任说明前；冒号（：）表示其他题名信息、出版者或发行者名称等；分号（；）表示题名与责任说明、版本项、丛编项中的其他责任说明等；逗号（，）表示责任方式相同的第二、三责任者，附加版本说明，出版日期等；加号（＋）用于载体形态项中的附件说明前；等等。标识符号标在 ISBD 各项目的开头，前、后都空一格；但句号（．）和逗号（，）例外，这两种符号只在后面空一格。以下是一个 ISBD 格式描述实例：

> 永字八法：书法艺术讲义：插图珍藏本 / 周汝昌著；周伦玲编 .
> — 桂林：广西师范大学出版社，2001
> 　　304 页；20cm
> 　　ISBN 7-5633-3431-9：CNY 39.80

2.《英美编目条例（第二版）》

《英美编目条例（第二版）》（*Anglo-American Cataloguing Rules 2nd*，AACR2）的前身是 1967 年出版的《英美编目条例》（*Anglo-American Cataloguing Rules*，AACR）。由于英美双方对部分规则有分歧意见，AACR 有两个版本，即英国版（British text）和北美版（North-American text）。1971 年 ISBD 问世后，为适应网络化和文献著录标准化的需要，1978 年出版了 AACR2，由美国图书馆协会、英国图书馆协会、加拿大图书馆编目委员会、美国国会图书馆和英国图书馆联合推出。AACR2 共 19 章，分为两部分：著录和标目，具体结构如下：

第一部分　著录（共 13 章）

第 1 章　总则

第 2—12 章　分别是不同类型文献的著录（书、小册子等印刷专著、地图资料、手稿、乐谱、录音、影片和电视录像、图解资料、电子资源、立体手工艺品和直观教具、缩微复制品、连续出版物）

第 13 章　分析著录（细分为附加分析、专著丛书、多部分专著的分析、附注，及 In 分析五种著录方法）

第 14—19 章　备用章节

第二部分　标目（共 6 章）

第 21 章　检索点的选取

第 22 章　个人标目

第 23 章　地理名称

第 24 章　团体标目

第 25 章　统一题名（对出现不止一个书名的著作所确定的特定书名）

第 26 章　参照（对目录中没被入选标目的名称提供检索点）

AACR2 继承了 AACR，为适应科学技术发展和文献载体形式变化的需要进行了多次修订，最新版本为 2002 年修订版（AACR2R-2002）。

3.《资源描述与检索》

《资源描述与检索》（*Resource Description and Access*，RDA）是为数字环境下资源的著录与检索而产生的最新国际编目规则，是 AACR2 的升级产品。RDA 产生于 1997 年的《英美编目条例》发展会议，从 2004 年 9 月宣布启动编制，到 2010 年 6 月以联机版即网络工具包形式最终发布，前后历时近 6 年。筹备之初就以国际图联的《国际编目原则声明》（*Statement of International Cataloguing Principles*，ICP）为纲领，继承和兼容传统的 AACR2，以《书目记录功能需求》（FRBR）和《规范数据功能需求》（FRAD）概念模型为框架。RDA 创造性地提供了一套更为综合、能覆盖所有内容和媒介类型资源的描述与检索的原则和说明，它的结构如下：

第一部分：记录载体表现和单件的属性

第二部分：记录作品和内容表达的属性

第三部分：记录个人、家族和团体的属性

第四部分：记录概念、物体、事件和地点的属性

第五部分：记录作品、内容表达、载体表现和单件之间的基本关系

第六部分：记录个人、家族和团体的关系

第七部分：记录概念、物体、事件和地点的关系

第八部分：记录作品、内容表达、载体表现和单件之间的关系

第九部分：记录个人、家族和团体之间的关系

第十部分：记录概念、物体、事件和地点之间的关系

自 2017 年起 RDA 一直在做结构上的更新，已于 2020 年 12 月 15 日切换到新 RDA。美国图书馆协会自 2021 年起出版了一系列新 RDA 学习产品，包括工具包、课程、词汇表和入门书。虽然完全改变了以上结构，但仍采用基于作品、内容表达和载体表现以及个人、家族和团体等实体进行组织的方式。

（二）国内编目标准

1.《中国文献编目规则》

1996 年我国正式出版《中国文献编目规则》。它以《国际标准书目著录》、我国文献著录国家标准确定的客观著录原则和检索标目的规范原则为编撰依据，并参考《英美编目条例（第二版）》修订本等，包括"著录法""标目法"两部分，内容涵盖普通图书著录法，学位论文、科技报告、标准文献著录法，乐谱著录法，影像资料著录法，连续性资源著录法等，覆盖各类型文献著录及其标目规范。

在国家图书馆组织下，《中国文献编目规则（第二版）》于 2005 年 4 月正式出版。它反映了当时类型日益复杂、数量不断增多的电子资源的著录要求，同时考虑了机读目录和网络集中编目的著录需要，注意了著录规则与CNMARC 的有机结合，是我国编目规则国际化的象征。该书自出版以来，一直被图书馆等文献机构广泛使用，是编目人员进行中文文献编目的主要依据和参考工具。

2.《西文文献著录条例》

1985 年《西文文献著录条例》出版，它是 AACR2 在我国的本地化产品，奠定了之后近三十年（2010 年 RDA 正式发布，我国图书馆界陆续采用）我国西文编目条例的基础。随着网络化发展，文献的内容和形式日益多样，编目理论与实践也随之发展。2003 年，由国家图书馆牵头编写的《西文文献著录条例（修订扩大版）》正式出版，其编制体例及内容基本参照 AACR2，内容更为丰富，进一步突出本地化特色，如列举带有中文并列题名的实例，对多卷出版物的著录做出相应提示以方便国内编目员参照，对中国人名扩充细化等。

二、著录格式

元数据是描述信息资源或数据等对象的数据。在图书馆领域，机读目录格式是一种关于编目信息结构化的传统元数据，是图书馆书目记录的著录格式，具有丰富的描述和知识检索效应。随着互联网的发展，为了对大量网络资源进行描述和检索，产生了各种新型元数据格式，代表性的包括 DC、Schema.org 等。

（一）机读目录格式

机读目录格式（Machine-Readable Cataloging，MARC）是以机器可读形式表示和传达书目及相关信息的标准。20 世纪 60 年代，计算机编目环境下图书馆对书目数据的描述、存储、交换、控制和检索都遵循一定的规范，也就是计算机编目的规则，由此 MARC 产生。它是图书馆界描述数据的重要手段和图书馆工作自动化的基础，主要以 MARC21 和 UNIMARC 为主，在此基础上衍生出许多国家和地区的本地化机读目录格式，比如我国的 CNMARC。

MARC 遵循 ISO 2709 的交换格式，规定每一个用于交换的标准记录结构由头标区、目次区和数据区三部分组成。头标区位于记录开头，由 24 个字符（00—23）构成，提供对记录进行处理的参数；目次区位于头标区之后，由若干个目次项构成，每个目次项的长度是 12 个字符，用来描述一个数据字段的字段号、字段长度和起始位置；数据区包含可变长控制字段和可变长数据字段两部分。每条记录结束时均以记录终止符结束。

头标区	目次区	数据区	记录终止符

数据区可变长控制字段无字段指示符和子字段代码，由单个或多个数据元素组成；可变长数据字段均有字段指示符和子字段代码，由单个或多个子字段组成，通过字段标识相关元素。

指示符 1	指示符 2	子字段标识符	数据	…	字段终止符

1. MARC21

MARC 标准源于美国国会图书馆于 20 世纪 70 年代开发的目录格式。然而每个国家有自己的格式标准。1999 年，为了格式一体化，通过机器可读方式展示和交换书目数据，有效实现联合编目和数据共享，美国国会图书馆和加拿大国家图书馆共同推出 MARC21。它包括五种格式：书目数据格式、规范数据格式、馆藏数据格式、分类数据格式及社区信息格式。受新的编目理论和编目规则（如 FRBR、FRAD、RDA、BIBFRAME）以及开放网络和关联数据等新的信息环境和需求的影响，MARC21 格式也不断与时俱进。2008 年以来，MARC/RDA 工作组主要围绕 RDA 进行了多次修订。

　　MARC21 格式的字段块包括：00X 控制字段、号码和代码字段；1XX 主要款目标目字段；20X—24X 题名和与题名相关的字段；3XX 载体形态等字段；4XX 丛编说明字段；5XX 附注字段；6XX 主题检索字段；70X—75X 附加款目字段；76X—78X 连接款目字段；80X—840 丛编附加款目字段。下面是一条 MARC21 记录实例（＃代表空格，＄代表子字段标识符），其中字段 001 著录的是控制号，008 是定长数据元素——一般信息，020 是国际标准书号（ISBN），100 是主要责任者标目，245 是题名与责任说明，260 是出版发行，300 是载体形态。

```
01198cam##2200337#i#4500
0010220970882
00520150911140043.0
008200710s2014####caua##########00000#eng
010 ## $a##2014035327
020 ## $a9780811875448:$cCNY116.91
040 ## $aDLC$beng$cDLC$erda$dDLC
041 11 $aeng
050 00 $aNC997$b.R3#2014
082 00 $a745.4$223
093 ## $aJ534$25
099 1# $aJ534$bWR3
100 1# $aRand,Paul,$d1914-1996,$eauthor.
245 10 $aThoughts on design /$cPaul Rand.
250 ## $aNew edition.
260 ## $aSan Francisco:$bChronicle Books,$c[2014]
300 ## $a95 pages:$billustrations;$c20cm
336 ## $atext$btxt$2rdacontent
337 ## $aunmediated$bn$2rdamedia
338 ## $avolume$bnc$2rdacarrier
500 ## $a"Original edition published by Wittenborn Schultz, New York, 1947. Third edition
        published by Studio Vista, London,1970."
650 #0 $aCommercial art.
700 1# $aBierut, Michal, $ewriter of foreword.
801 11 $azjut$c20200710
850 ## $B10132018
```

2. UNIMARC

　　《国际机读目录格式》（*Universal MARC Format*，UNIMARC）是国际图联

组织编制并推广使用的机读目录格式。1977 年，国际图联发布了 UNIMARC，即通用 MARC 格式，指出"UNIMARC 的主要目的是促进国家书目机构之间以机器可读形式进行国际数据交换"。接着是 1980 年的第二版和 1983 年的 UNIMARC 手册。2003 年，国际图联开始 UNIMARC 战略计划，旨在开发、维护和推广 UNIMARC 格式的活动。该格式包括书目、规范、分类和馆藏四种格式及相关文件。2008 年《UNIMARC 手册（书目格式）》（第 3 版）出版，据此，规范格式也做出了相应调整，于 2009 年出版了《UNIMARC 手册（规范格式）》（第 3 版），随后发布了两个版本的修订版。

　　UNIMARC 的字段块包括：0XX 标识块；1XX 编码信息块；2XX 著录信息块；3XX 附注块；4XX 连接款目块；5XX 相关检索点块；6XX 主题分析块；7XX 其他语言和（或）文字的规范检索点块；8XX 信息来源块；9XX 本地使用块。下面是一条 UNIMARC 记录实例（# 代表空格，$ 代表子字段标识符），可以看出与 MARC21 格式字段存在差异，其中记录标识著录在 001，国际标准书号（ISBN）著录在 010，编码数据字段是 105，题名和责任说明是 200，出版发行是 210，载体形态是 215，个人名称标目是 700。

```
00876pam0#2200267###4500
001 83.041470.3
010 ## $a3-515-02355-0$bkart.$dDM46.0 0
020 ## $aDE$b88,A22,0260
020 ## $aDE$b76,N46,0054
100 ## $a19801020d1976####|||y0gery01######ba
101 0# $aeng
102 ## $aDE
105 ## $a|||||||||0|y|
200 1# $a≠NSB≠The ≠NSE≠phonology of Old High German$ee. Veroff. in
        Verbindung mit d. Forschungsinst. fur Dt. Sprache, Dt. Sprachatlas, Marburg,
        Lahn$fby Joseph B. Voyles$g(Skizzen u. Sonderzeichen: Hans-Jurgen
        Jenkel. Kt. : Margot Schrey)
210 ## $aWiesbaden$cSteiner$d1976
215 ## $aXII, 323S.$c1 Kt.$d24cm
225 0# $aZeitschrift fur Dialektologie und Linguistik / Beihefte
300 ## $aLiteraturverz. S. 321-323
410 #1 $154011$aZeitschrift fur Dialektologie und Linguistik / Beihefte
606 ## $aPhonologie
606 ## $aAlthochdeutsche$xo. a. Sprache
700 #1 $aVoyles,$bJoseph B.
801 #3 $aDE$bGyFmDB
```

3. CNMARC

为了推进书目数据规范与统一，我国依据国际图联推荐的《UNIMARC 手册》制定了《中国机读目录通讯格式》，在此基础上，1996 年发布文化行业标准《中国机读目录格式》，即 CNMARC 格式。2004 年，出版了国家图书馆编的《新版中国机读目录格式使用手册》。2005 年 7 月，在《新版中国机读目录格式使用手册》基础上修订而成的 CNMARC 通过专家评审，作为国家标准上报全国信息与文献工作标准化技术委员会和国家标准化管理委员会。CNMARC 是中国化的 MARC，根据信息资源和用户需求增加和删减了一些字段和附录，编排格式和体例结构上遵循国家标准，同时兼顾 MARC 格式要求。例如删除了 117、206、211 等字段，增加了自定义的 091 统一书刊号、393 系统外字符附注，以及 69X 字段（包含 690 中国图书馆分类法分类号、692 中国科学院图书馆图书分类法分类号等）。

（二）新型元数据格式

1. 都柏林核心元数据元素集

1995 年 3 月，由联机计算机图书馆中心（Online Computer library Center，OCLC）和美国国家超级计算应用中心（National Center for Supercomputing Applications，NCSA）联合在美国俄亥俄州的都柏林镇召开了第一届元数据研讨会，产生了都柏林核心元数据元素集（Dublin Core Metadata Element Set），简称都柏林核心（DC）。DC 是推进网络化信息资源描述的标准。它包括 15 个元素：

title（名称）：分配给资源的名称。

creator（创作、制作者）：制作资源内容的主要责任实体。

subject（主题及关键词）：资源内容的主题。

description（说明）：有关资源内容的说明。

publisher（出版者）：对资源内容负有发行责任的实体。

contributor（其他责任者）：制作资源有重要作用的责任实体。

date（时间）：与资源使用期限相关的日期、时间。

type（类型）：资源内容方面的特征或体裁。

format（格式）：资源物理或数字化的特有表示。

identifier（标识）：依据有关规定分配给资源的标识性信息。

source（来源）：可获取现存资源的有关信息。

language（语种）：资源知识内容使用的语种。

relation（关联）：对相关资源的参照。

coverage（范围）：资源内容的领域或范围。

rights（版权）：持有或拥有该资源权力的信息。

这些元素定义了一个适用于所有网络资源的通用的核心标准，其简单灵活和可扩展的特点，不仅便于用户理解，而且得到了其他相关标准的广泛支持。DC 已经成为 Internet 的正式标准（RFC2413）和美国国家信息标准（Z39.85）。我国数字图书馆建设项目的元数据标准，大多是对 DC 的扩展，比如古籍元数据、音乐元数据、拓片元数据、电子论文元数据等。

2. Schema.org 词表

随着人工智能（AI）和认知计算的兴起，对计算机可以轻松理解的结构化数据格式的需求日益增长。很多网站都以结构化数据为基础搭建而成，数据存储在数据库里。当这些数据生成为 HTML 页面后，想从中提取出信息结构就变得很困难了。1997 至 2004 年间，研究者针对具体行业提出了许多词表，某些词表得到广泛采用，如 hCard、FOAF，但不同领域的词表完全独立导致大量重复和混乱。2011 年几大主要搜索引擎公司 Bing、Google、Yahoo（及后来加入的 Yandex）创建了 Schema.org 计划，目的是提供跨领域的单一词表，让机器可以自动了解网页内容。Schema.org（通常称为 Schema）是一组事物"类型"的集合，每一类都关联着很多属性。这些"类型"以一定的层次结构组织起来。如与文献最相关的创作作品（CreativeWork）类中翻译作品的例子：CreativeWork-Book-translator-translationOfWork-workTranslation-275，其RDFa（RDF attribute 一种网页语义标注技术）格式代码如下，区别于 MARC记录用数字代码来表示字段名称（如 100 字段、200 字段），Schema 使用属性来表示类型，例如 name 是该作品的名称，author 是此作品的作者，inlanguage是作品使用的语言，about 是主题内容。

```
<div vocab="http://schema.org/">
<div typeof="Book" resource="http://worldcat.org/entity/work/id/2292573321">
    <h1><span property="name">Rouge et le noir</span></h1>
<div>Author: <span property="author" typeof="Person" resource="http://viaf.org/
viaf/17823">Stendhal</span></div>
    <div>Language: <span property="inLanguage" content="fr">French</span></div>
    <div>Has Translation: <span property="workTranslation" typeof="CreativeWork"
resource="http://worldcat.org/entity/work/id/460647">Red and Black : A New Translation,
Backgrounds and Sources, Criticism</span></div>
</div>
<div typeof="Book" resource="http://worldcat.org/entity/work/id/460647">
<h1><span property="name">Red and Black : A New Translation, Backgrounds and Sources,
Criticism</span></h1>
<div>Author: <span property="author" typeof="Person" resource="http://viaf.org/
viaf/17823">Stendhal</span></div>
    <div>Language: <span property="inLanguage" content="en">English</span></div>
    <div>Subject: <span property="about">Psychological fiction, French</span></div>
    <div>Translation of: <span property="translationOfWork" typeof="CreativeWork"
resource="http://worldcat.org/entity/work/id/2292573321">Rouge et le noir</span></div>
    <div>Translator: <span property="translator" typeof="Person" resource="http://viaf.org/
viaf/8453420">Robert Martin Adams</span></div>
</div>
</div>
```

三、编目工具

图书馆用于编目的系统工具主要有两大类：一类是图书馆自动化集成系统里面的编目模块；另一类是独立的编目软件，如联机编目中心的编目客户端。某些编目工具除了编制 MARC 记录外，还有特别功能，比如 MARC 记录文件的拆分与合并，电子表格与 MARC 格式文件互相转换，等等。

（一）图书馆自动化系统编目模块

图书馆自动化系统中的编目模块是必不可少的一个核心子系统，是应用计算机对文献信息进行分编著录的数据处理系统，提供编目查重、分编处理、编目查询、编目统计等功能。图腾图书馆集成管理系统是重庆图腾软件发展有限公司开发的专业化图书馆应用软件。2005 年 7 月正式发布图腾图书馆集成管理系统8.0版（以下简称图腾8.0），接受外部标准CNMARC和USMARC数据，或所有以 ISO 2709 格式存放的数据。下面我们以它为例介绍图书馆自动化系统中编目模块的具体操作。

编目模块提供套录编目和原始编目两种方式。套录是指从外部数据库获取与本馆文献相符的源记录，根据本馆实际做必要的修改，添加馆藏信息保存为本馆记录。系统提供三种套录方法，一是利用图书馆采购图书时书商随书配送的标准 MARC 数据进行套录；二是直接访问网上任意的 Z39.50 服务器，利用网络资源和 CALIS 联合目录数据库下载获取 MARC 记录进行套录；三是利用一些成熟的图书馆自动化管理系统的 OPAC 在 Web 浏览器中提供的文献 MARC 格式，直接复制粘贴覆盖在图腾编目的 MARC 上。

登录图腾 8.0 后依次选择"编目"→"中文编目"进入中文编目窗口。选择"其他数据"→"套录库"进入查询界面，可用 ISBN、题名、题名拼音码、责任者四种途径检索套录库数据。命中记录后点击套录进入 MARC 编辑界面。鼠标右键自动提示当前 MARC 字段及子字段定义，且提供表格格式的 MARC 录入界面（如图 4-1），方便对 MARC 标准不熟悉的用户尽快使用。

编辑区可以自由定义工作单，添加、修改和删除字段或子字段；通过 200 字段回车自动生成题名关键词、责任者字段；通过 690 字段回车取种次号；添加 905 字段馆藏号等本馆信息后保存，"在编数据"中显示当前已有一条新记录（如图 4-2）。补订图书则选择中央库进行查询、修改，添加新馆藏号。

如套录库中没有数据可用，可以从其他途径（比如 CALIS 联合目录）获取数据导入中央库，方法是在套录库点击"维护"进入数据导入界面，读入之前联合目录导出的数据。也可以点击右下角功能块，从互联网获取 MARC 数据，将查询到的记录选择 MARC 格式直接下载到图腾系统（如图 4-3）。

原始编目指没有外来数据可供套录时，对文献内容、特征逐一进行描述与标引的一系列工作，简称"原编"。图腾系统按照 CNMARC 格式提供中文图书和连续出版物等文献编目的模板，按照 USMARC 格式提供西文文献的编目模板，工作人员可以直接在相应字段中按编目规则填写。

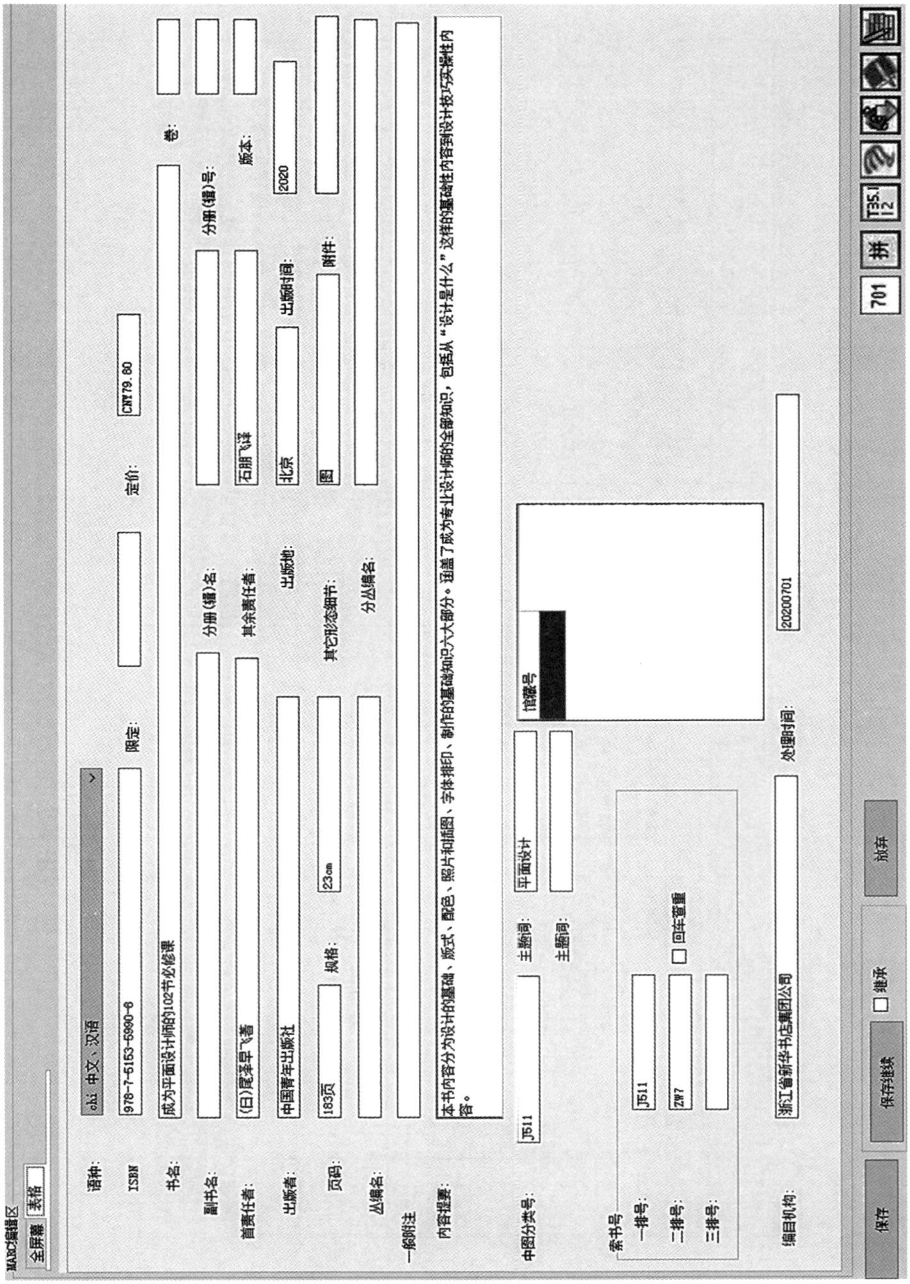

MARC编辑区

全屏幕　表格

语种：	chi 中文,汉语	定价：	CNY79.80
ISBN：	978-7-5153-6990-6	分册(辑)号：	
书名：	成为平面设计师的102节必修课		卷：
副书名：		分册(辑)名：	版本：2020
首责任者：	(日)尾泽早飞著	其余责任者：石朋飞译	出版时间：
出版者：	中国青年出版社	出版地：北京	附件：
页码：	183页　规格：23cm	其它形态细节：图	
丛编名：		分丛编名：	

一般附注

内容提要：本书内容分为版式的基础、版式、配色、照片和插图、字体排印、制作的基础知识六大部分。迅速成为专业平面设计师的全部知识，包括从"设计是什么"这样的基础内容到答案中核心设计技巧实践性的内容。

中图分类号：J511　　主题词：平面设计
　　　　　　　　　　主题号：

索书号
一排号：J511
二排号：ZW7　□回车查重
三排号：

编目机构：浙江省新华书店集团公司　　处理时间：20200701

□继承　保存继续　　保存　　放弃

20200701

701　拼

图 4-1 图腾 8.0 表格形式 MARC 记录编辑区

101

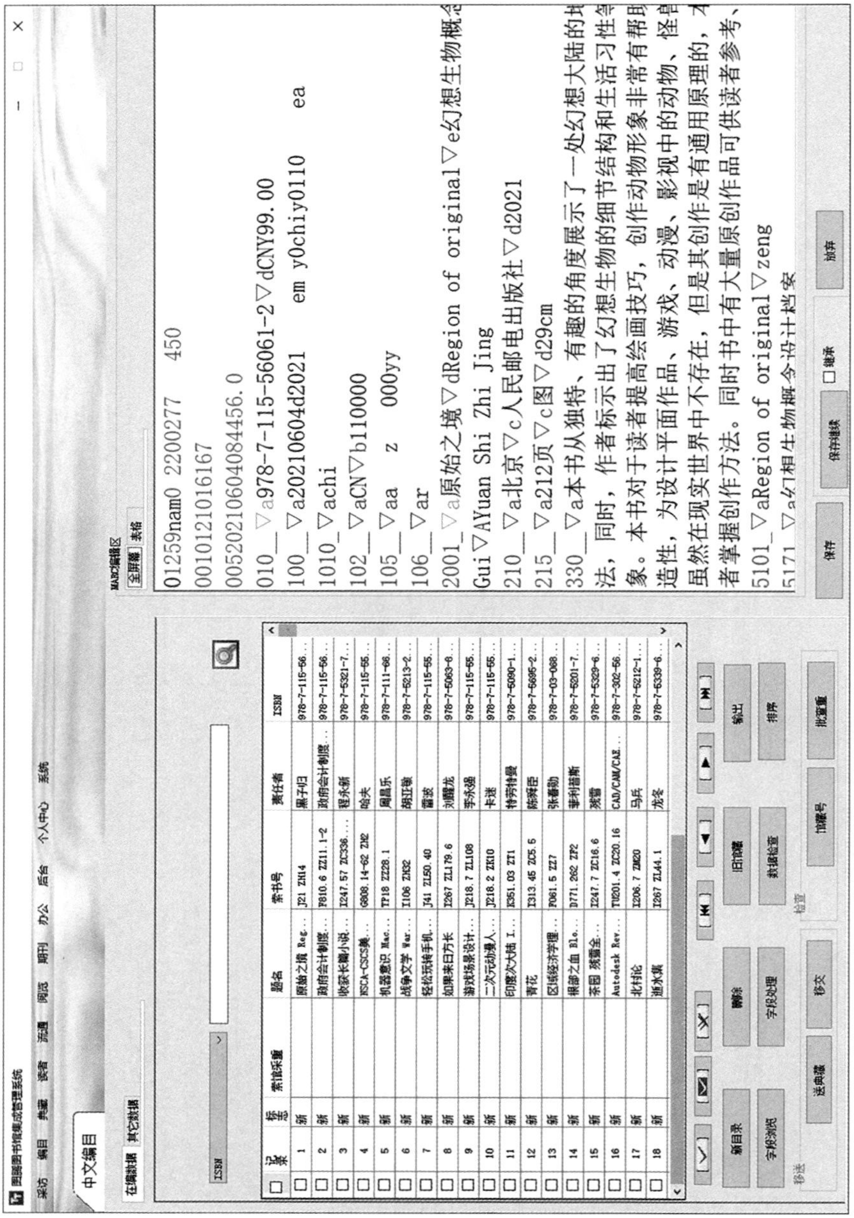

图 4-2　图腾 8.0 在编数据中已保存的新记录

中国国家图书馆
NATIONAL LIBRARY OF CHINA
中国国家数字图书馆
NATIONAL DIGITAL LIBRARY OF CHINA

联机公共目录查询系统

登录　　检索首页　　我的图书馆　　参数设置　　最近检索　　帮助　　　　　　　ENGLISH　少儿版

正题名　∨　中国图书馆事业发展　　　　　　中文文献库 ∨　　搜 索　　　二次搜索

返回结果列表 ｜ 保存/邮寄 ｜ 重新查询

第 1 条记录(共 18 条) < 上一条记录　　下一条记录 >

MARC格式　　文献索引

FMT	BK
LDR	-----nam0 22----- 450
001	010700550
005	20200918132204.0
010	|a 978-7-5117-3746-5 |d CNY98.00
100	|a 20200602d2019　em y0chiy50　　ea
1010	|a chi
102	|a CN |b 110000
105	|a y　z　000yy
106	|a r
2001	|a 中国图书馆事业发展报告 |i 图书馆标准化卷 |b 专著 |f 饶权主编 |9 zhong guo tu shu guan shi ye fa zhan bao gao
210	|a 北京 |c 中央编译出版社 |d 2019
215	|a 450页 |d 24cm
330	|a 本书以图书馆标准化工作为研究对象,从历史的维度对我国图书馆标准化工作的成果和经验进行系统梳理和总结,同时对图书馆标准化领域一些长期引人关注的重点问题进行深入研究和思考。
5101	|a Blue book on the development of libraries in China |i Standardization of libraries |z eng
6060	|a 图书馆事业 |x 研究报告 |y 中国
6060	|a 图书馆工作 |x 标准 |x 研究报告 |y 中国

图 4-3　图腾 8.0 联机查询并选择 MARC 格式

（二）联机编目中心编目客户端

联机联合编目一般是指若干个图书馆（或其他文献机构）在自愿联合的基础上，通过一定的协议建立书目信息交换关系，根据统一的编目规则实现异地联合编目，形成一个大型集中式书目数据库，为成员馆提供上传、下载服务，实现书目数据库的共建共享。下面以我国影响较大的联机编目机构"中国高等教育文献保障中心（CALIS）联机编目系统"为例，介绍独立编目客户端软件的使用。

CALIS 以北京大学图书馆为中心，带动各高校图书馆、成员馆上传书目数据，建设以中国高等教育数字图书馆为核心的教育文献联合保障体系，负责全国高等学校图书馆编目规则和机读格式的制定、数据质量的控制以及数据库的维护。访问网址为：http://project.calis.edu.cn。CALIS Z39.50 编目客户端是为联合编目系统而制作的一个通用客户端，主要分为查询和编目两大模块。查询模块主要支持简单查询、复杂查询以及浏览，可以导出数据进行套录；编目模块可进行原编、简编、修改、上载记录。

首先，在"查找窗体"中选择"主机和数据库"登录，再选择"建立查询"进入"查询窗体"（如图 4-4）。

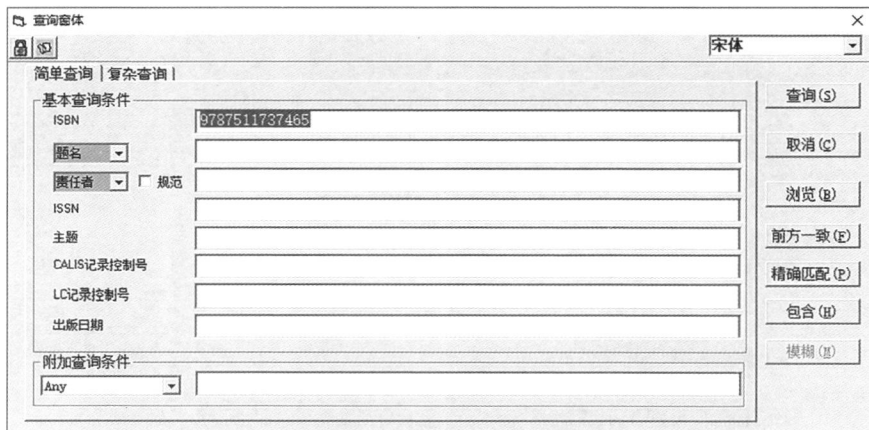

图 4-4　CALIS 联合编目系统编目查询窗体

可用各种途径查询，结果显示在"查找窗体"（如图 4-5），这时显示的是记录的简单 MARC。

双击记录，系统提示"是否下载记录？"，点击"是"进入"编目窗体"（如图 4-6）。可以选择菜单"文件"中的"数据导出"，保存 ISO 2709 格式文件到本地，也可以编辑完成后，选择"文件"菜单中的"保存"存为一个文件，或选择"提交"直接上载到客户端临时库和远程服务器。

CALIS联合编目系统客户端 V3.3.9

连接　查询　文件　选项　操作日志　窗口　帮助

查找窗体：ISBN=/9787511737465/

ISBN=/9787511737465/

序号	责任者	题名	出版日期	出版者	记录级别
1	饶权, 1966–	中国图书馆事业发展报告 图书馆标准	2019	中央编译出版社	9

⊞—host & database

主机：Zchnet1.calis.edu.cn　数据库：cn_cat　数据级别：　9

```
000      nam
001   CAL 012019177930
010      |a978-7-5117-3746-5|dCNY98.00
099      |aCAL 012019177930
200 1   |a中国图书馆事业发展报告|Azhong guo tu shu guan shi ye fa zhan bao gao|i图书馆标准化卷|f饶权主编
210      |a北京|c中央编译出版社|d2019
215      |a450页|c图|d24cm
320      |a有书目
330      |a全书共六章，第一章概述国内外图书馆标准化的研究现状，第二、三、四、五章分别从图书馆建设与管
510 1   |aBlue book on the development of libraries in China|jStandardization of libraries|zeng
517 1   |a图书馆标准化卷|Atu shu guan biao zhun hua juan
```

图 4–5　CALIS 联合编目系统显示简单 MARC 记录的查找窗体

CALIS联合编目系统客户端 V3.3.9

文件(F)　编辑(E)　模板(M)　选项(O)　设置(S)　窗口(W)　帮助(H)

cnmarc-BK 编目窗体1

说明	字段	指示	子字	内容
*编目字段				
记录头标	000			nam
控制号	001			CAL 012019177930
处理时间	005			20200916135700.3
ISBN	010	__		|a978-7-5117-3746-5|dCNY98.00
CALIS控制号	099	__		|aCAL 012019177930
一般处理数据	100	__		|a20191226d2019　em y0chiy5C　　　ea
文献语种	101	0_		|achi
出版国	102	__		|aCN|b110000
编码/专著	105	__		|aak a 000yy
编码/文字特征	106	__		|ar
题名与责任说明	200	1_		|a中国图书馆事业发展报告|Azhong guo tu shu guan shi ye fa zhan bao gao|i图书馆标准化卷|f饶权主编
出版发行等	210	__		|a北京|c中央编译出版社|d2019
载体形态项	215	__		|a450页|c图|d24cm
相关题名附注	312	__		|a英文题名取自封面
知识责任附注	314	__		|a饶权，男，汉族，1966年3月出生于云南开远，籍贯江西金溪，中共党员，在职工商管理硕士。
书目/索引附注	320	__		|a有书目
提要附注	330			|a全书共六章，第一章概述国内外图书馆标准化的研究现状，第二、三、四、五章分别从图书馆建设与管理、图书馆服务、图书馆资源建设与组织、图书馆文献信息资源保存与保护等四个方面，对国内外图书馆标准化的发展及建设成果进行具体的梳理与分析。第六章论述国内外标准化工作管理，并对我国图书馆标准化工作的未来提出展望。附录以表格的形式列举了国内外标准化组织制定的图书馆相关的GB/T、ISO等标准规范文献目录。

图 4–6　CALIS 联合编目系统客户端编目窗体

原编则在"查找窗体"中，选择"文件"菜单中的"编目（缺省模板）"或点击"原编"快捷键即进入"编目窗体"，窗体中显示的是系统缺省模板包含的字段。模板与要编目的记录类型匹配，可直接进行原始编目录入和编辑。如果模板与要编目的记录类型不匹配，可选择菜单"模板"中的"切换模板"来重新选择一个新的模板（如图4-7）。

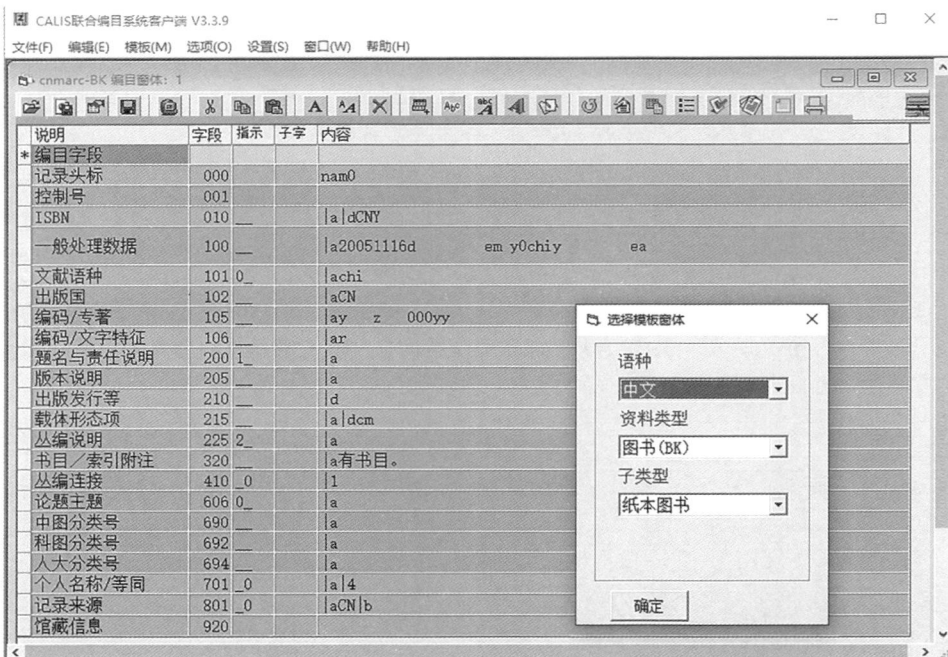

图4-7　CALIS 联合编目系统编目（缺省模板）和切换模板

第三节　信息资源标引

信息资源标引，又称文献标引，是根据文献的特征赋予文献内容检索标识的过程，是信息组织中必不可少的重要环节。其目的是揭示文献信息的学科和主题内容，使用户能够在大量的文献或信息中方便、迅速、准确地获取和利用信息资源。信息资源标引的主要依据是分类法和主题法。

一、分类法

分类是一种从主题角度组织和揭示信息资源的方法。想要准确一致并且有效地组织和揭示信息资源，必然要有规范权威的工具，即信息资源分类法。目前国内外使用最普遍的是等级列举式分类法，包括我国的《中国图书馆分类法》，国外的《杜威十进分类法》（Dewey Decimal Classification，DDC）、《美国国会图书馆分类法》（Library of Congress Classification，LCC）等。

（一）《中国图书馆分类法》

《中国图书馆分类法》（原称《中国图书馆图书分类法》）简称《中图法》，是新中国成立后编制出版的一部具有代表性的大型综合性分类法，是当今国内图书馆使用最广泛的分类法体系。《中图法》于 1971 年开始编制，1975 年出版第 1 版，最新版是 2010 年出版的第五版。它普遍应用于全国各类型的图书馆，国内主要大型书目、检索刊物及各类型机读数据库等都著录《中图法》分类号。

《中图法》（第五版）采用汉语拼音字母与阿拉伯数字相结合的混合号码，用一个字母代表一个大类，以字母顺序反映大类的次序，大类下细分的学科门类由阿拉伯数字组成。为适应工业技术发展及该类文献的分类，对工业技术二级类目，采用双字母。类目表包括马克思主义、列宁主义、毛泽东思想、邓小平理论，哲学、宗教，社会科学，自然科学，综合性图书五大部类，22 个基本大类（见表 1），强调实用性和工具性。

表 4-1 《中图法》（第五版）基本大类

分类号	分类名称
A	马克思主义、列宁主义、毛泽东思想、邓小平理论
B	哲学、宗教
C	社会科学总论
D	政治、法律
E	军事
F	经济
G	文化、科学、教育、体育

续表

分类号	分类名称
H	语言、文字
I	文学
J	艺术
K	历史、地理
N	自然科学总论
O	数理科学和化学
P	天文学、地球科学
Q	生物科学
R	医药、卫生
S	农业科学
T	工业技术
U	交通运输
V	航空、航天
X	环境科学、安全科学
Z	综合性图书

《中图法》中组配是指用分类表中已有类目的号码，按一定规则组合类号，用来表达分类表中未设置的专指类概念。我们以通用复分表为例介绍复分和组配方法。《中图法》有8个通用复分表：总论复分表，世界地区表，中国地区表，国际时代表，中国时代表，世界种族与民族表，中国民族表，及通用时间、地点和环境、人员表。使用时，凡主表中已注明"依××表分"的，将复分号加在主类号之后。具有复分表中两种以上特征的文献，选择其中主要的一种加以复分，不能在同一个类号中同时使用两个总论复分表的号码；若不易区分主次时，按编列在前的类目复分。主表中如已列有专类者，不再使用类目复分。

例：《老年口腔疾病》号码为 R787，而不用 R78<725>

（1）总论复分表

使用本表时，将所用的复分号（连同"–"）加在主表分类号码后即可。

例：《哲学辞典》的号码是 B–61。

（2）世界地区表、中国地区表

主表中未注明而需要用本表复分时，地区号码须加国家地区区分标识"（ ）"。中国地区号码前须先加中国地区号"2"，并用国家地区区分标识"（ ）"。

例：《英语地区的艺术概况》号码为 J11（191.1）

《上海地铁工程设计》号码为 U231（251）

复分表所列的世界各个地区（如亚洲、东南亚）或中国各地区下，如采用《中图法》细分时，则必须在地区号码后加"0"，以便与该地区所属的国家或本地区所属的省、直辖市区别开来。

例：《北美洲地理》号码为 K971.02。

上例中"K97"表示各国地理，依世界地区表分，7 代表美洲，71 代表北美洲，再按《中图法》各国地理中的标准细分，2 代表区域地理，这时地区号码"71"后加"0"。

（3）国际时代表、中国时代表

主表中未注明而需要用本表复分时，复分号前须添加时代区分号"="。

例：90 年代中国高等教育改革号码为 G649.21=75。

上例中"=75"表示 20 世纪 90 年代。

分类表中不具有国家区域属性的类目，需用本表复分时，必须先依世界地区表分，再依本表分，并相应加国家地区区分标识"（ ）"和时代区分标识"="。

例：中国解放前编的图书分类表号码为 G254.12（2）=6。

上例中"（2）"表示中国，"=6"表示民国时期（1912—1949 年）

（4）世界种族与民族表、中国民族表

主表中未注明而需用本表复分时，复分号须用""引起，加在主类号之后。中国民族号码前需先加中国民族号"2"，并用民族区分标识""。

例：中国苗族竹编制品号码为 TS959.2"216"。

（5）通用时间、地点和环境、人员表

使用时需用区分符号"〈 〉"加以复分。

例：《冬季温度预报》的号码为 P457.3〈114〉

上例中"114"表示冬季。

《中图法》电子版是在《中图法》（第四版）机读数据库基础上开发研制

的一部多功能检索和多窗口显示的电子分类法，于 2001 年 6 月由北京图书馆出版社正式出版发行。《中图法》（第五版）Web 版则于 2011 年 12 月发布试用版，正式版网址为：http://clc5.nlc.cn。它不仅提供类号的在线检索和浏览，还能通过设置与 OPAC（联机公共检索目录）关联，在用户所选 OPAC 中进行相关主题文献的实时检索。

（二）《杜威十进分类法》

《杜威十进分类法》由美国图书馆学家梅尔维尔·杜威（Melvil Dewey）于 1873 年首次提出，用于阿默斯特学院图书馆。它于 1876 年首次发布，最新一版则为 2003 年 7 月出版的第二十二版，简称 DDC22。目前，DDC 的维护由杜威编辑政策委员会（EPC）负责，而网站资料的更新维护与出版工作则是 OCLC。DDC 的数字分类号提供了一种简便的识别和定位工具，以学科为中心将所有知识分为 10 个大类来组织，每类分配 100 个数字。类目表的 10 个大类如下：

000 计算机、信息及总类（Computers, information, & general reference）

100 哲学及心理学（Philosophy & psychology）

200 宗教学（Religion）

300 社会科学（Social sciences）

400 语言（Language）

500 自然科学（Sciences）

600 科技（Technology）

700 艺术和娱乐（Arts & recreation）

800 文学（Literature）

900 历史和地理（History & geography）

现在 DDC 的更新主要是利用 WebDewey。WebDewey 是 DDC 的电子版，可通过 OCLC 订购获得。WebDewey2.0 版于 2011 年发布，网址为：http://www.dewey.org/webdewey。订购用户可以通过 Web 浏览器无限制地访问 DDC22 数据库的增强版本，包括相关索引词汇和印刷版中没有的内置类号。同时，可以搜索或浏览 DDC 类号、美国国会图书馆主题词表（LCSH）以及与医学主题词表（MeSH）的映射，添加用户笔记并在上下文中显示。

（三）《美国国会图书馆分类法》

《美国国会图书馆分类法》（*Library of Congress Classification*，LCC）是美国国会图书馆根据本馆藏书分类和排架的要求编制的综合性等级列举式分类法，由主题领域的专家按照大类独立编制，从 1902 年出版 "Z 目录学" 分册开始，其他分册陆续出版。LCC 的修订工作由美国国会图书馆编目方针和支持办公室负责，根据馆藏变化及时修订类表，反映新学科和新主题。

LCC 大致遵循社会科学、人文科学以及自然科学和物理科学的分组，把知识领域分为 20 个大类，另外还有一个用于一般工作的总类，共 21 个基本大类（见表 4–2）。细分大致按历史顺序排列，并且采用大写字母（单个字母或双字母）和阿拉伯数字混合的号码来标记类目。

表 4–2　LCC 分类体系基本大类类目表

分类号	分类名称
A	总类
B	哲学、心理学
C	历史：辅助科学
D	历史：世界史
E—F	历史：美洲史
G	地理、人类学
H	社会科学
J	政治
K	法律
L	教育
M	音乐
N	美术
P	语言、文学
Q	科学
R	医学
S	农业、畜牧业
T	技术

续表

分类号	分类名称
U	军事科学
V	海军科学
Z	书目及图书馆学

LCC 的电子版是美国国会图书馆于 2001 年推出的 Classification Web（简称 Class Web），网址是：https://classweb.org。用户需订购才能获取权限登录，浏览检索 LCC 分类号，还可以查看对应的主题和名称标题。另有电子文本版链接为：https://www.loc.gov/catdir/cpso/lcco。

二、主题法

主题法是指直接以表达信息内容的语词作为检索标识，以字顺为主要检索途径，以参照系统等方法揭示词间关系的标引和检索信息资源的方法。在信息组织中，用来表达信息资源主题内容的语词称为主题词，主题词汇编而成为主题词表。主题词表提供了规范化语言，是图书馆和其他文献机构进行信息标引的工作规范和技术标准。国内外常用的主题词表有《汉语主题词表》、《中国分类主题词表》、《美国国会图书馆标题表》和《医学主题词表》等。

（一）《汉语主题词表》

《汉语主题词表》简称《汉表》，是我国第一部大型的综合性叙词表，由中国科学技术信息研究所与北京图书馆负责主持编制，1980 年正式出版。它包括了人类知识的所有门类，分为社会科学、自然科学和附表 3 卷，共 10 个分册，涵盖各个学科专业，收词量大，编制体例规范，对推动中国主题标引工作的开展和促进专业叙词表的编制起了重要作用。网络版《汉语主题词表》服务系统的网址是：https://ct.istic.ac.cn/site/organize/index，提供术语服务、文本分词、自动标引和主题分析等服务。

（二）《中国分类主题词表》

《中国分类主题词表》简称《中分表》，是在《中图法》编委会的主持下，从 1986 年开始由全国 40 个图书情报单位共同参加编制，1994 年出版的一部大型文献标引工具书。它是在《中图法》和《汉表》的基础上，为实现分类主题一体化标引而编制成的分类检索语言和主题检索语言兼容互换的工具。全表分 2 卷 6 册，包括《分类号—主题词对应表》和《主题词—分类号对应表》两部分。2000 年 4 月《中图法》第六届编委会成立，决定开始修订《中分表》。2005 年 9 月，《中国分类主题词表》（第二版）的印刷版和电子版由北京图书馆出版社（2008 年更名为国家图书馆出版社）出版。2017 年国家图书馆出版社出版了《中国分类主题词表》（第三版），共 2 卷 8 册。

　　《中分表》是目前我国规模最大的分类主题一体化标引工具，其电子版通过软件开发，把分类法—主题词表结构化的机读数据以多文档、多窗体形式，展现分类主题一体化的对应转换结构及其语义关系，增强了词表的易用性，提高了标引和检索的效率。除纸质版本外，《中分表》还有 Web 版本，提供各类知识内容、主题词、分类号的在线浏览、互动显示和多途径检索服务及数据的实时更新。目前 Web 版的访问网址是：http://cct.nlc.cn，需注册使用。

　　注册成功登录后，主页面分上下两栏，上栏为《中分表》检索途径、用户个人使用功能设置及管理；下栏分左右两栏，左栏为"《中图法》及与主题词对应表"即"分类号—主题词对应表"，右栏初始页面为"《中分表》Web 版使用说明"。选定类目后，页面变为"《汉语主题词表》及与分类号对应表"，即"主题词—分类号对应表"（如图 4-8），提供各类知识内容、主题词的在线浏览、互动显示和多途径检索服务。

　　（三）《美国国会图书馆标题表》

　　《美国国会图书馆标题表》（*Library of Congress Subject Heading*，LCSH）是美国国会图书馆在编目实践基础上编制成的具有世界影响的一部大型综合性标题表。它于 1909—1914 年编制、出版了两卷本的《美国国会图书馆字典式目录使用的标题表》，此后定期修改、陆续出版了 7 版，1975 年第 8 版改名为《美国国会图书馆标题表》。电子版也就是 2001 年推出的 Classification Web（简称 Class Web），需订购使用，网址是：https://classweb.org。另有与印刷版对应的电子文本版：https://www.loc.gov/aba/publications/FreeLCSH/freelcsh.html。

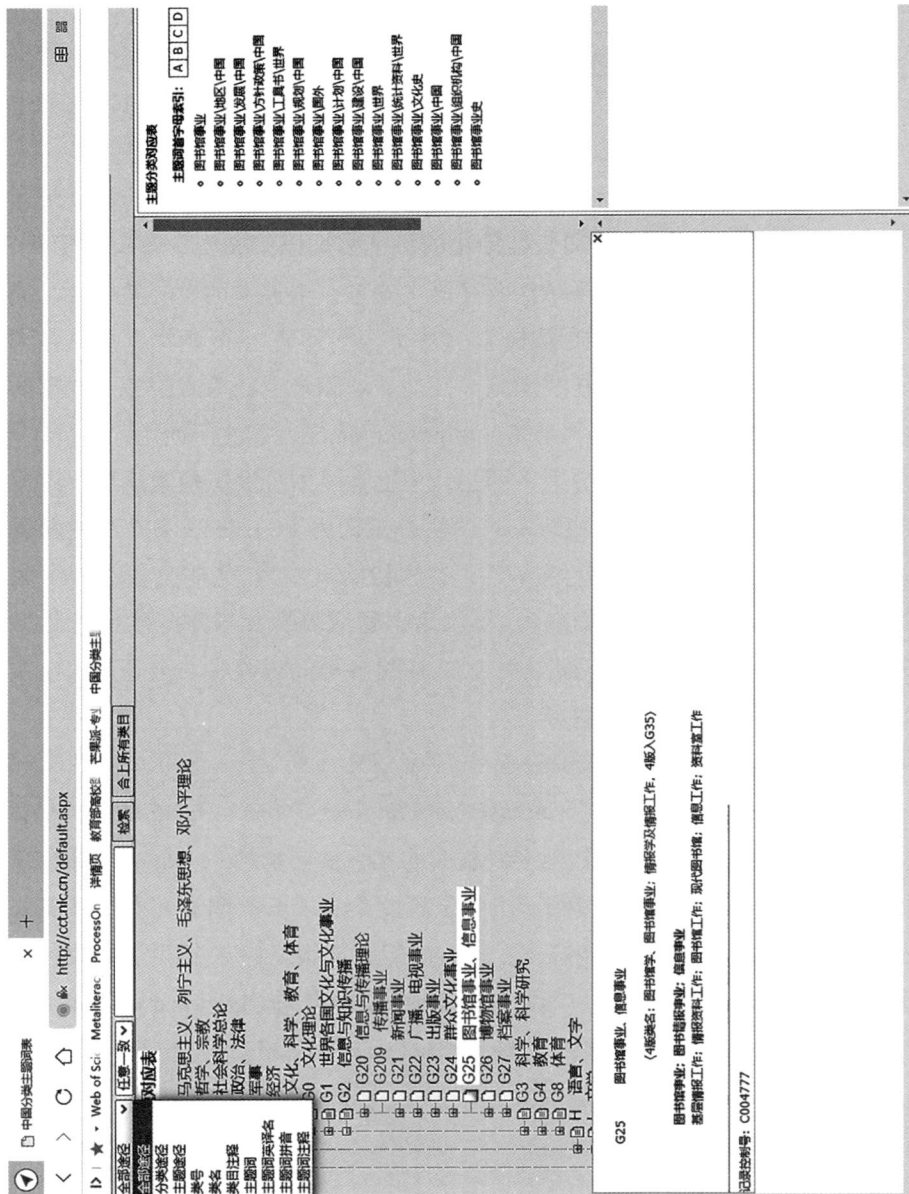

图 4-8 《中分表》Web 版界面

LCSH 采用标题法的基本原理，选用通用、专指词作标题，重视标引的一致性和对相关性的揭示，分成主表、副表和使用说明三部分。主表由众多的标题款目和非标题款目按字顺排列，其款目由标题与非标题、分类号、注释和参照项组成。美国国会图书馆发行的印刷卡片、机读目录及西文图书的在版编目数据都是用 LCSH 的标题，使其成为国外恒用最广泛的主题词表。

（四）《医学主题词表》

《医学主题词表》（*Medical Subject Headings*，MeSH），是美国国家医学图书馆（The United States National Library of Medicine，NLM）编制的权威性标准医学主题词表。它是一部规范化的可扩充的动态性叙词表，用于对生物医学和健康相关信息进行索引、分类和搜索。1960 年开始出版，1962 年后每年出版一次。以前有印刷版、机读版和网络版三个版本，2004 年开始只更新网络版，访问网址为：https://www.nlm.nih.gov/mesh，提供了有关 MeSH 和直接访问 MeSH 的其他信息。

MeSH 由一个主表和若干辅表组成，主表是主题字顺表，辅表有附表和树状结构表（分类索引）。它有两种版本：①供查阅《医学索引》的使用本，以附录形式刊载于《医学索引》每年第一期，只收入主题索引中使用的词汇，包括字顺表和树形结构表；②供标引、编目和联机检索使用的《医学主题树形结构表》《医学主题注释字顺表》《医学主题轮排表》。MeSH 词汇由各个领域的专家不断更新，各种在线系统都提供对 MeSH 的访问，很多著名医学数据库如 Medline 和 PubMed，NLM 目录和其他 NLM 数据库都是采用 MeSH 作为主题标题。

第四节　信息组织的未来趋势

未来信息组织发展将会呈现出以下趋势：以用户为中心的信息服务个性化，不同学科和不同文化背景之间高度融合、深度兼容与标准化，技术应用高度自动化与智能化，基于语义网环境的信息组织数据化。

一、以需求为导向和用户参与的信息组织

随着信息技术的发展和用户需求的变化，个性化信息服务的势头愈来愈强劲，这是目前网络信息组织努力发展的重点之一。同时，Web2.0 及相关概念的引入改变了现有万维网信息提供的模式，使信息组织不再局限于专业人员的范畴，而是走向大众化。信息检索工具的易用化和信息内容揭示的深入化，都对信息组织提出了更深入的要求。

二、信息组织工作的标准化与合作化

在信息组织数字化和网络化过程中，必然会有数据库、联机系统、检索系统和检索语言的兼容化和标准化的问题，解决这一问题成为信息组织发展的主要趋势。当前国内外很多图书情报机构、标准化机构、互联网管理机构等都为网络信息组织有关标准的制定与推行积极努力，取得了重要进展。例如万维网联盟（W3C）认可的网络资源描述语言（XML）、资源描述框架（RDF）、都柏林核心（DC）等。不同元数据的适用范围、描述格式等方面的兼容和标准化问题，基于个性化服务的信息组织系统中信息资源加工、描述、互操作和服务等方面的标准和规范受到大家关注，研究不断深入。

三、信息组织的自动化与智能化

先进的信息技术将部分地代替人脑进行信息组织中的信息识别、信息分析综合和信息重组，进而实现智能程度更高的"知识组织"。比如利用 AI 技术中的专家系统来模拟图书资料的分类原则，在系统中注入专家思维方式，实现图书分类的自动化发展。现在主流的图书馆管理集成系统，特别是新一代系统如 Ex Libris Alma 和 OCLC WMS 的编目模块，一般都支持集成了这些专家知识，比如《杜威十进分类法》《美国国会图书馆分类法》和特定国家分类法，并提供友好的计算辅助界面支持编目和分类。自动化和智能化使得自动分类、自动标引、自动编制分类表与词表等技术逐步发展完善，信息组织工作变得更加简便。这同时也将提高用户的使用体验，强化以用户为中心的原则。

四、语义网环境下的信息组织

语义网格技术的发展，为网络资源的自动计算及其组织体系提供了一个值得关注的方向。语义网信息描述与表示的基础是资源描述框架（RDF），它是一种数据模型，用于描述网络资源的元数据。而关联数据正是采用 RDF 数据模型在 Web 上发布结构化数据，同时采用 RDF 链接连接来自不同数据源的数据。

为了使书目数据由机器可读（machine-readable）走向机器可操作或可执行（machine-actionable），从而融入互联网全球数据库，图书馆界引入关联数据技术。关联数据技术在书目信息或编目领域的应用有两条路径：其一是对现有遗留书目数据进行格式转换，以关联数据形式发布；其二是直接以关联数据形式制作、发布书目数据，这也是解决遗留数据后的必由之路。目前图书馆编目领域的关联数据应用经历了开发、实验、正面临实践推广的最后阶段。文献编目融入语义网环境是未来的发展趋势。

参考文献

［1］蔡丹，罗翀．中国国家图书馆西文编目规则的嬗变与开新［J］．国家图书馆学刊，2019（5）：26-33.

［2］马张华．信息组织［M］．北京：清华大学出版社，2008.

［3］傅平，邹小筑，吴丹，等．回顾与展望：人工智能在图书馆的应用［J］．图书情报知识，2018（2）：50-60.

［4］国家图书馆 MARC21 格式使用手册课题组．MARC21 书目数据格式使用手册［M］．北京：北京图书馆出版社，2005：1.

［5］胡小菁．《资源描述与检索》的酝酿、编制与实施［J］．国家图书馆学刊，2011（2）：3-8.

［6］李湜清．我国几大联合编目中心现状研究［J］．图书馆，2009（5）：111-113.

［7］司莉．信息组织实验教程［M］．武汉：武汉大学出版社，2016.

［8］史田华，等．信息组织与存储［M］．南京：东南大学出版社，2003.

［9］孙更新．国际性编目规则及其发展研究［M］．武汉：武汉大学出版社，2019.

［10］叶继元．索引编制与信息组织的现状及趋势［J］．上海高校图书情报工作研

究，2018（3）：37-38.

［11］叶继元.信息组织［M］.北京：电子工业出版社，2015：118.

［12］周宁.信息组织［M］.武汉：武汉大学出版社，2002.

［13］张秀兰，潘丹.我国文献编目规则的历史沿革［J］.图书馆论坛，2016（10）：32-40.

［14］编目精灵Ⅲ.Schema.org：Web上结构化数据的演变［EB/OL］.［2020-08-01］. https://catwizard.net/posts/20160328231211.html.

［15］CALIS联机合作编目中心［EB/OL］.［2020-08-03］.http://project.calis.edu.cn/

［16］郑巧英，梁蕙玮，陈幼华.国家图书馆电子图书元数据规范和著录规则［M］.北京：国家图书馆出版社，2013：5-34.

［17］汉语主题词表服务系统［EB/OL］.［2020-08-07］. https://ct.istic.ac.cn/site/organize/welcome.

［18］李燕，杜薇薇，郭华.MARC21元数据与CNMARC元数据的分析比较［C］// 第一届全国文献编目工作研讨会论文集，2006：50-58.

［19］Schema.org中文站［EB/OL］.［2020-08-12］.https://schema.org.cn/.

［20］国家图书馆.新版中国机读目录格式使用手册［M］.北京：北京图书馆出版社，2004.

［21］《中图法》电子版简介及使用［EB/OL］.［2020-08-05］.http://clc.nlc.cn/ztfdzbjj. jsp.

［22］DCMI：Dublin Core［EB/OL］.［2020-08-01］.https://www.dublincore.org/ specifications/dublin-core/.

［23］Dewey Decimal Classification | Definition，Origin，& Facts | Britannica［EB/ OL］.［2020-08-05］.https://www.britannica.com/science/Dewey-Decimal-Classification.

［24］International Standard Bibliographic Description（2011）［EB/OL］.［2020- 08-01］.https://www.ifla.org/publications/international-standard-bibliographic- description?og=628.2020-7-18.

［25］UNIMARC Strategic Programme［EB/OL］.［2020-07-31］.https://www.ifla.org/ unimarc.

［26］UNIMARC Manual – Bibliographic Format（3rd ed.）［EB/OL］.［2020-07-31］. https://www.ifla.org/publications/ifla-series-on-bibliographic-control-36?og=33.

［27］MARC/RDA Working Group（Network Development and MARC Standards Office， Library of Congress）［EB/OL］.［2020-07-30］.https://www.loc.gov/marc/mac/MARC-RDA_

Working_Group.html.

［28］Metadata：the Foundations of Resource Description［EB/OL］.［2020-08-01］. http://www.dlib.org/dlib/July95/07weibel.html.

［29］Medical Subject Headings - Home Page［EB/OL］.［2020-08-07］. https://www.nlm.nih.gov/mesh/meshhome.html.

［30］Webdewey［EB/OL］.［2020-08-05］.https://www.oclc.org/en/dewey/webdewey.html.

［31］Classification Web - Library of Congress［EB/OL］.［2020-08-06］. https://classweb.org/.

［32］RDA 发展联合指导委员会 . 资源描述与检索（RDA）［M］.北京：国家图书馆出版社，2014.

［33］IFLA. Universal Bibliographic Control and International MARC Core Programme (UBCIM)［EB/OL］.［2020-11-01］. https://archive.ifla.org/ubcim/p1996-1/unimarc.htm.

［34］Structured Data Linter[EB/OL].［2020-08-24］. http://linter.structured-data.org/examples/schema.org/CreativeWork/.

思考题

1. 信息组织的核心内容是什么？

2. 国内外文献编目的标准有哪些？

3. MARC 记录的标准结构包括哪几部分？

4. 你知道哪些新型元数据格式？

5. 目前我国规模最大的分类主题一体化的标引工具是什么？

6. 请描述本馆信息组织的工作流程，你认为这些流程中存在哪些问题？如何改进？

第五讲　高校图书馆信息素养教育

卢振波　　左丽华*

卢振波　　左丽华*

信息素养是高校学生应该具备的一个基本能力，信息素养教育已成为高校图书馆用户教育的核心内容和图书馆服务体系的重要组成部分。2015 年教育部印发《普通高等学校图书馆规程》，第三条中明确指出："图书馆的主要职能是教育职能和信息服务职能。"第三十一条也是明确要求："图书馆应重视开展信息素质教育，采用现代教育技术，加强信息素质课程体系建设，完善和创新新生培训、专题讲座的形式和内容。"[1] 高校图书馆作为学校的知识中心和信息素养培训基地的地位和责任显而易见，信息素养馆员必须扛起这面旗帜，勇往直前。

在这一讲，我们将运用 5W1H 分析法（又叫六何分析法），围绕信息素养，从以下几个方面进行全面解读：为何要做（why）、做什么（what）、谁来做（who）、在哪儿做（where）、什么时候做（when）以及怎样做（how）。

第一节　为何要做？

身处高速发展的信息社会，信息素养成为个人必备的素质，只有具备一定

---

　*　卢振波，浙江工业大学图书馆研究馆员，发展规划部主任。南开大学图书馆学专业毕业，获理学硕士学位。主要研究领域：图书馆战略规划、图书馆营销、信息素养教育等。已发表专业学术论文40余篇，已主持完成国家社科基金、浙江省科技厅软科学研究计划等项目多项。

　　左丽华，浙江工业大学图书馆馆员，教材中心副主任。中国科学院大学情报学专业毕业，获管理学硕士学位。主要研究领域：读者服务、情报分析等。

的信息素养才能有效甄别各种纷纭复杂信息的真伪，信息素养还是自学能力和终身学习能力的重要保障，因此大力提升公众的信息素养获得政府广泛重视。2018 年，教育部发布的《教育信息化 2.0 行动计划》提出，需"充分认识提升信息素养对于落实立德树人目标、培养创新人才的重要作用"，教学应"从提升师生信息技术应用能力向全面提升其信息素养转变"。《"十三五"国家信息化规划》明确要求，"支持普通高等学校、军队院校、行业协会、培训机构等开展信息素养培养，加强职业信息技能培训，开展农村信息素养知识宣讲和信息化人才下乡活动，提升国民信息素养"，可见我国政府对公民信息素养教育的重视程度。

一、信息素养的定义及内容

信息素养的英文对应词为 Information Literacy，国内又翻译为信息素质。1974 年时任美国信息产业协会主席的保罗·泽考斯基（Paul Zurkowski）首次提出信息素养的概念，他认为信息素养是人们在解答问题时利用信息的技术和技能。1989 年美国图书馆协会提出：要想成为具有信息素养的人，应该能认识到何时需要信息，并拥有确定、评估和有效利用所需信息的能力。该定义提出后被国内外广泛接受。但随着技术的发展，信息环境发生了翻天覆地的变化，信息素养的概念也随之深化，涉及面更为广泛。受社会化媒体、高等教育理论、信息素养理论与实践等最新进展的影响，2015 年美国大学与研究图书馆协会（ACRL）发布的《高等教育信息素养框架》对信息素养定义进行了扩展，引入"阈概念"和"元素养"理论及"元认知"等教育学领域的概念。该框架认为："信息素养是包含一系列能力的整体，包括：反思性发现信息，理解信息如何产生和进行评估，利用信息创建新知识并合乎伦理地参与学习社团。"

关于信息素养的概念，国内研究人员也提出了自己的定义。王春生在概述国内文献中信息素养概念的基础上提出，信息素养作为信息时代人的一种素质和修养，不仅体现在能力上，还包括信息意识与情感、信息伦理道德、信息常识等多个方面[2]。焦海霞从实践出发提出，对信息素养概念的理解正在由"技能论"迈向"认知论"，她认为面对瞬息万变的信息世界和信息生态，众人在信息社会的立足之本是自身的反思能力、思考能力和面对信息的心态和修养[3]。

可见信息素养是一个动态概念，其内涵随着社会信息化程度提高而不断拓展。如今信息素养不仅包含对信息的检索、获取、使用、传播、共享、评价等能力，也包含了对信息及知识内容的创新和批判性思维能力。

二、大学生信息素养教育的意义

在探讨大学生信息素养教育意义之前，我们先来看三个案例。2016 年西安电子科技大学身患重病的大学生魏则西因为使用浏览器检索医院信息而选择了错误的医院，导致误诊、误治，最终离世。这件事在网络上引发广泛讨论，在惋惜魏则西英年早逝，谴责无良企业与医院的同时，各界也在反思大学生的信息素养，如上海海事大学教授魏忠撰写博文问道："这是否说明学校在培养学生'搜索、阅读、辨别真伪'等方面能力和科学精神上还存在缺陷？"2016年山东 18 岁大学新生徐玉玉被诈骗电话骗走 9900 元学费，导致呼吸、心脏骤停最终去世。据不完全统计，青年学生在网络诈骗受侵害人中几乎占到 50%。大学生收到的诈骗短信和电话快速增长，大学生已经成为犯罪分子实施诈骗行为最集中的群体，每年大学生受诈骗的新闻报道层出不穷。2019 年博士后影星翟天临网络直播不知"知网"为何物，由此引发学术圈地震，学术不端行为引发大众热议。由现实的案例可见，培养大学生信息意识、信息能力、信息道德等信息素养能力势在必行。培养大学生的信息素养，具有以下重要意义。

（一）提高大学生适应信息社会的能力

在信息时代，信息、数据发布方式灵活多样，大量"有用""无用"信息并存，虚假信息无处不在，这就需要大学生通过信息素养教育练就火眼金睛，能对搜集到的信息进行评价判断、甄别遴选、分析综合从而辨别真伪。通过信息素养的培养，增强大学生信息能力，提高他们的信息收集、加工、应用、创新能力，进而丰富大学生的知识与技能，更好地适应信息社会。

（二）培养大学生终身学习的能力

信息时代知识的更新速度加快，半衰期越来越短。学生在课堂中获取的信息远远低于毕业后自学更新的信息。信息素养教育正是通过对知识、信息重要性的介绍，使大学生树立正确的信息意识，通过文献检索与利用信息技能和方法的训练使之具备过硬的信息能力，并在这个过程中形成良好的信息道德，能够利用网络寻求科学信息，有目的地检索、利用信息，成为具备良好信息素养的终身独立学习者。从学生的角度出发，实现从"要我学"到"我要学"的转变；从教育者的角度出发，实现"授人以鱼"到"授人以渔"的角色转换。

（三）增强大学的德育效果

信息时代各种思潮在社会中激荡，大学生的思想并未完全成熟，坚定独立的价值观也没有完全成型，加之青年好奇心强，并不能很好地抵制各种不良信息。信息素养教育的重要内容之一是信息道德，信息道德教育包括培养学生的批判能力和培养学生的主体意识。对大学生而言，信息知识、信息技术层面的问题往往不是最重要的，最重要的是对信息的反思和批判能力，能主动地去识别、分析、判断信息，在网络环境中形成正确的人生观、世界观、价值观。

第二节　做什么？

国内的研究人员普遍认为信息素养至少应该包括意识（信息意识、信息伦理）、知识（信息和信息技术知识）、能力（信息能力）三方面，所以一个人若具有敏锐的信息意识、较好的信息能力，遵守信息伦理，就有可能成为一个具有信息素养的人。信息素养教育的目标即培养受教育者的信息技能，完善其信息道德，使受教育者形成具有创新精神和创新能力的信息素养，具备独立自学及终身学习的能力。

个人的信息素养需要达到什么要求，学校的信息素养教育是否有效，是需要一定的标准来进行评估和衡量的。因此，继信息素养定义、内涵等基本理论研究外，国内外学者对信息素养评价标准进行研究，目前已有许多国家和地区制定了相应的信息素养能力标准。

比较有代表性的信息素养标准是 2000 年美国大学与研究图书馆协会颁布的《高等教育信息素养能力标准》，其比较全面地概括了高等院校学生信息素养的标准，并影响多个国家信息素养标准的制定和实施。随着时代变迁，为适应新的信息环境和高等教育环境，2015 年该协会在原有标准基础上全新修订，发布了《高等教育信息素养框架》，传统的信息素养标准以信息获取为核心，而该信息素养框架中的信息素养标准以信息创造为核心。

2011 年英国国立和大学图书馆协会（Society of College：National and

University Libraries，SCONUL）发布了信息素养七要素标准最新版本。这七大标准是：识别（identify），能意识到信息需求并将其识别出来；审视（scope），能明确自身现有信息及差距；规划（plan），能制定查找信息和数据的策略；搜集（gather），能找到并使用所需的信息和数据；评估（value），对信息和数据进行评估；管理（manage），能娴熟运用信息；发布（present），能通过分析实现对信息的综合利用和创新，并发布自己的科研成果[4]。2014 年日本国立大学图书馆协会颁布《高等教育信息素养标准》，该标准具体包括高等教育中信息素养应该掌握的知识、技能以及实践过程。

我国的理论工作者也对信息素养的评价指标进行了积极探讨。2006 年北京高校信息素质教育研究会颁布了《北京地区高校信息素质能力指标体系》。这是国内首个应用于实践评价的中国高校信息素养评价指标体系，它共分 7 个维度，分别是：具备信息素质的学生能够了解信息以及信息素质能力在现代社会中的作用、价值与力量；具备信息素质的学生能够确定所需信息的性质与范围；具备信息素质的学生能够有效地获取所需要的信息；具备信息素质的学生能够正确地评价信息及其信息源，并且把选择的信息融入自身的知识体系中，重构新的知识体系；具备信息素质的学生能够有效地管理、组织与交流信息；具备信息素质的学生作为个人或群体的一员能够有效地利用信息来完成一项具体的任务；具备信息素质的学生了解与信息检索、利用相关的法律、伦理和社会经济问题，能够合理、合法地检索和利用信息。《北京地区高校信息素质能力指标体系》是目前国内较有影响力的评估体系。教育部图工委信息素养教育工作组在 2018 年 3 月发布了《关于进一步加强高等学校信息素养教育的指导意见》，对信息素养教育的内容、形式、评估、条件与实施进行了规定。

目前来看，国外的信息素养标准已经比较成熟，我国信息素养评价标准的研究还处于探索阶段，大部分评价标准在相关专家和学者的研究成果中体现。综合国内外信息素养评价标准，信息素养教育应从信息能力训练上升到意识、思维、习惯的培养，培养内容应包括：

（1）信息意识教育

培养大学生的信息敏感度，通过各种正面和反面的案例（如国家机关工作人员及时有效地获取新冠病毒肺炎疫情数据，能针对疫情做出快速反应，保障社会平稳发展；发布在网上的谣言可能引发舆论风暴，影响社会治安）使学生认识到信息以及信息素质能力在现代社会中的作用和价值；通过对专业课程中前沿问题的提问、生活中衣食住行需要信息的查找，使学生意识到自身的信息需求并积极寻找、利用信息。此外，也应培养学生正确地看待网络信息的能力，意识到网络时代各种信息鱼龙混杂，如充斥着虚假、黄色、暴力等信息，避免受不良信息影响。

（2）培养信息查询与获取能力

需要让学生了解信息媒介有图书、期刊、科技报告、科学数据等多种形式，以数字、文本、图像、音视频等方式呈现，培养学生根据不同的需要，从多样化的信息源中选择适当的信息获取途径，如文献数据库、政府网站、图书资料室、网络等，根据具体问题及选择的信息源确定检索需求、制订检索策略、分析检索结果，根据需求不断改进检索策略，并能有效评估检索结果的权威性和可靠性。

（3）培养信息的管理与利用能力

培养学生有效地管理、组织获取的信息，将获得的信息和知识进行分析、整合，创造性地使用信息形成新的成果。如了解常用的文献管理软件，熟练掌握其中一种，在进行课题研究或论文写作时能利用文献管理工具下载、管理、索引、分析文献，添加阅读笔记、编辑记录等。

（4）培养信息的伦理与安全意识

信息素养教育应使大学生了解与信息检索、利用相关的法律、伦理和社会经济问题，能够合理、合法地检索和利用各类信息。信息技术是把双刃剑，正当使用带来便利，不正当使用则会造成伦理风险，如：兜售他人信息给不法分子，将对他人的隐私及人身、财产安全构成威胁；未经调查核实就发布道听途说的信息，可能会引发群众恐慌，造成不良社会影响；剽窃他人研究成果等各种不诚信行为，则会影响社会的公平公正。大学生应该拧紧信息安全和伦理的"螺丝帽"，保障自身和他人安全，尊重别人的劳动成果。

第三节　谁来做？

一、信息素养教育的主体

信息素养教育的开展有赖多部门共同努力。从实践上看，从事信息素养教育的主体很多，侧重点各不相同。

（一）普通高等院校

由于我国的中小学基础教育较少涉及信息素养教育内容，导致刚进校的大学生信息素养普遍不高。因此，高校成为信息素养教育的主要阵地，肩负起培养广大学生信息意识、信息能力、信息道德以及终身学习能力的重任，且高等院校在开展信息素养教育方面具有师资、场地、教育对象等优势。目前高校主要通过开设系列的公共必修课、选修课以及课程整合式教育实施对学生的信息素养教育。其中课程整合式教育是将信息素养教育渗透于各个学科专业课程的教学中去，让学生在完成学科专业学习的过程中运用信息技能，在获取专业知识的同时提高自身的信息素养。这一过程要求专业老师与信息素养教学者相互合作，在讲授专业知识时嵌入信息素养内容，共同来完成教学任务。

（二）图书馆

高校图书馆是高校信息素养教育的主要实施者。在信息素养术语提出之前，图书馆就已经开展指导公众利用图书馆的相关活动，包括图书馆指导、书目指导、用户培训、读者教育等，这些活动被视为信息素养教育的前身。美国路易斯维尔大学（University of Louisville）大学图书馆馆长 Hannelore B. Rade 调研了 1973—2002 年期间所发表的信息素养相关文献，发现有 60% 的文献是关于高校图书馆信息素养教育的[5]，因为信息素养被公认为是学生适应高校教育和成为终身学习者必备的专业能力。在国内自教育部 1984 年 2 月发出《印发关于在高等学校开设"文献检索与利用"课的意见的通知》以来，高等学校图书馆在信息素养教育中发挥了重要作用。教育部在 2002 年 2 月颁发的《普通高等院校图书馆规程》文件第三条明确指出，我国高等学校图书馆当前的首要任务包括开展信息素养教育与培养读者信息意识，以及获取、利用文献信息的能力培训。经过多年发展和探索，高校图书馆信息素养教育理念日趋成熟，并且已经建立了完善的学科教育体系，被纳入高等教育体系中。作为高校学生信息素养培养的重要基地，高校图书馆在学生信息素养培养过程中发挥着不可替代的作用，且高校图书馆员成了信息素养教育的重要力量。

（三）行业协会

图书情报协会通过设立专门机构、组织学术研究与实践交流活动、设立专门项目、开发相关工具与课程等方式推动信息素养教育的发展。中国图书馆学会近年来非常重视公众信息素养教育，如在年会上设立专题分会场讨论信息素养教育问题，组织"信息素养与可持续发展"主题论坛，开办信息素养培训班，等等，通过这些形式推动国内信息素养教育的发展。

二、信息素养教育从业者

从事信息素养教育的人员可以是图书馆员、院系教师、数据库培训师或其他领域相关从业者，他们需具备较高的图书情报专业水平和教学水平。

20 世纪 80 年代开始，教育部要求在全国大学生中开设文献检索与利用课程，授课任务则由所在大学图书馆的馆员承担。截至目前，高校信息素养课程多由图书馆员担任。图书馆员每年要面向全校新生（包括本科生、研究生）乃至教师开设信息素养类课程，包括信息素养通识教育及系列专题讲座。从事信息素养教育工作的图书馆员本身应具备以下能力：

（1）信息能力：能有效检索、评价和使用信息，能熟练指导用户使用各种信息源和信息技术；

（2）媒介素养：对各种媒介信息进行阅读和辨别，能指导用户利用媒介完善和发展自我；

（3）终身学习能力：能利用各种资源自学，时刻更新知识和信息；

（4）教学能力：对学生的学习活动进行指导、计划、组织、协调，注重培养学生自我学习及获取信息和知识的能力。

信息技术的发展引发了图书馆工作内容与方式的变化，教育与科研创新对图书馆员的要求不断提高。在信息素养教育热潮中，图书馆员也需要重视自身信息素养的重新培养、塑造和提高。高校图书馆员只有自身的信息素养提高了，才能担负起向学生提供信息产品和提高学生信息素养的重要使命。高校图书馆员很多缺乏教育培训技术，这在很大程度上影响他们的课堂发挥。而专业课教师自身的信息素养技能也影响他们与馆员的合作教学，很难在传授专业知识的同时将信息素养知识融入课堂中。因此增强信息素养教育师资，提高师资队伍的水平势在必行。从事信息素养教育的工作人员可通过以下途径增强自身素养：

（1）参加在职学习

通过参加信息素养相关的线下培训课程或研讨班，利用免费的面向教师的在线信息素养课程及相关教学资源进行学习。

（2）实战演练

与有经验、教学效果好的信息素养教育师资交流，组织开展现场授课，实战演练日常学习、生活中遇到的信息检索问题，并针对案例进行分析、讨论，在实践中取长补短。

（3）参加学术交流

通过学术交流了解行业动态，通过横向比较，知道其他单位、同行的研究水平及教学成果。

（4）开展学术研究

通过学术研究全面了解信息素养的发展状况，解决信息素养教育中尚存在的问题。

第四节　在哪儿做？

在信息素养教育中，健全的软件和硬件设施是确保其成功开展的基础。信息素养教育日益被世界各国教育界所重视，找到契合信息素养教育目标，为其提供发展空间的平台，对于信息素养教育的实施是至关重要的。为了搭建与新时代信息素养教育相匹配的环境空间、信息空间，促进信息素养教育与时俱进地开展，并为智慧服务提供硬件保证，图书馆工作者在服务空间建设方面不断探索创新。信息素养教育过程使用的空间目前包括以下四类。

一、多媒体培训教室

多媒体培训教室有课件展示型和师生交互型两类。课件展示型教室内有最基本的投影、台式机、课桌椅三样，采用传统的教学模式，教师讲授，学生倾听。教师将视频、文字、图片等形式的教学资源整理成教育课件，并通过多媒体教室向学生展示，使学生更加直观、生动地了解学习内容。师生交互型多媒体教室，授课教师和学生每人一台电脑，教师能够通过控制学生电脑来进行知识点的讲解，亦可以让学生使用自己的电脑亲手演练各个知识点，师生之间的互动加强，有利于学生掌握操作技能。

二、电子阅览室

电子阅览室以计算机和网络通信技术为基础，以文献资料存储、利用和传播为主要功能，能为高校师生提供网络信息、馆藏信息及电子文献资源检索和阅览等服务。长久以来，电子阅览室是高校开展信息素养培训的主要阵地和场所。电子阅览室内适合采取"边学边练"的培训方式，通过实际操作使学生体会、领悟检索技能，熟悉图书馆资源和各项服务。

三、共享空间

随着主动学习、自主学习、协作学习空间理念的兴起，20 世纪 90 年代欧美大学图书馆出现了信息共享空间（Information Commons，IC）概念和模式。信息共享空间是一个经过特别设计的一站式服务设施和协作学习环境，它将互联网络、计算机软硬件设施、内容丰富的知识库资源（印制型、数字化和多媒体等各种形式）、技能熟练的图书馆员、计算机专家、多媒体工作者和指导教师整合在一个空间内。在资源方面，真实与虚拟并存，用户能从不同渠道获取信息；在技术和工具方面，既拥有查询检索设备，又有打印机、复印机、扫描仪等输入输出设备以及各种应用软件；在环境方面，既有交流研讨区，又有安静学习区，个人研究学习与协同合作环境共存；在服务人员方面，既有资深馆员，又有技术人员和学科专家，在服务过程中启发用户的信息意识，提高信息素养。

信息共享空间理念的传入，从根本上改变了图书馆的空间和信息服务模式，传统的"一点多行"统一面向讲台的空间布局，逐渐被可以自由拼组、高低可调的移动讲台和桌椅替代；智慧课堂教学互动软件、学生行为智能分析系统、数字化多功能教学白板、智能化网络电视等新技术教学装备逐步引入空间；教室内拥有全覆盖的网络环境。经过二十多年的不断发展完善，目前的信息共享空间更加注重对读者信息素养的培养及 IT 技能的提升，通过广泛、丰富的信息资源、功能完善的计算机硬软件设施、方便快捷的信息获取方式，为读者提供高效便捷的信息获取途径、舒适安静的信息分析与研究场所。信息共享空间为培养适应新时代要求、具备信息素养的人才提供可靠的保障。

四、虚拟空间

随着网络技术和信息技术的不断发展，人们获取信息的渠道和方式也在发生变化。采用比较便捷的数据库和互联网技术是大家喜闻乐见的一种方式，因此信息素养教育亦可在虚拟空间上实现。这就需要从事信息素养教育的相关人员搭建专业网站，通过网络技术，实现教师和学生一对一和一对多的教学，以视频播放、视频直播、语音通话等形式使学生参与到学习活动中，并在平台上沟通和交流。虚拟空间教学具有交互、回播、开放等属性，只要硬件满足，可在任何时间任何地点实现信息素养教育。

第五节　什么时候做？

信息素养作为一种适应现代信息社会的能力，是公民应具备的基本素质，是终身学习的核心。因此，信息素养教育应贯穿于公民成长成才的每一个阶段——幼儿时期、中小学、大学、成人，通过各阶段的信息素养教育，掌握适合自己利用的资源和信息。而目前我国的信息素养教育多集中在高校进行，高校图书馆开展信息素养教育有多种类型，不同方式的信息素养教育开展的时间与频次也不同。

一、开展新生入馆教育

一般而言，新生入馆教育在每年 9 月份新生入学时集中开展，主要围绕图书馆布局、入馆须知、借还流程、读者系统、图书馆网站、数字资源等方面进行介绍。

二、开设文献检索课程

信息检索课程一般属于公共选修课，每学期进行，有学时学分，实现定期教育，为提升学生数字素养能力发挥了积极作用。信息检索课程多采用多媒体教学与上机实习相结合的方式，内容涵盖信息检索基础理论知识、国内外著名数据库的内容与检索、搜索引擎的使用、科技论文的写作及信息的合理使用。

三、专题培训讲座

专题培训讲座将信息检索知识"化整为零"，是文献检索课程的有效补充，学生可根据个人兴趣或者需求选择合适的主题听课。专题培训讲座基本上由学校图书馆每学期定期举办，内容多为信息检索的方法与技巧等，如 Internet 基础知识及网上搜索引擎、中外文数据库的使用方法、各学科资源的检索方法、各种类型文献的查找和获取技巧、常用软件及热门软件使用方法、投稿方法及文献管理系统的应用等。

四、定制讲座

为深入了解院系需求，国内很多高校图书馆推出嵌入式信息素养活动，针对各院系的要求开展不定期的专业资源培训与讲座，将讲座送到学院，送进科室，走入课题组，讲座的内容、时间、地点均可根据读者的要求安排。

五、学科馆员制度——嵌入科研和教学过程中实时答疑解惑

学科馆员制度是一种嵌入式学科服务模式，要求馆员主动融入用户的信息环境，随时解决用户遇到的各种问题，满足用户在学习、教学和科研过程中的各种需求，对各层次用户的需求进行分析，针对用户的不同需求开展服务。服务内容包括信息素养培训课程嵌入专业课程体系、与教师共同搜集筛选教学资料、合作开发课件、参与教师的课堂设计与课堂教学、结合所授课内容为学生整理参考资料、布置学生课后作业及考核、给老师与学生提供相关课程咨询服务等。例如，上海交通大学媒体与设计学院的"传媒市场调查与分析"和"英

文报刊导读"两门课，学科馆员们全程跟踪第一门课的教学，根据教学大纲、作业和学生需求适时安排信息素养教学；学科馆员还参与第二门课的教学，针对教师布置的作业和学生需求，一次性讲授课程所需的信息资源分布、信息获取技能等内容。

六、在线信息素养教育

在线信息素养教育补充了图书馆线下信息素养教育遇到的诸如师资力量匮乏、资源质量不佳、教学时间不灵活等短板问题。传统的线上信息素养教育包括高校图书馆主页的新生入馆教育专栏，信息素养教育课程导航、数据库使用指南、讲座视频等信息资源。随着信息技术的不断发展，也出现了诸如慕课、微课堂、网络自主培训平台等新的信息素养教育形式。

第六节　怎样做？

图林新兵该怎么参与、组织和实施信息素养教育呢？一头雾水是不是？不要着急，让老兵带你见招拆招吧！在前面的 5W 中，大家已经知晓了什么是信息素养，为什么要开展信息素养教育，信息素养教育的学习目标与学习内容，信息素养教育的实施场地以及培训时间安排要点，以及最关键的信息素养馆员应该具备的基本素养。这之后，就让我们一步步走入信息素养的组织和实施吧！

一、信息素养教育形式

采用合理的教育形式，是信息素养教育取得成功的保障。经过了多年的努力，高校图书馆信息素养教育在教学模式、教学方法和教学体系上都有了长足的进展，获得了极其丰富的教学经验。目前，高校图书馆信息素养采用的形式主要有：学分课程、嵌入式教学、培训讲座以及其他新兴形式，诸如在线教育、翻转课堂等。各图书馆在开展信息素养教育时要结合学校的办学层次、学科特点、人才培养目标、学生需求等合理规划与安排。

（一）学分课程

学分课程的教育模式起源于 20 世纪 80 年代，可以为学生提供系统的信息素养学习和训练，主要目的在于提高大学生的信息意识和获取信息的能力，学生通过课程的学习可以获得相应学分。很多高校已经将文献检索课列入教学大纲，有的学校作为必修课，有的学校作为选修课，以选修课居多。接受的教育对象会有不同，有的学校在本科新生入学就有涉及，但大多数以二三年级居多，研究生以一年级新生作为主要授课群体。根据 2015 年教育部图工委信息素养工作组开展的一项调研显示，被调查的 545 所高校图书馆中有 377 所至少开设一门授课对象为本科生（高职与本科层次）的相关课程，比例达到 69.17%；开展研究生信息素养教育课程的图书馆共有 134 所，占到总问卷数的 24.5%[6]。

在开设课程的名称上也有所不同，诸如：文献检索、信息资源检索与利用、信息检索、文献资源检索与利用、专业信息检索（中医药、艺术、医药、建筑、法学、经济等）、学科信息检索（人文、社会科学、科技）、网络资源（信息）检索与利用、信息素养与信息资源检索、如何利用图书馆、信息检索与论文写作等。

在教学内容上，主要涉及与文献检索相关的知识，诸如信息检索基础知识、常用数据库与网络资源的使用、论文写作与投稿、科研课题选题方法、信息分析方法、文献管理软件、学术道德等。

在教学方式上，主要以教师讲授和上机操作演示为主，对课程的主要内容进行讲解。为强化理解，还会结合学生上机操作的方法，锻炼学生动手操作和实际应用的能力，一般会安排三分之一到二分之一的课时给学生上机实习。

课程一般会有指定教材，也有使用自编教材者。我国高校的信息素养领域已经出版了许多相关教材，从文献检索过渡到信息检索，再到今天的信息素养教育教材。教材的内容也在不断丰富，涉及各种数据库的使用、信息检索结果的识别与评价、毕业设计、论文写作与投稿、文献管理软件、课题选题与分析、学术道德等方面，除知识讲解外，也会加入大量的实际案例，使得课堂教学与实际专业需求、学术活动结合起来，从而助力学生的学习和科学研究。

学分课程在教学体系上具备系统性和科学性，因此，应当成为高校图书馆进行信息素养教育的"主战场"，要通过信息素养教育相关学分课程的实施，增强图书馆在学校的教育职能与作用，凸显图书馆的价值地位，因此，从长远来看，学分课程必须加强建设。

（二）嵌入式教学

根据美国大学与研究图书馆协会的界定，嵌入式信息素养教学是指将信息检索、信息知识、信息道德等信息素养教育内容嵌入到通识课程和专业课程的教学过程中，全方位培养分析、利用、评价信息等综合信息素养能力的一种新型方式[7]。嵌入式信息素养教育模式是图书馆员以专业教师的合作者身份，嵌入到专业课程中，使得学科教学和图书馆员有机地结合起来。通过与专业课教师的沟通合作，共同制定教学大纲，承担不同的教学内容，使得学生在专业课学习的同时就提高了信息素养水平。

自 20 世纪 90 年代，国外高校医学图书馆就率先进行了嵌入式信息素养教育的实践探索。根据 2015 年教育部图工委信息素养工作组开展的一项调查显示，被调研的 545 所图书馆中，已有 97 所开展了嵌入式教学服务，占调研总数的 17.79%[6]。国内的案例也很多，有单向的嵌入式教学，比如，上海交通大学图书馆嵌入 ACM 班的"科学实践"课程，并对竞赛进行全方位的信息服务支持；针对电子电气工程学院仪器科学与工程系国家精品课程"检测技术基础"专业选修课程开展了嵌入式信息素养教学服务。相关统计分析表明，上过课的学生在信息分析、信息鉴别和利用等信息素养能力以及学术科研意识方面都明显高于未参加过相关课程的学生，并且增加了学生对专业知识的理解能力[8]。也有"双向嵌入"的教学方式，例如：重庆大学图书馆安排具有专业学科背景的图书馆员与学院联合开设文献检索课，学科馆员邀请建设管理与房地产学院的专家教授嵌入到"科技文献检索与利用"课程中，学科馆员会给学生布置课程报告的撰写任务，最后，学科馆员和学院专家一起就学生撰写的课程报告中研究方法的科学有效性、主要学术概念的理解与规范、相关文献的批判性阅读等方面进行点评；再比如，材料科学与工程学院"金属材料的力学行为"课程的教师邀请学科馆员一起开展"如何做好文献综述"的嵌入教学，该课程所涵盖的文献和论文写作两个部分的内容由图书馆员协助讲授[9]。

嵌入式信息素养教育一般有虚拟嵌入和实体嵌入两种形式。虚拟嵌入是指提供课程相关学科服务支持，比如提供与学科相关的学术资源，提供相关的教学课件、教学参考书目、信息素养实习题与指南等。实体嵌入是指学科馆员直接参与相关课程，讲授相关信息素养知识、参与课程设计、评判学生作业等。

嵌入式教学的顺利开展，需要学校各部门的通力合作，需要图书馆员与专业课教师的协同配合，融入学科，嵌入过程，实现提高学生信息素养水平的目标。

（三）专题培训讲座

绝大多数的高校图书馆都会根据读者特定需求开展不同主题的信息素养专题培训与讲座，面向不同学生群体提供个忄化专题培训。而且，很多图书馆已经形成了服务品牌，例如，北京大学图书馆的"一小时讲座"系列活动就是业界的典范。还记得我（卢振波）入职北京大学图书馆的第二年，就被调到了信息咨询部，初入职场的菜鸟直接就被推到了"一小时讲座"的前线，当时我真的很紧张，还记得我第一场讲座的题目是："一小时系列讲座之机读目录检索培训"，一上场都是带着颤音的。说是"一小时讲座"，其实是馆员讲授时间有 1 小时，然后还有约半小时的学生上机实习指导。后来我认真听了肖珑老师的讲座，从中受益颇多。让我印象深刻的是，她会围绕讲座主题讲很多生动有趣的案例，课堂气氛顿时生动活跃了很多，也让学生容易理解和消化。当然，这不是一天半天可以学来的，需要长期不断地学习。图书馆员要像百科全书一样，上知天文，下晓地理，从政治时事到专业知识都要涉猎。有压力？不过没关系，毕竟年轻就是资本，学就是啦！

在讲座培训内容安排上，主题仍以图书馆数字资源检索和利用为主，但也会拓展主题范围，以满足读者的需求，比如很多馆会增加文献管理软件使用、论文写作与投稿指南、知识产权知识、学科信息资源检索、科学研究方法、就业指导等主题。而且，一些图书馆并不是将所有讲座放在一个篮子里，而是先进行相关归类，让读者有针对性地选择适合听的讲座。比如：浙江大学有"研究过程支持""毕业生支持""使用技巧"三个模块，清华大学有"新手上路：综合利用类""学科初探：专业资源类""开展研究：研究指南类""挖掘宝藏——常用资源类""工具助力——实用软件类"五个模块，北京大学有"新手上路""解锁数据库""沉迷学术""软件达人"四个部分。

讲座馆员都会提前做好课件，一般以 PPT 居多，尽量图文并茂。课后有的图书馆会将 PPT 发布到图书馆官网上或者官方微信；有的图书馆也会做成视频进行发布，如浙江大学图书馆就是这么做的。

正式上课之前的试讲也很重要，作为新馆员，这是必经之路，经历了一次次的磨炼，进步总是在前方，尤其是让资深馆员听了之后提出改进建议，这也很重要！

另外，培训馆员除了本馆自己的馆员，也可以邀请数据库商的培训师上门办讲座，毕竟馆员不能把握所有主题，尤其是一些专业性较强的内容，拿浙江工业大学图书馆来说，我们先后邀请 Elsevier、Wiley、ACS（美国化学学会）、Emerald 等学（协）会与出版商的专职培训师来校讲解国外期刊的投稿问题，获得了老师和研究生读者的广泛好评。他们觉得很多细节的讲解正是他们所需要的，讲得也到位。

（四）新生入馆教育

之所以将新生入馆教育单独列出，是因为新生在高校中是一类特殊的群体，他们的需求相对统一，需要集中时间单独组织相关培训。对刚入学的新同学分批组织入馆教育，不仅要使新生了解高校图书馆的作用、功能、工作流程，各类文献信息的分布情况，图书馆的服务内容，文献的借阅规则和电子信息查询办法，图书馆规章制度，更为重要的是要在一开始就培养新生的信息意识，培养他们对于信息的正确的观念和利用信息的正确方法。应该说，很多图书馆的新生培训都已日趋常态化系统化，成为新生在高校的信息素养教育第一课。

在培训形式上，主要有发放新生手册、图书馆简介等宣传资料，开展"面对面"的讲座与培训，现场讲解结合图书馆参观，网络培训与问答等形式。一般是在新生入学教育期间，以院系班级为单位，分批进行入馆教育。内容主要涉及图书馆介绍、图书馆的使用等。

不少图书馆很注重图书馆主页上"新生专栏"的建设，拿浙江工业大学图书馆的"新生专栏"（http://xszl.lib.zjut.edu.cn/）来说，页面进去就可以看到"馆长寄语""新生入馆培训""入馆考试""社团活动""文化活动""图书馆风光"等栏目，还有各种馆藏资源的链接。在"新生入馆培训"栏目下，还会有中英文版的"图书馆手册"、中英文版的"读者手册"、图书馆专门录制的"新生学习视频"、介绍图书馆各种资源与服务的"教材视频"以及"馆藏布局"。

随着 00 后新生逐步进入大学校园，一些他们喜闻乐见的培训形式也多了起来。比如，利用微信、微博公众号进行入馆教育，在图书馆微信菜单中设置新生专栏，利用微信发布入馆教育推文等。

应用新技术开展新生入馆教育，例如：使用 VR 虚拟技术、人工智能、软件开发及影视处理工具等，将图书馆相关知识、微视频、测试题目、课件等放在一个学习平台上，供学生自主学习使用，特别是加入了在线答题、游戏闯关、答题获积分等环节后，学习培训变得不再枯燥。目前图书馆使用的入馆培训系统有超星学习通的入馆教育专栏、智信公司的书小猴取经游戏闯关、晓图的虚拟场景入馆教育系统、武汉大学图书馆的"拯救小布"V2.0 新生开卡游戏和厦门大学入馆教育系统等。

（五）新型信息素养教育形式

随着信息技术的发展和信息资源的数字化，人们获取信息和服务的方式也在悄悄发生着改变。目前很多图书馆也都在尝试线上和线下相结合的方式开展信息素养教育。

1. 网络直播

2020 年的新冠病毒肺炎疫情期间，在线信息素养教育立了大功。各高校图书馆为不因疫情影响正常的服务安排和教学进度，纷纷采用雨课堂、腾讯会议、企业微信等直播平台，开启在线直播与自主学习相结合的网络教学模式，馆员瞬间变身成了主播。例如，北京大学图书馆的"电子资源检索与利用"课程、"一小时讲座"通过网络直播按时开课。清华大学图书馆除按照教学进度开设信息素养教育课程，还联合学生学习与发展指导中心、研究生会开办"图书馆专场——科研达人养成记！"系列讲座。南开大学、上海交通大学、东华大学图书馆直播"信息素养与信息资源检索""专业检索与论文写作""专利实务与专利情报分析""信息情报分析"等课程。南方医科大学图书馆的医学情报学教研室反复修改"医学信息获取与管理"线上授课方案，录制 8 个教学单元的 19 个视频，时长达 459 分钟，更新至精品课程网站[10]。

在线平台有它自身的优势，拿清华大学的雨课堂来说，它就是一款方便、灵活、易用的教学工具。它让学生在上课时拿起手机，参与互动，很多功能是线下教学无法企及的，诸如：灵活的课前预习会将丰富的教学资源轻松插入幻灯片，随时随地推送到学生微信；快捷的课上测验会一键发送融入 PPT 的习题，随时讲、随时测，关键是老师可以通过答题结果了解每个学生的学习情况，而不仅仅是传统课堂上举手回答问题的学生；创新的师生互动会发出弹幕、投稿、课堂红包、课堂点名等环节，增加趣味性；完善的作业题型会有主客观题、投票题，附件作答、拍照上传、语音回复，满足不同作业需求。不少老师的教学也反馈，开启雨课堂教学模式后，学生的参与度高了很多，加之课上会对部分知识点进行限时抢答，对抢答靠前的同学会有红包奖励等激励措施，会让学生不自觉地紧跟老师教学步伐。"不懂"和"弹幕"功能能够让学生全程参与进来，主动探究自己学习的薄弱环节，敢于发表个人观点。应该说这些都是为了增强学生的课堂学习氛围，并最终让他们真正爱上学习。

2. 慕课

慕课（Massive Open Online Course，MOOC），指的是大规模在线开放课程，起始于 2011 年秋天，Coursera、edX、Udacity 等国外著名慕课平台纷纷崛起，并于 2012 年得到迅速发展，这一年也被《纽约时报》称为"慕课元年"[11]。国内也陆续出现了一批网络学习平台，如清华大学的"学堂在线"、中国大学MOOC、好大学在线和顶你学堂等。

高校图书馆开设信息素养慕课，不仅可以弥补"面授 +PPT"或"面授 +PPT+ 上机实习"的传统信息素养教育的不足，同时也契合了读者新的学习需求。2014 年 5 月，中国科学技术大学图书馆的"文献管理与信息分析"打响了我国高校图书馆信息素养慕课建设的第一枪，接下来，清华大学图书馆的"信息素养——学术研究的必修课"、华东理工大学图书馆的"文献检索"、武汉大学图书馆的"信息素养与实践——给你一双学术慧眼"、四川师范大学图书馆的"信息素养：效率提升与终身学习的新引擎"、成都航空职业技术学院图书馆的"文献信息检索与利用——让你成为行走的搜索引擎"、华北电力大学图书馆的"相约图书馆"、福建中医药大学图书馆的"文献信息检索"、中山大学图书馆的"信息素养通识教程：数字化生存的必修课"、华南师范大学图书馆的"信息素养：开启学术研究之门"等信息素养慕课也陆续上线。截至 2020 年 9 月，中国科学技术大学图书馆的"文献管理与信息分析"在中国大学 MOOC 平台上线 13 次，累计学员超过 30 多万，超过 80 所高校认可该课程的学分，其中 2020 年 2 月至 6 月的第 12 次开课，学员人数达到 61400 人次[12]，从时间来看应该是跟新冠病毒肺炎疫情有一定关系的。

很多高校图书馆有建设信息素养慕课的需要，下面我们以武汉大学图书馆[13]为例来介绍，供大家参考。武汉大学图书馆的"信息检索"慕课在课程建设上呈现以下特点：①课程总体设计上注重实际应用。讲授如何精准、快捷地获取想要的资源，培养信息素养，以便从容面对信息爆炸的挑战。例如，课程结合电影《搜索》片段介绍信息检索概念及其在实际生活中的应用，学员反馈："课程既贴合实际生活，又对专业知识做了讲解，收获很大"。②课程内容设计注重结合国际信息素养能力标准。例如，贴合 ACRL 的《高等教育信息素养框架》，武汉大学图书馆"信息检索"慕课将数据素养、媒体素养相关知识纳入到整个课程中，第 12 讲中介绍了大数据的概念和特点，第 3 讲中讲授了如何利用新兴媒体工具（豆瓣、微博等）获取研究资料、竞争情报等有价值的信息。③教学内容碎片化与模块化。"信息检索"慕课采集的媒体素材多以短小精悍为主，视频素材多为片段形式，电影素材多以 3 分钟以内的片段为主，文本素材多为简洁的提纲式短语形式。④注重课程的互动性。"信息检索"慕课采用 QQ 群、课程论坛、微博等方式进行在线交流和讨论，加强与学生的交流与互动。⑤建立多元考评体系。"信息检索"慕课的考核方式为单元测验占 30%，单元作业占 10%，课程讨论占 30%，考试占 30%。⑥注重利用开放存取资源，解决课程建设所遇到的资源版权障碍问题。像"信息检索"慕课的拓展阅读资料均来自网站公开的免费资料，视频均来自优酷等免费视频网站。

对于技术、人员、经费等实力雄厚的图书馆来说，可以自己建设慕课。对于自身资源缺乏的图书馆来说，使用网络平台上其他馆的慕课，采用链接推广或组织观看等方式，也可以弥补自身不足，为本校读者提供丰富的信息素养教育资源。

3. 翻转课堂

"翻转课程"译自"Flipped Classroom"或"Inverted Classroom"，是指重新调整课堂内外的时间与安排，将基础知识的学习转移到课前，学生可以通过观看网络视频、音频等完成基础知识的课前学习，在课堂上，进行更深层次的学习，比如通过研讨式、案例式等学习方式，与老师、同学思想碰撞，消化知识、激发灵感。翻转课堂的重点在于，将传统课堂的知识讲解作为课前预习内容，放在课堂时间之外，课堂上进行问题讨论，完成讨论、分析、创作等高层认知活动。翻转课堂的出现，改变了传统文献检索课"教师教、学生听"的填鸭式教学模式，更多培养了学生自主学习、协作式学习、探究式学习的良好习惯。

基于翻转课堂的信息素养教育需要结合其特点，合理安排教学。在课前，馆员要做好备课，准备好学生需要的课前学习资料，比如相关学习视频、音频等，并将资料上传至相关教学平台，督促学生进行课前预习并完成课前作业。在课中，主要是师生线下研讨，馆员注重引导学生进行师生互动和小组研讨，结合课前作业的情况，对存在的问题进行针对性讲解，也可以课上布置检索题目让学生进行上机操作等。在课后，馆员要完成跟踪辅导、反思总结、考核评价等活动，及时收集学生的学习反馈，建立多元化的评价考核体系。

鉴于 MOOC 课程的丰富资源优势，也有高校图书馆在探讨基于 MOOC 的高校信息素养教育翻转课堂，这种模式融合了网上学习的便捷性和线下教学的高效性，相互促进，形成互补双赢的局面，共同推动信息素养教育的教学质量提高。

4. 信息素养教育游戏

一说到教育，很多人就会想到上课、讲座，这种认识未免偏颇。信息素养教育实施过程中，可以多种方式并存，每种方式都针对不同人群的需求特点，尽量发挥其优势。伴随着互联网成长起来的 00 后已然成为高校图书馆的最大用户群，他们对游戏的热衷程度超过以往各代。随着在线教育游戏的兴起，国内外高校图书馆也将游戏化的思想应用于信息素养教育实践中，产生了不少实用、有趣的游戏，从而增加趣味性和学生的参与度。前面的新生入馆教育中也有提及。小游戏可以用于在线闯关，也可以用于课堂上活跃课堂气氛、寓教于乐。游戏的类型以智力问答闯关居多，也有角色扮演类游戏和类似寻宝类这样的休闲小游戏，等等。

国外的案例，诸如：爱尔兰都柏林大学信息素养教育课堂上针对信息源选择设计的"数据源——数据源功能对比"比对粘连游戏、针对"布尔逻辑正确使用"设计的纸牌配对游戏、针对"校外用户利用图书馆资源步骤"设计的"踩石头过河"游戏；美国田纳西州大学图书馆开发的逃亡游戏"藤街的噩梦"（Nightmare on Vine Street）则需要游戏玩家熟练掌握图书馆资源利用方法，打败僵尸，才能逃离游戏中的午夜图书馆；美国印第安纳州宾夕法尼亚大学图书馆开发的"危险中的星球"（Planet in Peril）则将故事场景放在某三维的大学校园环境中，面对外星人的入侵，游戏者以"拯救者"身份出现，用科研诚信的知识驱赶外星人离开校园[14]。国内高校图书馆的案例，诸如：清华大学图书馆"爱上图书馆之排架也疯狂"，是一款虚拟现实类游戏，主要帮助学生掌握图书馆排架规则，能够快速找书；武汉大学图书馆的"拯救小布"，是一款剧情类网络游戏，帮助新生了解图书馆的资源与服务等；湖南大学图书馆"知识闯关"，基于实景的虚拟现实帮助新生了解图书馆[15]。

关于游戏的实现，有技术和馆员实力的图书馆可以组织团队自行设计并开发，而小型图书馆则可以考虑跟供应商合作开发，也可以改造第三方商业游戏，或者复用其他学校的游戏模式，毕竟各高校图书馆在资源与服务上差异都不太大。

需要强调的是，信息素养游戏只是常规信息素养教育形式的一个补充，并不能取代传统的课堂和讲座模式。

二、高校信息素养教育实施建议

（一）因校制宜，合理制定信息素养教育规划

必须基于本校读者的实际能力和需求，构建多元化信息素养教育体系。诸如：选择什么样的信息素养教育方式？侧重讲哪些方面的内容？针对低年级学生、高年级学生、研究生及教师等不同群体是否有不同的教学计划及目标？等等。因此，对读者需求的调研就显得越发重要，可以通过问卷调查、访谈等了解他们的情况，并在调研的基础上，总结经验，找出问题，合理构建契合本校信息素养培养的框架体系。

（二）多方协作，加强图书馆与学校教务处、相关学院、相关科研人员等的合作

开设学分课程、开展嵌入式信息素养教学，这些都是单凭图书馆一己之力难以顺利开展的。图书馆要争取学校的经费支持，并对参与课堂教学的信息素养馆员在课时等方面给予合理的认可。特别是学校及学院的政策支持非常重要，比如学校管理层是否将信息素养能力水平纳入学生能力评价体系中，院系是否将信息素养教育纳入到专业培养体系中。另外，也可以尝试加强跟其他高校图书馆、校外机构以及数据库商的合作，扩大信息素养教师队伍。

（三）关注成效，做好信息素养教育评估工作

开展信息素养教育工作，我们不能只顾闷头干活，还必须看结果，要对教育过程及教育效果进行科学判定，促进信息素养教育的良性发展。拿我（卢振波）

的经历来说，1999年起，我开始参与北京大学图书馆的讲座，当时我们每场讲座结束后，都会给读者发送课程反馈调查问卷，并当场回收，及时了解学生的学习情况，收集读者反馈有助于为馆员调整课程内容提供参考意见。目前，不少馆也会用新的手段，比如扫二维码提交调查问卷。当然，除了问卷调查方法，还有量表、考试、访谈、综合报告、焦点小组等多种评价方法，都能对图书馆相关讲座、课程、入馆教育等教育成效进行测评。

（四）多措并举，做好信息素养教育宣传推广工作

俗话说得好，酒香也怕巷子深，该吆喝的时候就得吆喝。在图书馆内部和周围宣传区域设置标语、二维码等标志性海报；走出图书馆，走进校园，在食堂、宿舍等人流密集的区域放置易拉宝，组织宣传活动；通过跟图管会等学生组织的合作，利用其人脉，联合开展宣传活动；通过图书馆网站、微信、微博等方式发布讲座信息，也可以进入教师群或者由学校相关职能部门在他们的工作群转发讲座信息。

参考文献

［1］教育部关于印发《普通高等学校图书馆规程》的通知［EB/OL］.［2020-08-13］. http://www.moe.gov.cn/srcsite/A08/moe_736/s3886/201601/t20160120_228487.html.

［2］王春生.国内信息素质研究概述［J］.图书情报工作，2002（11）：37-42.

［3］焦海霞.美国爱达荷大学信息素养教育案例剖析与启示［J］.图书馆学研究，2019（2）：18-25.

［4］杨鹤林.英国高校信息素养标准的改进与启示——信息素养七要素新标准解读［J］.图书情报工作，2013（2）：143-148.

［5］曾晓牧.高校信息素质能力指标体系研究［D］.北京：清华大学，2005：5.

［6］洪跃，付瑶，杜辉，等.国内高校图书馆信息素养教育现状调研分析［J］.大学图书馆学报，2016（6）：90-99.

［7］唐权.基于学习过程的嵌入式信息素养教育实践［J］.图书情报工作，2015（S1）：222-225.

［8］朱红艳，陈一梅，姜静华，等.高校图书馆嵌入式信息素养服务的可持续性成效研究［J］.图书情报研究，2020（2）：13-21.

［9］刘庆庆，何燕君，杨新涯，等.高校图书馆嵌入式信息素养教育模式研究——以重

庆大学图书馆为例［J］.图书情报工作，2018（16）：47-54.

　　［10］王波，周春霞，陈凌，等.积极融入新冠肺炎疫情防控大局，切实创新非常时期服务策略——全国高校图书馆疫情防控期间服务创新情况调研报告［J］.大学图书馆学报，2020（2）：5-17，29.

　　［11］陈晓红.大数据时代的信息素养教育理论与实践［M］.成都：西南交通大学出版社，2017：9.

　　［12］文献管理与信息分析［EB/OL］.［2020-09-07］.https://www.icourse163.org/course/USTC-9002?tid=1450227490.

　　［13］蒋丽丽，陈幼华.国内外高校信息素养MOOC关键成功因素研究［J］.图书情报工作，2015（15）：62-67.

　　［14］苏云.高校信息素养教育游戏化策略［J］.图书情报工作，2014（8）：53-58.

　　［15］刘雅琼，李峰.我国高校图书馆信息素养教育游戏的案例调查与方案设计［J］.图书与情报，2017（2）：91-96，16.

思考题

1. 对大学生开展信息素养教育有必要吗？为什么？

2. 信息素养教育培养内容包括哪些？

3. 从事信息素养教育的工作人员如何增强自身能力？

4. 如何开展信息素养教育？形式有哪些？

5. 如果由你开展信息素养教育，你更愿意选择何种教学方式，为什么？

6. 根据本讲内容，你认为你所在的图书馆在信息素养教育方面存在哪些问题？可以吸收哪些新的方法？

第六讲　从数字图书馆到智慧图书馆

黄　晨　佘静涛[*]

随着大数据时代的来临、物联网的蓬勃发展、智能化设备的普及和社会的发展，数字图书馆已经很难满足用户日益多样的需求。图书馆为了提升服务能力，实现可持续发展，正在积极探索如何从数字图书馆向智慧图书馆过渡和转型。

第一节　数字图书馆

随着数字化与网络化技术的发展，越来越多的数字信息通过网络与数字化手段生成，网络也在不知不觉中成为信息的主要传播渠道之一，图书馆收集、整理、保存与传播知识的功能遇到了前所未有的挑战。数字图书馆作为基于网络环境的一种新的信息资源组织与服务方式应运而生，它致力于成为未来社会公共信息服务与知识服务的中心和枢纽，在世界各国受到广泛关注并被积极研发。图书馆界更是将数字图书馆作为网络环境和数字环境下图书馆新的发展形

　　*　黄晨，浙江大学图书馆副馆长，研究馆员。同济大学工民建专业毕业，浙江大学历史学硕士。2009年起任浙江大学图书馆副馆长，兼任"大学数字图书馆国际合作计划"（CADAL）项目管理中心秘书长、副主任，数字图书馆教育部工程研究中心副主任，教育部高等学校图书情报工作指导委员会委员，全国图书馆标准化技术委员会副主任委员等。主要致力于数字图书馆规划与建设、古籍碑帖保护与研究，主持和参与国家"863"计划项目、"科技支撑计划"项目、国家自然科学基金项目、中国工程院咨询项目等多项。

　　佘静涛，浙江工业大学图书馆副研究馆员。浙江工业大学计算机应用技术硕士，CCNA网络工程师。善于利用计算机技术解决工作中的实际问题，拥有多个计算机软件著作权，主要致力于数字图书馆、数据分析、人工智能方面的应用研究。

态，积极投入建设。由于数字图书馆建设的最终目标是实现对人类知识的普遍存取，因此，数字图书馆中所包含的信息内容就是一个数字图书馆的核心，也是数字图书馆提供服务的基础[1]。

1995 年，我国图书馆界开始引入数字图书馆概念，并在跟踪国外数字图书馆理论研究与实践发展的基础上，开展适合于中国国情的数字图书馆建设。经过多年的建设历程，初步形成了由国家性、区域性、商业性及个体性数字图书馆组成的全国数字图书馆建设与服务体系[2]，在数字图书馆资源建设、技术架构、标准规范、服务等方面取得了令人瞩目的成果。尤其是在数字资源建设方面，经历了由被动建设到主动规划、由封闭建设到逐步共享、由不重视标准规范到重视标准规范研究、由忽视知识产权保护到尊重知识产权的发展历程[1]。最初的十年间，我国图书馆界在很多方面都做出了有益的实践，并在实践过程中经历了探索与困境。

一、概念与实践

数字图书馆通俗理解就是用数字技术来收集管理信息资源，但它并不是指图书馆网页或者几个数据库的简单汇总，而是通过信息技术将传统图书馆的资源、服务进行数字化重塑，从而突破时空限制的新一代图书馆形态。数字图书馆具有的信息资源数字化、信息传递网络化、信息利用共享化、信息提供知识化、信息实体虚拟化等特点，对传统图书馆在图书馆理念、馆舍建筑、组织机构、资源建设、技术服务、读者工作等诸多方面都产生了深远的影响[3]。

近年来，数字图书馆在面临良好发展机遇的同时，也面临着更大的挑战。信息环境的快速变化，对数字图书馆的技术、资源和服务诸方面提出了全新的要求，并迫使数字图书馆做出更迅速的响应，及时制定和调整发展规划，实现技术、资源和服务的平衡协调发展[4]。下面分别从技术升级、资源复合和服务在线三个方面简单介绍这些年来数字图书馆是如何做的，在第（四）部分介绍 CADAL 和 CADLIS 数字图书馆共建共享实践案例。

（一）技术升级：图书馆自动化系统和图书馆门户

图书馆自动化系统和图书馆门户是图书馆应用中至关重要的两个系统。前者作为长期以来图书馆基础工作的保障，依然会在可以预见的将来作为图书馆业务和服务工作的依托，持续发挥重要的作用；后者是顺应数字图书馆发展而新兴的系统，其应用将使得图书馆在数字资源的组织、管理和提供服务方面迈上一个新的台阶[5]。

进入 20 世纪 90 年代后期，数字图书馆作为国家信息系统中的重要组成部分，在技术层面上需要一批适应的图书馆自动化集成系统的支持，在社会层面需要满足读者对图书馆信息存取提出的更高的要求。在这两个层面上，开发新一代图书馆自动化系统，便成为提升我国图书馆自动化水平的重要课题。这个时期，诸如 ILAS（深圳图书馆）、GDLIS 金盘图书馆集成管理系统（北京鑫磐鹏图软件技术有限公司）、汇文文献信息服务系统（江苏汇文软件有限责任公司）等一大批系统将数字图书馆作为系统的总体框架，构筑出新的系统功能，并且体现出新的技术特征。90 年代后期发展起来的这些图书馆自动化集成系统体现出新的技术特征。

在系统功能方面：①图书馆业务功能齐全，系统由采访、编目、典藏、流通、信息发布、检索、行政管理、办公自动化等 8—10 个子系统构成，基本能完成图书馆的业务工作；②设计对象是以图书馆工作人员使用为主，但已把为读者服务放在了重要位置。例如：设置了读者咨询、读者信息反馈等交互功能，与社会联系更密切；③大多数系统都可以支持 CNMARC、USMARC、LCMARC 及全文、书目、多媒体等多种数据格式。

在技术特征方面：①系统结构大多数采用 C/S 或 B/S 形式，服务器、客户端以 UNIX、AIX、Solaris、LINUX 等操作系统及 WIN/NT 为平台，以图形、事件驱动界面，移植性好，并有大、中、小型图书馆使用的不同版本。②利用 Internet 网络技术、Web 数据库技术以及分布式数据库管理系统 LDBMS，支持 SQL Server、ORACLE、SYBASE、INFORIX、DB2 等，使用了当时先进的 VB、PB、VC、JAVA 等开发工具技术。③大多数系统采用了国家、国际相关标准、协议。如：TCP/IP 网络通信协议、HTTP 协议、Z39.50 接口、ISO 2709（MARC 的一种标准）的数据通信格式，以及与 ISO 10646 兼容的汉字大字符集等[6]。

同时期，新兴的图书馆门户是一种新型的信息资源组织和一站式服务的集合体，满足不同人群对资源主体、载体的获取等个性化需求[7]。图书馆门户主要设计思路是在沿袭传统的图书馆自动化系统结构的基础上，强调基于网络的内容传递功能和个性化、推送式服务，具体说来，就是在保持采访、编目、流通和期刊控制这些基本模块的功能基本不变的同时，全面强化面向用户的

OPAC 功能，其目标是在互联网上"克隆"图书馆的整套服务，将传统的图书馆资源与可以在互联网上获取的资源融合在一起，为用户提供一个包罗万象的互联网访问门户。在这种门户中可以获取的资源包括：本馆书目的增强内容、多馆书目、网络资源和多媒体资源。其中本馆书目的增强内容包括图书的封面图像、目次、作者传记、摘要评注及部分章节的全文等[8]。

90 年代，很多图书馆仅仅是以建设一个图书馆门户作为其数字图书馆。随着数字图书馆的发展，数字图书馆门户与自动化系统的融合成了一种趋势。一方面，图书馆自动化系统需要借助门户平台来推广其服务；另一方面，数字图书馆的发展离不开对传统资源的揭示和服务，而图书馆自动化系统作为揭示和管理传统资源的最有力工具，自然而然地成为数字图书馆门户的有机组成部分，所以，传承传统图书馆的服务是数字图书馆门户的发展原则之一。此外，进入 21 世纪，国内高校图书馆的发展正处在对信息资源整合的时期，将图书馆自动化系统与数字图书馆门户进行整合，有着非常重要的现实意义[5]。这个时期，北京大学图书馆对 Unicorn 图书馆自动化管理系统进行二次开发，并在此基础上，建设北京大学图书馆的"数字图书馆门户"，该门户基本实现了与图书馆自动化系统的融合。北京邮电大学图书馆实现了图书馆门户与图书馆自动化系统在用户信息上的集成、定制信息的自动提取和推送、利用 LDAP 实现统一认证等。

（二）资源复合：印本资源和数字资源

几个世纪以来，印本资源始终是图书馆主要的收藏与工作对象，承载着传播知识文化的重要职能。随着数字资源及网络技术的兴起，人们逐渐更多地通过网络在线获取所需数字资源，印本资源的使用受到了极大冲击，而在这场备受关注的虚实之争中，图书馆更是站在了资源建设的岔路口。关于印本资源的前景，美国大学与研究图书馆协会在其《大学图书馆员的未来思考：关于图书的未来情景分析》研究报告中运用情景分析的方法，指出了未来可能出现的 4 种情景，得出结论"印本资源并不会消失或消亡，但在以数字资源和数字图书馆不断增值为特点的技术生态环境中会占据不同于以往的位置"[9]。同时，根据国外的调查，用户对印本资源仍十分看重，主要原因是人们熟悉它们，知道怎样获取和利用，并认为它比数字资源更具有权威性。当然，对印本期刊和电子期刊的重视程度，不同的学科情况是不同的[10]。基于此，在非常长的时期内，印本资源和数字资源都会同时存在。图书馆需要资源复合，即有机融合传统图书馆与数字图书馆，集印本资源与数字资源、本地信息与远程网络信息资源为一体，并为读者提供无缝存取的一站式服务。

2000 年后，在数字资源繁荣发展的 20 多年里，图书馆在数字资源领域的理论与实践研究方面取得了大量值得借鉴的成果。例如：倪红华、周雪伟等在研究影响数字、印本资源配置及数字资源采集的多种因素的基础上，指出应该通过调研与分析不同层次读者的文献需求特点、阅读倾向及检索心理，并结合学校学科或专业设置现状，研究本馆馆藏结构、文献特征及不同文献利用率，科学配置电子、印本资源，并构建资源跨类型、跨载体的一站式检索体系[11]。马先皇通过对国内 20 所高校图书馆的数字资源整合的方式、整合的类型、整合系统的功能等的调查分析，认为我国高校图书馆数字资源整合存在整合层次较低、缺乏资源组织的规范与标准、技术力量薄弱、无联合整合意识以及国内缺乏有影响力的系统等诸多问题，并针对这些问题提出了我国高校图书馆数字资源整合的建议：①基于服务的整合成为数字资源整合的主流发展趋势；②遵循标准化原则；③整合范围与规模不断扩大；④走联合整合之路；⑤加强整合技术培训，建设一支资源整合的专业人才队伍；⑥以 CALIS 统一检索系统为依托，构建国内最具影响力的产品[12]。刘素清认为数字资源的管理关键不是系统问题，而是图书馆流程和架构的重组问题，图书馆必须调整业务流程，进行机构重组，才能适应电子资源的发展和管理要求。她提出新的组织机构可以有多种方式，主要取决于电子资源以及相关服务跟传统部门之间的联系[13]。化秀玲通过梳理国内外高校图书馆数字资源服务评价现状，探察当前数字资源评价的方法、可操作性，剖析存在的问题，构建多维视域下高校图书馆数字资源服务绩效的评价指标体系。该体系包括数据库内容评价、数据库检索功能评价、数据库利用情况评价、数据库成本评价和数据库提供商服务 5 个一级指标和 25 个二级指标[14]。

（三）服务在线：物理空间和数字空间

传统图书馆时代，图书馆作为一种有形的存在，物理空间是其固有属性之一，图书馆作为人类社会一种重要的公共文化设施，在空间本体的意义上讲，主要偏重于单个图书馆物理空间的建构[15]。传统的图书馆空间是存放各类型载体文献并提供读者服务物理空间的集合，是读者阅读、欣赏、休闲与交流的文化场所，在这个空间里进行所有的图书馆业务运行，它是各种技术及通讯活动的发生场所[16]。

数字图书馆时代，图书馆将数字资源作为存储对象，利用网络传输，为信息需求者提供了高效、快捷的数字化信息服务，使之可以拥有海量的各种媒体介质的数字化信息资源[17]。通过数字图书馆，我们可以获得 7×24 小时的服务，且大部分的服务都可以在线上获得。与传统图书馆相比，数字图书馆的分布式、网络化特征极大地方便了用户，但是数字图书馆缺乏交互性，在与读者互动、感应方面远不如传统图书馆；可视化方面，绝大多数数字图书馆都是以二维的方式进行展示，欠缺立体感和真实感，这也在一定程度上影响到数字图书馆的服务[18]。由此，我们希望能够进一步推出图书馆的数字空间，或者叫虚拟空间，能够通过计算机技术、现代通信网络技术和虚拟现实技术的综合应用实现网上研讨、网上会议、网上讲座等线上服务功能。参与的用户就如同身临其境，他可以倾听或看到别人的发言，也可以用键盘和语音参与发言。人们可以很方便地与他人一起探讨问题、深入问题，得到启发和帮助，最终产生新概念和获得新概念[19]。这里所指的数字空间是一种以沉浸方式模拟实在世界的虚拟实在系统，即一种由计算机生成的三维虚拟世界[20]，它存在于网络，用数字的方式再现真实的图书馆，进而像《黑客帝国》所表现的那样构建一个虚拟图书馆。比如我们每个图书馆都有的研修间，允许团队在研修间进行讨论，数字空间就是要提供一个在线的研修空间，当学生预约研修间的时候，就同时开通了在线的研修空间，可以预先把需要讨论的课件、PPT、文献上传，小组成员可以在线浏览并提出意见，然后通过图书馆的实体空间或者网络参与讨论。讨论结束以后，在线的研修空间也不会关闭，可以继续提供存储服务和在线的交流服务。这样的数字空间使得读者拥有更灵活的知识获取方式，它将图书馆的多元化知识服务由传统的物理空间解放到更广泛的虚拟空间[21]。

基于上述认识，很多图书馆进行了物理空间变革和数字空间的实践。像哈尔滨工程大学图书馆就借鉴国内外图书馆的应用经验，结合实际馆情和业务需求，将桌面式 VR 技术应用在图书馆的智能导航、个性问答、关联分析和资源整合等方面，为图书馆服务读者提供了新视角，提高读者使用图书馆资源与服务进行教学和科研的效率[22]。

（四）共建共享：CADAL 和 CADLIS

2000 年，中美两国计算机科学家共同发起了一项国际合作计划，这项由美国国家科学基金（NSF）和中国教育部共同支持的数字化合作计划，分别由美国卡耐基·梅隆大学（CMU）和中国的浙江大学牵头，开始了大规模数字化资源工程（Mass Digitization）——百万册图书项目（Million Book Project，MBP）。2002 年项目中方被定名为高等学校中英文图书数字化国际合作计划（China-America Digital Academic Library，CADAL）。2009 年 8 月，更名为大学数字图书馆国际合作计划（China Academic Digital Associative Library，仍简称 CADAL）。2002 年，CADAL 与中国高等教育文献保障系统（CALIS）一起共同构成中国高等教育数字化图书馆（China Academic Digital Library & Information System，CADLIS）的框架，成为国家重要的信息基础设施之一[23]。

CADAL 项目的建设把中国高校图书馆由购买资源共享推到了资源的共建共享，建成了拥有超过 250 万册中英文电子图书的全球最大公益性数字图书馆，使得信息高速公路上有了真正意义上的"国产车"[24]。CADAL 项目建设的总体目标是：建设面向教育和科研的百万册图书规模的数字化文献资源，构建拥有多学科、多类型、多语种海量数字资源的由国内外图书馆、学术组织、学科专业人员广泛参与建设与服务，具有高技术水平的学术数字图书馆，成为国家创新体系信息基础设施之一，其整合规模和整体服务能力将达到国内领先、国际先进的水平[25]。项目以"共建共享"理念为指导思想，以先进的技术手段，全面整合国内高校图书馆、图书情报服务机构、学术研究机构所拥有或生产的各类信息资源及其相关服务，有重点地引进、共享国际相关机构的各类信息资源与服务。对包括书画、建筑工程、篆刻、戏剧、工艺品等在内的多种类型媒体资源进行数字化整合，项目建成的资源覆盖理、工、农、医、人文、社科等多种学科，通过因特网提供一站式的个性化知识服务，向参与建设的高等院校、学术机构提供教学科研支撑。CADAL 项目解决了数字图书馆中海量数字内容的管理服务、分析检索、内容创新设计和个性化推荐等关键技术问题，构建了体系完整、特色鲜明的数字内容技术支撑平台。

CADLIS 项目包括两个专题，即 CALIS 和 CADAL。其中，CALIS 的主要任务是："整合国内外各类信息服务机构、教学科研机构、各类信息网站丰富的信息资源（包括纸本资源和数字化资源，也包括 CADAL 建设的资源）和应用服务，并以中心集成系统与云计算平台等技术手段全面支持各高校数字图书馆的主要业务流程，建成功能完善、资源丰富、技术先进的分布式高等教育数字图书馆。"CADAL 的主要任务是："通过对多种媒体类型的学术资源进行数字化整合，构建拥有多学科、多类型、多语种海量数字资源、具有高技术水平的学术资源中心，与 CALIS 共同构成高等学校数字图书馆，成为国家创新体系信息基础设施的重要组成部分。"[23]

二、探索与困境

随着信息技术的进一步发展，经过第一轮数字图书馆热潮以后，2010 年前后，数字图书馆遇到了瓶颈，其发展面临困境。存在的主要问题有技术问题、用户使用问题、建设中的标准化问题、数字资源版权问题以及图书馆员的素质要求问题。为了解决发展过程中出现的这些问题，图书馆界在不同的领域积极探索，希望能够找到解决问题的途径和数字图书馆的突破点。

（一）统一检索与发现系统

馆藏信息资源日益朝着数字化、网络化的方向发展，呈现出学科广泛、类型多样、数量巨大、增长快速的特点，丰富的资源在满足用户需求的同时，也给用户的资源利用带来了极大的不便。一方面，海量的资源处于分散、无序、互不关联的状态，使用户陷入资源迷航的困境；另一方面，不同的资源在数据结构、组织分布和访问方式等方面的差异，造成了信息孤岛的问题。用户在利用馆藏资源时普遍感到操作方法复杂、检索过程烦琐、检索效率低下[26]。因此图书馆需要对所有的馆藏信息资源进行整合，保证印刷和数字文献的统一检索和定位，建立读者检索的单一入口和知识服务。为此，图书馆一直致力于资源整合系统的开发，先后推出了馆藏书目系统（OPAC）、数据库和期刊导航系统以及联邦检索系统等，但这些应用系统均存在诸多局限，无法满足数字图书馆用户的需求。基于此背景下，资源发现系统应运而生。

资源发现系统基于数据资源整合技术（数据资源整合技术是深入到数据结构，通过统一的检索机制实现异种库的检索），其对海量的来自异构资源的元数据和部分对象数据通过抽取、映射、收割、导入等手段进行预收集，通过归并映射到一个标准的表达式进行预聚合，形成统一的元数据索引[27]，实现对所有馆藏实体和虚拟资源以及网络免费资源的全面整合，在单一的检索框架内完成一站式搜索，同时以超链接技术作为文献获取的主要手段，为用户提供快速、简单、易用、有效的资源发现与传递服务。其资源主要来自于本地馆藏资源、电子期刊／数据库、数字资源和开放获取资源等，包括图书、期刊、电子书、期刊文章、学位论文、多媒体资源、报纸文章等多种类型[28]。目前，国外的资源发现系统主要有 EDS、Primo、Summon、WorldCat Local 四种；国内主要有 e 读、读秀、超星学术发现系统、指针搜索、百链、EBSCO& 南大数图 Find+、CNKI 学术搜索等[29]。经调查，国内 39 所"985 工程"高校全部拥有资源发现系统，覆盖率达到 100%。虽然资源发现系统在各图书馆得到了广泛应用，但主要还是作为"一站式"检索门户，远远没有发挥出系统成效评价、定量分析图书馆用户行为、文献资源建设、为相关工作优化与创新提供数据支持等方面应有的功能[30]。

（二）移动图书馆

数字图书馆服务的理想目标就是信息服务无时不在、无处不在，任何用户可以在任何时间、任何地点获取图书馆的任何图书资源。而随着移动通信技术时代的到来，高速无线网的快速发展，移动图书馆的出现使得数字图书馆服务的这一目标变为可能。

"移动图书馆"一词原指图书馆推出的移动书车服务，目前已经演变为指图书馆面向用户的手机、PDA 等移动手持设备推出的数字服务[31]。移动图书馆服务是移动网络环境下对图书馆服务的进一步扩展，主要的目标功能有三部分：①用于信息发布、参考咨询的移动图书馆门户站点；②支持各类移动终端设备的移动 OPAC；③通过移动终端对资源进行检索和查看的数字移动图书馆[32]。移动图书馆基本的构架包括三个组成部分：移动终端、移动网络和移动图书馆应用服务平台。其中，移动图书馆应用服务平台包括基本操作系统、中间件、应用程序框架和引擎及接口、应用程序，实现的模式较为多样，总的可归结为以下几种模式：①基于 WAP 的移动图书馆服务；②智能手机应用程序 APP 的开发；③ QR 二维码的应用；④短信服务平台的新拓展；⑤基于物联网的智能图书馆系统；⑥数据库的移动阅读和获取[33]。移动图书馆构建中的难点主要有：①图书馆的数字资源系统和格式不统一；②移动终端所用操作系统类型繁杂，屏幕尺寸规格各异；③知识产权保护；④用户隐私保护。

实践中，有的图书馆利用短信服务平台提供新书推介、讲座通知、欠费提醒、逾期催还等信息服务；有的图书馆利用移动网站提供书目期刊检索、图书馆视频、馆藏信息等服务功能；还有的图书馆利用移动应用（application，APP）实现二维码、简易信息聚合（really simple syndication，RSS）、基于位置服务（location based service，LBS）、增强现实（augmented reality，AR）等应用服务[34]。可见，移动图书馆的出现给图书馆服务创新带来了机遇，但更多的是挑战。因为移动互联网改变了读者使用 IT 技术的基本方式，扩展了虚拟和现实的互动方式和情境，改变了读者获取信息的途径，必将给图书馆带来新一轮的技术和业务发展挑战。

（三）信息共享空间（Information Commons，IC）

随着信息技术的日新月异，数字图书馆的服务理念也在不断创新和进步，在学科交叉和合作趋势日益加强的情形下，科研人员和师生在学习和研究时需要全维信息保障（7×24 小时的数字资源、自助服务等），更依赖团队协作，图书馆的空间必须以数字化资源和无缝信息交互全面促进用户的信息共享和合作。信息共享空间正顺应了这一趋势，它在 20 世纪 90 年代出现于美国高校图书馆，将实体空间与虚拟环境紧密结合，方便获取所需资源、进行借还书、与同伴进行科研协作与信息共享等活动[35]。上海图书馆馆长吴建中于 2005 年首先将信息共享空间的概念引入中国，他将信息共享空间定义为一个综合性的动态信息服务交流空间[36]。在此之后，我国图书馆界逐渐开始重视对图书馆信息共享空间的建设，通过吸收、参考国外建设的成功案例，研究信息共享空间建设理念，建设具有自身特色的信息共享空间，发展符合自身条件的信息共享空间服务。国内各高校如浙江大学图书馆、复旦大学图书馆、北京大学图书馆、清华大学图书馆以及中国科学院国家科学图书馆等，都率先实践了信息共享空间服务理念[37]。上海交大图书馆还提出了 IC^2 的概念[38]。浙江大学图书馆通过反复用户调研，了解到新一代学习者需要的是社交网络、隐私维护、身份管理、内容创建、内容组织、重复利用、过滤和选择以及自我表现等，他们迫切需要的是能够对用户提供透明服务、并整合了获取、利用和创造信息功能的可变的合作学习空间。基于前期的调研和规划，浙江大学图书馆提出了 Information HUB 的概念，实施构建了包括学习空间、知识空间、研究空间、文化空间、多媒体空间、创新空间等一系列功能空间的新型信息共享空间[39]。信息共享空间不是电子阅览室的简单改造，也不是虚拟资源概念下的数字图书馆，而是综合了实体空间、虚拟资源和技术的开放获取环境下的学习交流空间[40]。IC 的核心理念主要体现在以下几个方面：

（1）一站式服务。IC 整合计算机软硬件设施和图书馆各种资源于一体，帮助用户尽可能在最短的时间内获得最大的资源满意度。

（2）用户信息素养教育。IC 集合了大量技能熟练的图书馆参考咨询馆员、IT 专家、学科馆员、科研教职人员等，有利于针对用户开展各种类型的教育和帮助，提升用户利用信息资源的能力和水平，提高用户信息素养。

（3）协作学习环境。IC 旨在提供一个可供用户学习和交流的环境，在为个体用户提供舒适的自主学习环境的同时，也为团队学习和协作项目提供空间和设备，希望在一种轻松自由的环境中，加强交流与协作，实现灵感的碰撞，帮助用户完成知识创作[41]。

IC 建设源于图书馆对高等教育改革和学习方式变化的积极应对，是图书馆转型服务模式的重要契机。它的设计规划的起点和落脚点都是为了更好地支持学习活动的进行，它将会随着用户研习方式的改变而不断改变[42]。

（四）新媒体应用

随着信息技术和通信技术的飞速发展，新媒体应运而生。新媒体目前为止没有一个统一的定义。一般来说，新媒体是相对于传统意义上的报刊、广播、电视这些大众传播媒体而言的，是指随着传播新技术的发展和传媒市场的进一步细分而产生的新型传播媒体[43]。新媒体主要有移动传媒、数字电视、网络媒体三个类型。具体来说，移动媒体是指在无线网络下传播的短消息、WAP（无线应用协议）网页、多媒体短消息等多种媒体形态；数字电视主要是指将数字技术全面贯穿于采集制作、编辑传播、接传电视节目的整个过程；网络媒体则是指相关人员在各类型数字信息传输网络中构建以计算机为核心的独立站点，并提供相应的信息新闻服务，如网站、博客、搜索引擎等[44]。

图书馆可以利用数字电视所具备的交互功能，进行相关接口的有效开发，连接数字电视与数字图书馆；可以利用手机和移动端的技术帮助数字图书馆实现服务时空的有效延伸；可以利用 RSS 技术将更新内容及时提供给用户；可利用微信公众号搭建图书馆微信服务平台，对接图书馆业务系统，实现个性化服务；可利用短视频及时有效地向读者发布信息，进行阅读推广，从而构建传播矩阵，提升图书馆形象。现在，越来越多的图书馆设置了微信公众号和微博，甚至于开通了抖音或者哔哩哔哩账号，利用新媒体为图书馆赋能。浙江工业大学图书馆利用 Java 反射机制，使用微信公众平台的 API 接口，利用 JAVA 编程语言和 Hibernate 数据库框架，自主设计和开发适用于图书馆的微信服务平台。该馆还利用微信平台易于扩展的特性，先后推出图书自助借还、图书续借、图书转借、存包柜查询、培训课程预约、电子借阅卡、入馆预约、智能虚拟参考咨询和网络系统管理等多种图书馆个性化服务，不仅为图书馆读者提供了方便，同时也为系统管理员提供了便利。截至 2021 年 3 月 15 日，浙江工业大学图书馆微信公众号关注人数 40345 人，与图书馆账号绑定的用户 29929 人，很好地利用新媒体为图书馆赋能。

新媒体不但将传统的文本格式以图文并茂的形式展示给读者，还可以提供图片、表情、动画、音视频、音乐短片等多种形式，给读者形成一定的视觉冲击和美观感受，使读者易于理解，便于记忆。依托新媒体呈现的内容不受时间、地点、空间的限制，读者可以随时随地享受资源查询、信息推送、活动报名等全天候、全方位、即时性、交互性的信息服务。既可以提高服务的效率，又能节约读者的时间。总而言之，新媒体给数字图书馆的发展注入了活力，扩展了数字图书馆的服务空间，创新了服务模式，为图书馆服务转型提供了新路径[45]。

第二节　智慧图书馆

数字图书馆经过实践、探索阶段后，内涵进一步丰富，边界进一步拓展，但是也仍然面临着突破的困境，因此图书馆界希望借智慧图书馆来提升数字图书馆的功能。

一、智慧图书馆与前智慧图书馆

"智慧图书馆"（Smart Library）一词，最早于 2003 年由芬兰奥卢大学图书馆的 Aittola 等人提出，他们认为"Smart Library 是一个不受空间限制的、可被感知的移动图书馆服务，它可以帮助用户找到所需图书和相关资料"。此后智慧图书馆便受到国内外不同领域专家和学者们的关注。随着云计算、大数据、物联网等信息技术不断发展，特别是 2016 年 AlphaGo 围棋事件引发了人们对人工智能的关注，关于智慧图书馆建设的研究进一步受到相关学者、图书馆工作人员和政府文化管理部门的高度关注，人们普遍认为智慧图书馆的研究和建设基本具备学科理论支撑和持续发展的环境条件。智慧图书馆到底是什么？美国得州理工大学图书馆 Carrye Syma 等提出了智慧图书馆的三大基本特征：创新、移动与个性化服务[46]。上海社科院王世伟对智慧图书馆的含义、特点、实现模式以及技术应用做了详细阐述，他认为智慧图书馆是图书馆数字化、网络化、智能化，文化全球化与社会信息化在特定历史阶段相互交融结合的产物，是数字化图书馆、复合图书馆发展理念与实践的延续、整合与升华[47]。初景利和段美珍明确了智慧图书馆的构成要素，认为智慧图书馆是智慧化的综合体，由智能技术、智慧馆员和图书馆业务与管理系统这 3 个主体要素相互融合发展而成，是智能技术和智慧馆员作用于图书馆业务和管理体系所形成的智慧系统[48]。

　　智慧图书馆的概念在不断演进重塑，实践也在不断地推进，但目前关于智慧图书馆的研究还远不够深入。首先，智慧图书馆不是一个成熟的概念，没有一个统一的范畴；其次，智慧图书馆的实践还处于初步的探索阶段，没有成熟的建设方法、实施步骤和技术方案。对此，上海图书馆副馆长刘炜认为：国内智慧图书馆除了采用 RFID 技术开发的"无人图书馆"和"24 小时图书馆"等"伪智慧"图书馆，大多还停留于写写文章、发发议论的空谈阶段，基本还是炒作概念。我们认为很多时候所谓的智慧图书馆都是厂商宣传的概念，根本谈不上智慧，充其量就是基于数据的分析和统计，也许称之为前智慧图书馆更合适。数字图书馆的建设过程中，一直有一个复合图书馆的概念（即在非常长的时期内，数字资源和印刷资源都会同时存在，传统的服务和数字的服务也会并存），前智慧图书馆从某种意义上说是对复合图书馆的一种响应，前智慧图书馆是数字图书馆到智慧图书馆的过渡阶段，其过程将会是漫长的。我们认为智慧图书馆的前提是感知，必须在图书馆的物理空间（智慧大楼）和虚拟空间（智慧的线上系统）通过各种感应设备获得读者的数据，在此基础上进行数据分析、建模，才有可能感知和预测读者的需求，从而进行个性化的服务。因此获取数据是最重要的，没有数据，谈不上机器学习，没有数据，更谈不上智慧。虽然国内外学术界对"智慧图书馆"的内涵、定义、服务模式认识不尽相同，但都有一些基本共识：①基于信息技术的智能化馆藏资源管理与服务；②图书馆馆藏资源的 AI 感知、智能化感知，自动知识生成和信息体系优化重构；③实时、便捷、互动、个性化、专业化的分类服务[49]。

二、图书馆大数据与大数据图书馆

智慧图书馆的特征就是收集数据，形成大数据，利用算力配合各种算法进行数据挖掘，来达成各种更精准或更智慧的服务。"大数据"自 2008 年提出以来，受到了业界和学术界的广泛关注，数据大量化（Volume）、类型多样化（Variety）、处理快速化（Velocity）、应用价值大（Value）、数据获取与发送方式自由灵活（Vender）、准确性（Veracity）和处理分析难度大（Complexity）是对大数据特征最全面的描述。随着大数据时代的到来，大数据应用从 IT 领域、商业领域、公共领域拓展到各行各业，图书馆界也不例外，受到了大数据的巨大影响和冲击[50]。

众多学者认为图书馆已具备大数据特征，馆藏书目数据、数字资源数据、业务数据、用户数据等构成图书馆大数据主要来源，通过对这些数据进行科学管理和挖掘分析，能发现其中潜藏的价值，可以为图书馆的资源建设、业务流程改造和服务创新提供支持。对此，我们认为智慧图书馆的智慧来源就是大数据，图书馆大数据分为生产大数据和分析大数据两个方面，大数据图书馆分为大数据收藏和大数据服务两个方面。即图书馆一方面是要收集保存大数据；另一方面，图书馆本身就是一个数据的生产单位，每天都有大量读者进馆，大量的借阅，大量的用户访问数据，这些数据本身就是很好的数据分析和挖掘的对象。

目前，不少高校图书馆收集保存的大数据中还包括科研数据。科研数据也被称为研究数据或科学数据，是指科研人员在科学研究过程中通过科学实验、实际调查等方式产生和获得的数据资料，包括数字、图表、图片、文本、声音和影像等形式[51]。科研数据一直是科学研究的重要组成部分，是科学和技术的命脉，可以说科研数据比相关的已发表的文献对于研究过程来说更为重要[52]。近几年，科研数据管理与服务研究成为学界的新热点，在国内外越来越得到认可。科研数据管理涵盖了数据管理标准制定、元数据创建、语义注释、数据关联、数据发现与共享等活动；而科研数据服务一般包括创造和管理机构数据，提供数据挖掘和可视化工具，对研究人员进行数据管理活动培训，提供机构政策指导，帮助制订数据管理计划和帮助制定数据集元数据，协助解决与科研数据相关的知识产权和隐私权问题等[53]，科研数据服务是科研生命周期中不可或缺的重要环节，它可以通过重复使用数据来扩大研究的边界[54]。图书馆作为信息中心，特别是高校图书馆，为科研提供支持是其重要职责。因此，随着大数据时代的到来，科研人员在数据搜集、数据管理、数据保存等方面面临巨大挑战。在此背景和需求下，图书馆理应拓展其科研支持服务范围，从关注最终科研产品向参与整个研究过程转变，在数据管理的基础上为科研人员提供数据开放、数据推广、数据搜集、数据资源导航、数据存储、数据监护、数据分析等科学数据服务，为研究人员提供全程支持。目前已有一些图书馆开展了科学数据服务实践项目，拓展图书馆开展科学数据服务的服务能力和服务内容，在科学研究中发挥重要作用[50]。

浙江大学图书馆基于这一认识进行了很多大数据图书馆的实践，分别搭建了数据库集群、虚拟机集群、搜索引擎集群和 SPARK 分布式计算集群，并在这些集群的基础上，利用大数据平台 Hadoop 对中文期刊、专利、学位论文、会议论文、成果奖励、图书、SCI、EI、SCOPUS 中的海量数据进行收集和处理，并实现了基于自有大数据的期刊分析和专家库等服务。总而言之，大数据是基础，图书馆要考虑如何去收集、管理、保存这些大数据，并应用这些大数据提供服务。同时，图书馆也要考虑由此引出的隐私保护、数据安全等一系列的问题，其中还包括如何对数据进行脱敏（数据脱敏是指对某些敏感信息通过脱敏规则进行数据的变形，实现敏感隐私数据的可靠保护），如何设定个性化服务的边界等问题。

三、传统与未来

总结 1995 年至今近三十年图书馆的发展历程可以看到，图书馆从传统图书馆慢慢发展为数字图书馆，又将由数字图书馆迈向智慧图书馆。观察图书馆学研究轨迹可以得出，对图书馆理论研究的不断深入正是图书馆学范式研究不断前进演变的过程，因此图书馆的发展历程可以归结为两次图书馆学研究范式的转变。

自图书馆学诞生以来，图书馆界的学者围绕图书馆学的现象与本质、发展等问题进行了持续的思考和研究，形成了较为独特的研究范式和方法，当然，图书馆学研究范式也是随时代的发展变化而变化的。

随着现代信息技术突破性的发展，以图书管理收藏为主的传统图书馆学范式已经被颠覆，主张以用户为中心，图书馆学从图书管理收藏转向传递数字化信息资源，解决了传统图书馆仅以图书整理为目的、重经验、轻服务的诸多弊端，从传统图书馆到数字图书馆范式的转变是第一次范式转变。随着图书馆数字技术的发展与应用不断地向纵深推进，数字图书馆学范式逐渐呈现新的趋势：首先是从数字化到数据化的延伸和扩展；其次，大数据和云端应用所带来的强大效应引起了智慧图书馆的发展；第三，Web 2.0 之后的互联网应用模式所带来的大众体验[55]。这些趋势是将图书馆学从数字化信息资源传递转向基于感知的智慧化体验的过程，智慧图书馆学研究将会是未来图书馆学的新范式，这是图书馆学的第二次范式转变[56]。智慧图书馆的建设道路上，一直会有概念和实践的探索，今天图书馆界对数字图书馆有多少理想与现实之间的差距，明天对于智慧图书馆，同样会有多少理想与现实的差距。未来就孕育于传统中，不要期待会有一蹴而就的飞跃。

参考文献

［1］申晓娟，周晨，韩超.《数字图书馆资源建设指南》解读［J］.中国图书馆学报，2011（1）：38-46.

［2］申晓娟，赵悦，胡洁.2005—2009年我国数字图书馆发展综述［J］.数字图书馆论坛，2010（3）：1-14.

［3］吴吉玲.数字图书馆与智慧图书馆比较研究［J］.情报资料工作，2015（2）：43-45.

［4］魏大威.数字图书馆的科学规划与发展探析——国家数字图书馆的探索与实践［J］.图书馆理论与实践，2013（4）：1-4，10.

［5］周春霞.数字图书馆门户与自动化系统的融合及实现——以北京大学图书馆为案例研究［J］.现代图书情报技术，2006（11）：16-20.

［6］刘荣.关于图书馆自动化系统的发展路向［J］.图书馆杂志，2003（6）：21-24.

［7］薛骥，马自卫.数字图书馆信息门户中的相关机制和技术的分析与实现［J］.现代图书情报技术，2006（6）：6-10.

［8］聂华. 图书馆集成管理系统的发展现状与趋势［J］. 大学图书馆学报，2003（1）：29-32.

［9］宋菲，李麟，李力. 2012年国外图书馆战略规划与发展特点［J］. 图书情报工作，2013（13）：29-34.

［10］初景利. 复合图书馆建设目标与实施策略［J］. 图书情报工作，2005（11）：54-57.

［11］倪红华，周雪伟，宋燕菊. 高校图书馆电子资源与印本资源的优化配置［J］. 图书馆工作与研究，2007（2）：31-33.

［12］马先皇. 对国内20所高校图书馆数字资源整合情况的调查与分析［J］. 图书馆理论与实践，2009（3）：25-31.

［13］刘素清. 电子资源管理催生图书馆新架构［J］. 大学图书馆学报，2014（2）：18-23.

［14］化秀玲. 多维视域下高校图书馆数字资源服务绩效评价研究［J］. 图书馆理论与实践，2018（11）：102-104.

［15］廖小梅. 新馆建设浪潮中的图书馆物理空间观念变革——城市图书馆空间变奏曲之一［J］. 图书馆，2010（6）：90-91.

［16］肖小勃，乔亚铭. 图书馆空间：布局及利用［J］. 大学图书馆学报，2014（4）：103-107.

［17］应李. 现代图书馆实体空间和虚拟空间的共存与互动［J］. 图书馆，2003（4）：18-20.

［18］陆颖隽. 我国图书馆虚拟现实应用及研究述评［J］. 图书与情报，2017（5）：120-127.

［19］罗军. 从Cyberspace看图书馆员到信息馆员技能的转变［J］. 图书情报工作，1997（4）：59-60，15.

［20］周旭. 理解赛博空间：从媒介进化论到虚拟生存［J］. 学习与实践，2018（9）：119-125.

［21］汤宪振. 信息化环境下高校图书馆数字空间利用策略［J］. 图书馆学刊，2017（11）：120-124.

［22］薛涵，朱娜娜. 基于虚拟现实技术的图书馆服务创新研究［J］. 图书馆建设，2015（6）：66-68.

［23］黄晨. 中国高等教育数字图书馆：规划与实践［J］. 中国图书馆学报，2011（4）：38-42.

［24］黄晨.突破边界：CADLIS 创新模式探析［J］.大学图书馆学报，2007（3）：2-5.

［25］CADAL 项目管理中心.CADAL 项目二期第一次工作会议日程——CADAL 项目总规划暨二期可研汇报［EB/OL］.（2009-12-21）［2020-08-03］.http://cadal.edu.cn/index/meetingInformation.

［26］王洁慧.高校科研用户对图书馆一站式资源发现平台的功能需求分析［J］.情报理论与实践，2014（12）：95-98，80.

［27］李立群.图书馆发现服务发展综述［J］.科技情报开发与经济，2013（4）：142-144.

［28］寇晶晶，贾君枝.高校图书馆资源发现系统中文检索性能比较分析［J］.国家图书馆学刊，2016（6）：71-79.

［29］胡玮."985 工程"高校图书馆资源发现系统现状分析和思考［J］.图书馆学研究，2013（16）：43-48.

［30］李慧芳，孟祥保.近十年国内外图书馆资源发现系统研究与实践进展述评［J］.图书情报工作，2020（6）：120-129.

［31］刘松柏，姜海峰，李书宁.移动图书馆建设的难点与趋势［J］.图书情报工作，2013（4）：79-83.

［32］姜海峰.移动图书馆的兴起和解决方案［J］.大学图书馆学报，2010（6）：12-15.

［33］王悦辰.我国移动图书馆服务模式与发展对策研究［J］.图书馆工作与研究，2014（3）：32-35.

［34］施国洪，夏前龙.移动图书馆研究回顾与展望［J］.中国图书馆学报，2014（2）：78-91.

［35］任树怀，盛兴军.论信息共享空间体系结构与实施策略［J］.上海大学学报（社会科学版），2008（5）：149-160.

［36］吴建中.开放存取环境下的信息共享空间［J］.国家图书馆学刊，2005（3）：7-10.

［37］李伟超，赵海霞，谭钧遥，等.数字图书馆信息共享空间预约系统研究［J］.图书馆学研究，2017（19）：18-24.

［38］张丽霞.新理念、新途径——"IC^2 创新支持计划"评析［J］.图书馆杂志，2009（10）：35-37.

［39］王素芳，白晋铭，黄晨.高校图书馆信息共享空间服务质量评估研究——以浙江大学为例［J］.大学图书馆学报，2017（2）：26-38.

［40］Suart_2008_ARL Learning space tool Kit［EB/OL］.［2014-03-03］.http://www.

libqual.org/documents/admin/Stuart_2008_ARL%20Learning%20Space%20Tool%20Kit.pdf.

［41］杨小玲.图书馆信息共享空间中的信息资源建设［J］.国家图书馆学刊，2011（3）：29-33.

［42］刘金涛.从信息资源支持到融入学习进程——香港高校图书馆信息共享空间建设发展进程考察及启示［J］.图书馆论坛，2014（4）：135-140.

［43］孙一钢，魏大威.数字图书馆的新媒体服务［J］.国家图书馆学刊，2008（1）：46-49，54.

［44］杨丹.浅谈数字图书馆的新媒体服务［J］.图书馆，2013（5）：138-139.

［45］薛调，秦丽洁.高校数字图书馆新媒体服务的影响因素及发展策略研究［J］.图书馆工作与研究，2017（3）：51-55.

［46］SYMA C，PASCHEL A，CALLENDER D. Smart-library：innovations mobility and personalized services［J］. Library connect newsletter，2011，9（2）：3.

［47］王世伟.论智慧图书馆的三大特点［J］.中国图书馆学报，2012（6）：22-28.

［48］初景利，段美珍.智慧图书馆与智慧服务［J］.图书馆建设，2018（4）：85-90，95.

［49］李若，邓学军，张帆.高校智慧图书馆建设规划实施对策研究［J］.情报科学，2019（7）：113-117.

［50］陈近，文庭孝.基于云计算的图书馆大数据服务研究［J］.图书馆，2016（1）：52-56，68.

［51］玉敏，张群.中美高校图书馆科学数据服务调查与分析［J］.图书馆论坛，2017（11）：132-138.

［52］AKERS K G. Disciplinary differences in faculty research data management pratice and perspectives［J］. International Journal of Digital Curation，2013，8（2）：5-26.

［53］陈媛媛，柯平.高校图书馆科研数据服务研究综述［J］.图书馆工作与研究，2017（10）：17-23，30.

［54］CANNON S. Content curation for research：a framework for building a "data museum"［J］. International Journal of Digital Curation，2015，10（2）：58-68.

［55］谢蓉，刘炜.数字学术与公众科学：数字图书馆新生态——第十三届数字图书馆前沿问题研讨班会议综述和思考［J］.大学图书馆学报，2017（1）：6-10.

［56］饶俊丽.从传统到数字再到智慧图书馆范式的嬗变［J］.情报理论与实践，2018（3）：20-22，10.

思考题

1. 什么是资源发现系统?

2. 如何处理好印本资源和数字资源的关系?

3. 对于数字空间的建设,你有什么好的想法?

4. 数字图书馆与智慧图书馆是什么关系?

5. 智慧图书馆的前提是什么?

第七讲　高校图书馆阅读推广

池晓波　季亚娟*

现代社会对阅读越来越重视，图书馆因其丰富的资源、专业的人员、良好的环境而自觉地把阅读推广当作其核心业务工作和主流服务，并不断创新阅读推广活动形式。在高校图书馆方面，《普通高等学校图书馆规程》明确指出："图书馆应积极参与校园文化建设，积极采用新媒体，开展阅读推广等文化活动。"高校图书馆的阅读推广责任已非常明确，那么我们该如何推进阅读推广工作呢？本讲我们将展开详细的分析与展示。

第一节　高校图书馆阅读推广工作的组织与管理

一、高校图书馆阅读推广做什么？

近十年来，高校以图书馆为主要阵地，开展了大量的阅读推广活动，并取得了一定的成效。高校图书馆阅读推广就是高校图书馆经过精心创意、策划，将读者的注意力从海量馆藏引导到小范围的有吸引力的馆藏，以提高馆藏流通量和利用率的活动[1]。由此，身为高校图书馆馆员，我们很明白地知晓了阅读推广要做什么。经过"创意"，"策划"出各种活动，把师生的注意力聚焦到"有吸引力"的馆藏，从而达到提高借阅量和文献利用率的目的。至于哪些

---

* 池晓波,浙江工业大学图书馆副馆长,副研究馆员。武汉大学图书馆学专业毕业,获管理学硕士学位。主要研究领域是资源建设与阅读推广。

季亚娟,浙江工业大学图书馆文化推广部主任,副研究馆员。先后毕业于浙江大学、武汉大学图书馆学专业,管理学硕士。主要研究领域是读者服务和阅读推广。

属于"有吸引力"的馆藏，就需要我们馆员根据读者需求、馆藏特点等进行分析判断，甚至可以通过"创意""变废为宝"，把利用率低的馆藏推出新意来，从而吸引读者前来借阅。

高校图书馆阅读推广活动可分为常规性阅读推广活动和专题性阅读推广活动。常规阅读推广活动一般包括书目推荐、展览、读书会、真人阅读、讲座沙龙等。专题阅读推广活动可以根据不同的时机拟定主题，并开展若干子活动，可包括多类常规性阅读推广活动，如读书节、新生季、毕业生等主题活动属于专题性阅读推广活动。

二、由谁做、对谁做？

高校图书馆在阅读推广工作中的主体地位越来越凸显，有些图书馆成立了阅读推广专职部门，如郑州大学、沈阳师范大学等，也有一些图书馆成立了跨部门的阅读推广团队，如北京大学。一支稳定的阅读推广队伍，便于把工作做深做细，便于积累经验，高效率地保障该项服务所要求的密度和质量，是实施阅读推广的保证。那么，作为阅读推广主体的图书馆员，其必备素养有哪些呢？

首先，要有良好的思想政治素质和职业品质。作为知识文化、价值观念和阅读理念的传播者，阅读推广服务团队成员的思想政治素质和职业品质是阅读推广事业能否朝健康方向发展的关键。职业品质是从业者对自己所从事职业的内涵和价值的判断与认可程度，以及在此基础上所表现的职业态度，良好的职业品质是开展好阅读推广工作的基础。

其次，策划、组织及评估能力。阅读推广馆员的工作包括：阅读推广主题的拟定、活动的设计和活动方案的撰写、人财物的合理分配、活动现场的安排和把控、活动效果的及时总结和评估等，需要具备优良的策划、组织及评估总结能力才能胜任。

再次，较强的社交、沟通能力。良好的社交、沟通能力会让阅读推广服务的对象及合作伙伴乐意参与到阅读推广活动中来。在阅读推广的环节中，阅读推广人员的沟通能力包括：倾听能力、表述能力、理解能力、人际交往能力及统筹兼顾能力。

最后，优秀的宣传、写作能力。宣传能力包括文字、语言和形象表达能力，即能够运用文字、语言、形象等方式把阅读推广内容表述出来，并能广泛利用各种媒体，使之为推广对象所了解和接受的能力。写作能力，指能够把阅读内容形成文字，通过报刊、书籍、广播、墙报、文件等形式影响推广工作对象[2] 23-24。

随着阅读推广工作的逐步深入，高校阅读推广人员的构成呈现多元化发展的特点，不局限于图书馆员，还有热爱阅读的学生、教师及外聘的专业阅读推广人等。沈阳药科大学除了有校一级的阅读推广委员会，还有包括图书馆、职能处室、院系在内的阅读推广组织架构，体系完备，阅读推广队伍构成体现出多元性。

有了一支优秀的专业的阅读推广队伍，高校图书馆还要把资源和服务推荐给广大师生，这就是我们的阅读推广客体，即推广对象。由于大学生群体的知识架构、心理成熟程度、兴趣爱好、学科专业、眼界思维等各不相同，因此面向这一群体的阅读推广活动也需要有的放矢。比如针对大一新生，各个图书馆都有"迎新季"活动，指导新生如何利用图书馆，如何找到自己想要阅读的书。而大二大三的学生已经进入专业领域的学习，面临更多的专业知识要学习，需要引导他们找到所需的专业用书，以解决专业学习中的困难。而大四的学生面临毕业论文的撰写、择业就业过程中的困惑，就需要策划"毕业季"阅读推广活动来助力毕业生解决将要面对的这些问题。面向高校教师和科研人员，高校图书馆主要对其进行定向的资源展示和服务推荐，设计并创建阅读推广品牌活动。

三、高校图书馆如何来做阅读推广？

阅读推广活动从策划到评估是一个完整的流程，如何使阅读推广活动的每一个环节都能有效地进行，是我们要讨论的问题。根据流程管理思想，阅读推广活动可以分为活动前期的策划、活动过程的实施、活动后的总结和评估等环节[3]。

活动前期的策划，包括制定明确的切实可行的目标、确定活动的主题。在目标确定过程中需充分考虑馆藏资源、读者实际需求、对社会的贡献度及对于提升全民阅读能力方面的作用。根据活动目标，可先设定若干主题方向，由阅读推广团队通过头脑风暴来确定最终采用某一主题，并审定某主题下拟开展的活动选题，对于符合要求的选题，进入策划流程，即实施阶段。

活动过程的实施阶段，又可具体细分为构建组织机构、制定实施的规则、具体执行阶段。组织机构包括领导小组、实施小组、考核小组，在整个活动过程中各司其职，互相配合，形成合力，把活动做到最好。制定实施的规则，包括人员管理、资金管理、场地管理、档案管理等规则，落实各小组成员的岗位职责。活动执行流程，首先需要制定一个切实可行的活动实施方案。一份完整的活动方案需要充分考虑活动目标和主题；考虑影响活动的各种因素并做好解决方案；考虑活动实施的每一个步骤，列出关键节点；考虑资金预算及规范使用；考虑宣传推广的方式和渠道；考虑活动结束后获取读者的反馈意见。活动方案完成后需要提交领导小组最后审定。其次，需要将任务分解，明确分工。在分工过程中，需要明确各环节、各步骤的工作要求以及岗位职责及时间要求，避免产生交叉、重复、疏漏等问题，在活动执行过程如遇重大变化，及时与领导小组和考核小组沟通，调整活动方案和实施过程。

活动后的总结和评价阶段，包括对活动过程中各种资料的归档整理、分类管理。例如活动目标和主题确定时的相关讨论会纪要需要收集归档，活动方案的收集归档等。对于活动效果，需要用调查问卷、读者座谈、电话（邮件）回访等形式进行读者满意度调研、读者意见的收集，并把读者意见反馈给活动的每一个小组，以便下次改进。对于活动评价，可用定性和定量相结合的方法进行判定。每一次活动结束（无论大小），都需要对活动进行总结，复盘活动的每一个环节，总结归纳活动过程中的经验教训[4]。

以每年 4 月全国各个地区的公共图书馆、高校图书馆做得风生水起的"读书节"或称"读书月"为例，阅读推广活动的第一个阶段即活动前期，我们需要确定读书节的主题，复旦大学图书馆 2020 年第八届读书节主题确定为"阅读生命"，众所周知，2020 年是特殊的一年，图书馆希望通过各种阅读活动的开展，让师生适应这一特殊时期出现的各种社会现象，多角度看待疾病，看待生命，学会尊重生命，尊重社会发展规律。围绕这一主题，复旦大学图书馆策划并组织了书评征文活动、经典诵读活动、读书会、网课记录大赛等。

四、几个与高校图书馆阅读推广管理相关的问题

为了更好地推动全民阅读，更好地承担起阅读推广的责任，图书馆需要将阅读推广纳入管理视野，对阅读推广进行顶层设计，图书馆管理者应给予阅读

推广更加自觉的管理[5]。因此，大而言之，需要在图书馆的宣言、核心价值、职业伦理、战略和政策中体现阅读推广。比如，很多图书馆把阅读推广写入了"十三五""十四五"规划中。其次要求图书馆管理者在图书馆日常管理中对阅读推广进行顶层设计，在服务方向的把握、服务项目的策划、服务资源的组织等一系列问题上进行统筹规划和总体部署，把阅读推广纳入图书馆服务的总体框架，使其适应图书馆服务新发展，体现图书馆服务理念与价值。最后，要坚持高校图书馆对阅读推广的主导地位。

具体到某项阅读推广活动，图书馆需要从活动前期到活动结束进行全程管理，图示如下：

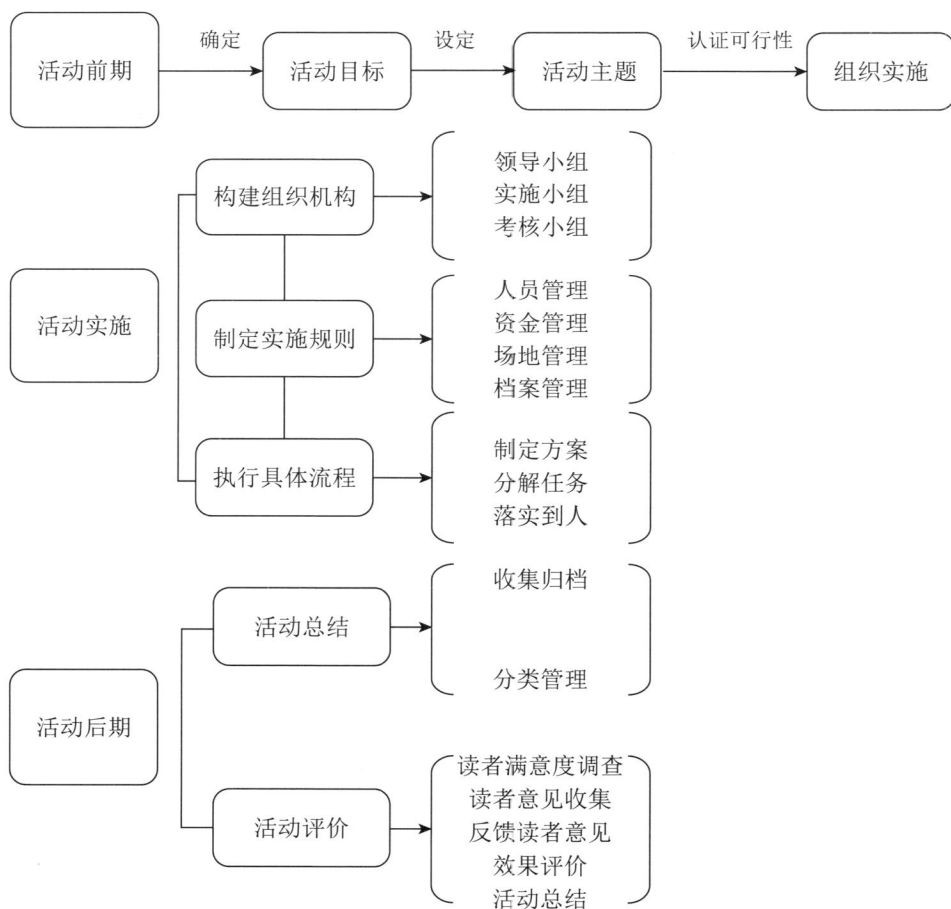

图 7-1 高校图书馆阅读推广管理流程

这里要着重提出的是属于管理范畴的阅读推广活动效果评价、阅读推广活动中的激励机制以及阅读推广活动过程中的应急措施。

（一）高校图书馆阅读推广活动效果评价

对高校阅读推广活动进行效果评价，有助于不断提升活动效果。我们认为，阅读推广活动离不开图书馆这一主体和读者这一客体，因此也需要从主体和客体这两个方面来综合评价阅读推广活动的效果。

对于阅读推广的客体即读者来讲，读者参与活动的广度、深度、满意度都是衡量阅读推广效果的重要方面。具体来说，包括：参与活动的读者数量、读者到馆时间、读者阅读兴趣；读者阅读量的增加、读者知识的增长和能力的提升、读者的阅读时长以及新知识新能力的增加；读者满意度的提高。获取这些数据最常用的方法是问卷调查，面向读者的调查问卷可分三个部分；第一部分为引入问题，即对大学生读者基本情况的了解（包括读者所在高校的类型、读者基本信息等）、讲述此次调查的目的（即为了从读者层面了解阅读推广活动的效果）、大学生读者基本阅读状况的认识、阅读存在问题的揭示（阅读状态好坏，是否善于选择图书、不想读书、不会读书、图书馆没有想看的书等）；第二部分为认可态度，即初步了解读者对影响阅读推广活动效果的主要因素的认可程度以及对阅读推广活动的评价，如是否培养了某些知识和技能、读者的满意度、读者参与人数、图书馆对活动的重视程度、图书馆的服务水平、图书馆的资源数量等；第三部分为探讨内容，即了解读者对阅读推广活动的意见和建议，可通过开放式命题实现[6]。

对于高校图书馆这一阅读推广的主体来说，图书馆在开展阅读推广活动过程中投入了大量的人力物力和财力，这些投入是否在预算内、是否节约人力和财力、是否影响图书馆其他业务等，这些对图书馆来说很关键。同样地，我们用问卷调查来获取所需数据。由于高校图书馆一般是以馆员为主策划并组织阅读推广活动，因此问卷就由馆员来回答。可考虑四个方面的内容：首先，从高校图书馆的角度看大学生阅读存在的问题有哪些，比如不会选书、不想看书、只看电子书、借还书不方便等；其次，站在图书馆角度看，影响阅读推广活动的因素有哪些，比如读者参与的深度和广度、图书馆的服务水准、读者的满意程度、图书馆对活动的重视程度、图书馆的资源数量和质量等；再次，对图书馆在阅读推广中的投入、合作等情况进行揭示，比如投入的时间、人力、物力、财力，需要合作的对象和合作的程度等；最后是馆员对阅读推广活动及改进活动的建议和意见，如组织阅读推广活动必须考虑大学生的需求，活动形式和内容的创新，活动运作流程的完善，注重活动的品牌化。当然这点还可以通过开放式命题来实现[6]。

（二）高校图书馆阅读推广活动的激励措施

范并思教授说过，阅读推广是一种介入式服务，一般由图书馆员选择阅读内容，通过引导性、激励性措施推广给读者[5]。可见阅读推广这一服务本身要做的就是通过引导性激励性措施把阅读内容推广给读者。越来越多的阅读推广实践证明，采用激励机制是促进大学生阅读的有效方法之一，通过一定的激励措施可以激发大学生的阅读兴趣，调动其阅读积极性。阅读推广激励手段有很多，有学者总结归纳了十种激励手段，包括便利激励、特权激励、名人激励、趣味激励、社交激励、挑战激励、利他激励、物质激励、荣誉激励和素养提升激励等[7]。我们简单介绍其中几种激励措施。特权激励，就是让读者暂时拥有特殊权利。例如很多图书馆为了吸引更多人走进图书馆，给予其短暂的特殊权利，如超期使用费的豁免、为某类读者增加借阅册数或延长借阅期限等。趣味激励，通过影视赏析、游戏或者表演等娱乐性活动引起读者的注意，从而促使读者参与活动。挑战激励，这也是图书馆常用的激励方法之一，通过信息素养大赛、征文比赛、朗诵比赛等，利用读者的竞争意识激发起参与阅读推广活动的兴趣。荣誉激励也是各个图书馆使用频率相对较高的措施之一，中山大学图书馆每年都会评选出阅读量名列前茅的"借阅达人"，并邀请这些达人推荐图书、分享阅读那些事儿。

不同类型的读者参加阅读推广活动的目的不同，有些为了获取更多的有用信息，有些为了认识更多志趣相投的朋友，有些是为了展示自我、实现自我价值，有些是为了获得活动提供的各类奖励等。图书馆为了让更多读者参与到阅读推广活动中，可以根据读者参与活动的不同目的，制定相应的激励措施，从多个层面、多个角度满足不同读者的需求，激发读者的参与积极性，并在激励措施实施过程中加强和读者的沟通，根据读者反馈和实施效果适时调整激励措施[8]。

（三）高校图书馆阅读推广活动中的应急预案

尽管图书馆已经制定了详尽的策划方案，但是因为阅读推广活动的主体和客体都是有思想有灵魂的人，活动现场也会有突发状况，所以活动过程中难免会有超出预期部分的紧急情况需要及时处理，否则可能影响到整个活动的进程和效果。例如，讲座过程中，可能会出现互动环节的冷场，需要临时提问救场；也可能会有讲座现场因设备失控而导致意外的发生，这就需要主持人的临危不乱，幕后工作人员的及时处理，当然也离不开主讲人的随机应变。表演现场也会有紧急情况的发生，如音响的卡壳、道具由于摆放不稳而倒掉、非专业演员因一时紧张而忘词，等等。还有竞赛，可能因为规则设置的不够严谨而遭遇投诉等情况。如果是现场型竞赛，可能出现表演现场的突发情况，也有可能出现新情况，如比赛人员因紧张而晕厥等，需要现场工作人员会一些基本急救措施并及时送医；如果是作品征集类比赛，则要注意实时监控作品提交通道的顺畅，以防因网络原因或人为破坏而导致参赛者无法提交作品。读书会，尽管经过前期的种种准备和审核，但还是会出现现场失控的状况，如有些交流者会在读书会上发表不当言论，需要在场的阅读推广人及时干预。为此，第一，我们仍然需要再三推敲活动的可操作性、参与读者的认可度；第二，确认各个实施步骤的准确无误，加强落实各个环节人财物的到位情况及管理状况；第三，做好应急预案，想象各种可能会发生的情况，制定 AB 两套方案并要求所有活动组织者都熟记备用方案以便及时调整；第四，一支训练有素、沉着冷静的阅读推广队伍对活动的顺利开展也非常重要。

第二节　高校图书馆阅读推广活动案例

高校图书馆阅读推广活动形式丰富，常用的有推荐书目、讲座、演绎、读书竞赛、读书会、真人图书馆、展览等，也有把这些形式结合在一起的综合类的阅读推广活动，例如读书节（读书月）、迎新季、毕业季等主题阅读推广活动。这一节我们将通过案例展示的方式，介绍常用的几种阅读推广活动的策划和组织方法。

一、推荐书目

（一）什么是推荐书目？

推荐书目，就是为了满足特定人群的某种学习或阅读需要而列出的一个阅读书单，通常包括一系列图书的书名、作者、版本、提要或推荐理由等信息，在最前面往往还有简明的导语或序言，用来介绍这个推荐书目的对象、目的、内容、编排体例等。又称为"导读书目"等。各种"必读书目""选读书目"从本质上也属于推荐书目[9]。

（二）案例展示：《清华大学荐读书目》[10]

2017年12月7日，《清华大学荐读书目》正式发布，主要从四个主题进行推荐：中国文化名著、中国文学名著、世界文化名著、世界文学名著，每个主题推荐30种好书。兼顾古今中外、地域、民族、学科、文体的分布，还考虑了图书的可读性、经典型、意识形态、作家分布、版本挑选等方方面面。未能列入的相关好书在导读部分提及，作为延伸书目。

该书目是在总结以往指导阅读实践的基础上，由清华大学国家大学生文化素质教育基地原主任胡显章教授领衔主编，邀请清华大学国家大学生文化素质教育基地、新雅书院、教务处和人文学院等院

图7-2　《清华大学荐读书目》封面

系的教授组成一个编委会，对1997年版的《清华大学学生应读书目（人文部分）》进行修订，形成新版的《清华大学荐读书目》。这是一部推荐书目里的经典之作，2018年，"《清华大学荐读书目》的修订出版与阅读推广"获得中国图书馆学会"2017年阅读推广优秀项目"称号。

（三）跟着案例做推广

如果是阅读推广的小白，当策划执行推荐书目活动无从下手的时候，不妨参考清华大学图书馆的做法。

（1）推荐书目编制

以下流程根据清华大学图书馆在第十三届全民阅读论坛的报告"《清华大学荐读书目》的修订出版与阅读推广"整理而成，供大家制作推荐书目时参考。

《清华大学荐读书目》编制流程

1. 前期准备：通过编制《读者利用图书馆的数据统计分析年度报告》和制作各院系的学生借阅数据统计分析报告，掌握校园阅读的基本情况和学生思想导向，为编制工作做好数据准备。

2. 寻找支持力量：通过组建校内读书工作组、加入学校深度阅读推进计划、获得教务处本科生教改项目资助等方式，获得制度、人力、财力等力量对编制工作的支持。

3. 确定编制队伍：清华大学图书馆不仅成立编制书目的专门工作小组，而且邀集清华大学国家大学生文化素质教育基地、教务处和部分院系教授组成编委会，组成了稳定、高效的编制队伍。

4. 严谨的书目遴选：工作小组召集两次编委会专家讨论会，召开多次工作组会议，还通过大量的日常邮件进行讨论；工作组对重点或有争议图书反复比较遴选，查看纸本图书和借阅次数，请专家定夺；主编与编委会以严谨的治学态度对入选图书进行咨询与判断，并将思考与理由用邮件发给工作组相关老师。

5. 细致的导读作者分工：确定统一的导读文章体例编写；尽可能邀请老版《清华大学学生应读书目（人文部分）》导读文章作者撰写新版导读，由系领导负责安排人员撰写相关学科推荐图书的导读文章，或邀请校内对口专家撰写导读文章，或通过专家推荐专家，物色最合适的人选，或导师指导学生写，导师把关，共同署名；除导读作者，工作组对每篇导读文章设有"落实人"，负责联络导读作者，直至导读文章定稿。

6. 严格的导读文章内容审读：经过图书馆"荐读图书专架"工作组对推荐图书版本提出意见、导读文章作者阅校、工作组成员审校、署名作者校对、主编审读、出版社审读等一系列审读工作，保证书目内容准确无误。

7. 完善的出版相关工作：做好装帧设计、排版出清样、签署出版合同（图书馆作为甲方代表）、购书经费的协调、图书的赠送与发放等工作，让推荐书目获得良好的推广发行平台。

（2）专家邀请函

当编制的推荐书目涉猎较广，仅靠图书馆员的力量难以独立完成的时候，为了保证推荐书目的质量，我们必须寻找相关专业的专家加入编制推荐书目的行列。这就需要给专家发送邀请函，邀请函主要包括几个要素：编制推荐书目的目的、编制小组成员组成、邀请辞等。

（3）推荐书目编制原则

凡事预则立，编制前定好处理问题的准则，按照这个原则来，编制工作才能有序进行。以下是清华大学图书馆根据编委会讨论确定的修订原则：

①书目整体结构：计划书目120种，分中国文化、中国文学、外国文化、外国文学四类，每类30种（社会科学、美学等其他科学部分放在中外文化中，不另分大类）；

②所推荐的书目应该带有经典特色，即被流逝岁月与人们实践认可的，故一般不选新近面世的书籍；

③同一学科背景的书不宜过于集中，应立足全局进行选择；

④注明重点推荐的书目，建议学生优先选读；

⑤120种容量有限，未能列入的相关好书可以在导读部分提及，作为拓展书目；

⑥这120种书是推荐阅读的书目，不是必读书目，不可能要求每个学生在学期内读完这些书。故建议本次修订将书名改为《清华大学荐读书目》。

（4）结构化的导读文章体例

每位编写者文笔不同，更何况编写导读文章的作者来自各个院系，如果任由其自由发挥，整本书会显得杂乱。《清华大学荐读书目》的主编确定了导读文章体例，按照体例要求完成导读文章：

①指明这是一本怎样的书，包括成书的历史背景；

②作者简介；

③书的主要内容和核心思想；

④书的作用与影响；

⑤推荐的版本与阅读建议。如该书分量较大，列出优选章节；

⑥如必要，简单推荐相近的好书。

（5）用推荐书目怎么做阅读推广

围绕精心制作的《清华大学荐读书目》，清华大学图书馆开展了很多活动：

图书馆设立"荐读图书专架"，展示荐读书目推荐的书目版本，方便借阅；完成荐读图书的数字化工作，建成荐读图书电子专架，在"清华大学教参服务平台"和技术体验区发布，读者在电脑与手机上阅读经典；图书馆与校内多家单位联合举办"清华大学文化读书月"等系列读书活动，大力宣传荐读书目；在新雅书院、外语系世界文学与文化实验班开展阅读试点、赠书活动；与文化素质课程结合，课程要求阅读荐读书目中的经典，阅读与写作同时进行；与新生入校的阅读教育相结合，对新生开展赠书活动。

除此之外，还可以利用推荐书目开展其他各种形式的阅读推广活动，如读书会、朗诵比赛、表演等。

（四）实施的关键点

《清华大学荐读书目》是推荐书目中的精品之作，加之清华大学浓厚的学术氛围和文化底蕴，我们这些阅读推广小白可能会莫名感伤，觉得即使自己使上了百年难遇的洪荒之力也难以赶上人家。不要妄自菲薄，只要抓住推荐书目以下要点，根据自身所处院校图书馆的情况，选用清华大学荐读书目的部分制作流程进行操作，即使阅读推广小白也可以做出不错的活动。

（1）吸引眼球的标题

标题必须能归纳书目主题，适当的标题党也是需要的。同样以清华大学图书馆为例，他们的公众号里曾经推出过以下标题的推文，这些标题是不是让人有点击的冲动？

①廿廿不忘 毕想清图 | 大学读过的哪本书，让你念念不忘？

②挖矿 | 数学界的高被引图书 Top5（2019 年）

③图影书声：图书馆推出毕业季专题书架 —— "年轻人，创业吧！"

④【邺架轩排行榜】最受清华师生欢迎的 10 本书（2018 年 11 月）

⑤带上心的力量，起航！

⑥"零"云之志 | 法学专业从入门到精通——法律图书馆迎新专题书架

（2）引人入胜的导语

导语就是推荐书目开头的文字，通常包含：为什么要开列这个书目，为谁推荐，推荐图书的数量，编制的依据、过程，获得了哪些人的认可，致谢，推荐的主体或发布者是谁，以及其他有必要交代的内容。这些部分都可能让阅读者对推荐的内容产生兴趣，引导他们继续阅读。如：

宇宙奇趣——科幻专题书架

科幻是什么？实难一言蔽之。但读者应可发现科幻文学的语言确有其自在的张力与美。在这些故事中，我们得以超越此时此地，任思绪飞向时间与空间的藩篱之外，体验宇宙的无尽奇趣，而又能从飞扬的字句间反观我们生活的现实。近年来，中国科幻越发受人瞩目。借此良机，清华大学学生科幻协会与图书馆合作，向全校师生推介代表性科幻作家的经典作品177种，其中特别推荐11种，希望大家能从科幻中发现自己的趣味。[11]

（3）驱使借阅的推荐词

首先，这本书你得自己深入读过，有自己的理解和感悟，才能写出推荐词。

其次，你可以介绍作者、写作背景、大概内容或它反映的一种核心的精神价值。这方面的内容能让准备看这本书的读者判断出该书是不是值得看，哪方面值得看。

推荐词不能太空洞，一定要有感悟，哪怕只是某一方面，亦能抛砖引玉，让读者共情，从而引出他更多的思考。

（4）导引读者借阅的图书信息

书名、作者、出版社、馆藏地、索书号等，当读者对推荐书感兴趣时可以马上按图索骥地到图书馆找到该书。

（5）推荐书目的编排或分类

如果书目数量少，不分类，无严格排序也可以，一般将热度或质量较高的被推荐书排在首本；如果编制的推荐书目数量较多，那么必须考虑编排顺序，可按主题排列分类，或按出版时间等顺序呈现给读者[9]。

二、讲座

（一）什么是图书馆讲座？

图书馆讲座，是指通过举办各类讲座来进行知识传播，以进行读者教育的图书馆业务，是图书馆发挥其社会教育功能、信息传递功能、智力开发功能的重要活动形式[12]。

（二）案例展示：峰雅论坛：朱迅分享会——那些年我们一起拼过的青春

"峰雅论坛"是浙江工业大学图书馆打造的校园文化品牌，通过邀请名人名家分享经验心得，促进文化活动持续开展并形成影响力；同时通过品牌效应形成一种感召力，最终达到师生的高认可度、高参与度，从而有效发挥图书馆文化教育、文化展示、文化交流、文化休闲的功能，在校园营造文化育人的良好氛围。

2019 年 3 月 22 日，央视主持人朱迅携新书《阿迅》做客峰雅论坛，在屏峰、朝晖两个校区连开两场读者交流会，与 600 余名在场师生分享了她留学日本、入职央视的心路历程。

（三）跟着案例做推广

在高校，院系、学生社团等举办的讲座很多，图书馆举办的讲座与之存在一定的竞争与合作关系。高校图书馆在经费允许的情况下不妨举办一些名人类讲座，利用名人效应，吸引到大规模的听众，利用名人与书之间的关联，激发大学生的阅读兴趣、活跃图书馆的文化氛围。以下是浙江工业大学举办朱迅分享会的流程。

朱迅分享会流程

1. 明确的前期准备：讲座责任人联系朱迅，约定讲题、时间、地点；向学校管理部门申报讲座，等待批复；准备媒体宣传通稿等宣传素材。

2. 启动筹备工作：（1）预约讲座场地、接待场地；（2）安排讲座海报设计、文案人员；（3）与朱迅再次沟通（征询协议书意向、询问讲课提纲和设备需求，寄送请柬）；（4）人员与事项安排（主持人及主持词，邀请领导、嘉宾出席，安排摄影、摄像、会务，邀请采访报道人员等）；（5）

物料准备（音响、灯光、电脑、投影、留言白板、席位牌、入场引导标识、茶水等）；（6）向学校保卫处报备，申请现场安保。

3. 预告与票务：发布讲座预告（海报、网络），考虑到预约人数与实际到场人数可能存在偏差，按 1.2 倍固定座位数印制入场券，准备便携式塑料椅备用，以应对预约不到场或到场人数超预期的情况；提前一周开始线下摆摊，预订读者领票，汇总打印预订读者名单。

4. 讲座现场：（1）提前确认工作人员、物料、安保；（2）接待主讲人（迎接讲师、介绍情况、请主讲人题词签名留影等）；（3）工作人员检票，发放提问单及相关资料；（4）回收提问单；（5）主持人开场介绍，主讲人开讲，与听众交流问答；（6）现场摄影、摄像等记录；（7）送别主讲人。

5. 宣传推广：准备媒体宣传通稿（此项在活动正式开始的前期就进行）；接待校电视台现场采访；收集摄影、摄像等记录资料，修改媒体宣传稿；发送宣传稿至图书馆微信公众号、学校网页、浙江新闻客户端等相关媒体。

6. 讲座资料的保存与档案：将作者签名的图书，活动相关的照片、视频等资料进行整理存档。

（四）实施的关键点

（1）留意场景设计，提升听众的现场体验

在场景设计上不仅要体现讲座冠名、讲座主题、主讲人信息、主办单位名称等信息，还可以通过摆放台卡、话筒配讲座品牌 Logo、宣传海报、讲座宣传刊物等方式，让观众一进入讲座场所就能立即感知讲座的内容主题，并且加深对讲座品牌的印象。有条件的图书馆还可以在音效设计、灯光设计等方面努力，为观众创造出良好的现场环境。

（2）提高安全意识，注意风险控制

安全是一切成功的最根本保障。安全不仅体现在听众导引、控制入场人数等现场工作的各方面，还包括讲座内容的安全、主讲人知识产权的保障、网络风险的预防控制等。

（3）注意积累，利用好讲座资源

讲座的价值不仅仅在现场，讲座结束后的工作也很重要。妥善保存主讲人的签名书、签名活动海报等周边资源可以在一定程度上丰富图书馆的特色收藏；录制的讲座视频加工后上传到图书馆网站，可以拓宽阅读推广的受众面和影响范围。

（4）定位鲜明，突出图书馆讲座特色

高校图书馆的讲座需要有明确的主题定位，既要与校内其他讲座区分开来，又要发挥图书馆的优势，拥有较高的品牌辨识度。如北京大学图书馆的读书讲座汇聚名家大师、分享阅读人生，将"读书""写作"等作为图书馆讲座的主题定位。

（5）持续举办，倡导深度推广

阅读推广是一项需要长期坚持的工作。图书馆讲座通过主讲人以阅读、写作的亲身经历为引子，带领听众精读某本书或某类书，构建一个深入阅读与即时交流相融合的读书平台，塑造图书馆文献丰富且崇尚阅读的文化形象。

高校图书馆开展讲座活动，除了直接与阅读写作关联的，还有信息素养类讲座，如清华大学图书馆的"信息·资源·研究"专题培训讲座、中国人民大学图书馆的资源与服务利用专题讲座等。而北京大学图书馆的"一小时讲座"，至今已有二十余年历史，在提高读者信息素养、助力学术研究方面发挥着积极的作用。如此深耕，图书馆在讲座"丛生"的高校文化推广队伍中脱颖而出便是水到渠成的了。

三、表演

（一）图书馆的表演类活动有哪些?

图书馆活动中，表演类的有：演奏乐曲、演剧、朗诵诗词等以声音、表情、动作公开再现作品的活动。

（二）案例展示：天津财经大学图书馆话剧比赛

"书与剧的碰撞，你与我的思扬"话剧比赛是由天津财经大学图书馆主办、指导旗下思扬读书会承办的一项阅读推广活动。这一活动为天津财经大学学子提供了自我展示的平台，传播了话剧社和读书会的社团文化，有益同学们文学素养及文学鉴赏能力的提升，丰富校园文化。活动期间，该馆相关名著的阅览量、借阅量都有显著增加，图书馆亦据此增加复本采购量和电子书推广力度。2015年，该项目获得首届全国高校图书馆阅读推广案例大赛总决赛一等奖。

（三）跟着案例做推广

一场好的表演活动，需要进行周密的部署，天津财经大学图书馆的话剧比赛流程有着很好的参考借鉴作用。

天津财经大学图书馆话剧比赛流程

1. 前期酝酿：联系各话剧社负责人，邀请参赛；邀请老师讲授剧本创作或表演技巧。

2. 宣传召集：制定比赛规则，拟定宣传文稿；确定宣传形式，准备文稿排版，设计海报；开始报名，接收剧本；审核剧本是否符合参赛要求；汇总剧本出处、节目名称。通过这一系列工作召集到一定数量的参与队伍。

3. 赛前准备：（1）准备比赛用视频、音乐、PPT 等；（2）制作决赛预告并进行发布；（3）制作邀请函；（4）邀请评委、嘉宾；（5）邀请主持人；（6）预约场地、舞美；（7）安排评委、嘉宾、各表演团队在报告厅的候场区域及亲友团座位；（8）采购比赛用品，定制奖杯、奖状、奖品；（9）联系摄影摄像；（10）组织参赛剧团抽签决定上场顺序；（11）安装调试比赛时要用的舞美素材（视频、音乐、PPT 等）；（12）组织赛前彩排及串场；（13）制作评分表、比赛流程表；（14）安排好志愿者分工，做好布置会场、通知话剧社出场、搬道具、计分、赛后合影、打扫会场等工作。

4. 赛后整理：整理比赛过程的流程资料、影像资料；发布活动报道；撰写活动总结。

（四）实施的关键点

表演在阅读推广领域用得比较多的是演剧和朗诵两种形式。要想完美地用表演的形式传达传统文字作品的深意，表演者必须在了解写作背景、理解作者当时的心境、探索作者表达意图的基础上，加上自己的理解，才能更好地演绎该作品。整个过程需要参与者反复仔细地阅读、重新打磨自己表演所用的语言，这些均会提高参与者的阅读能力、写作能力和表达能力。另一方面，观众也是活动参与者，在观看表演的过程中会进一步理解经典名著的遣词造句，最终达到促进阅读的作用。因此，我们在实施表演类阅读推广活动时可以关注以下几点：

（1）表演作品选用经典名著

经过岁月挑选流传下来的作品是用来表演演绎的首选。这些名著或深刻揭露了一个时代的背景，比如《红楼梦》《战争与和平》等；或引起人们哲学层次上的思考，启迪人的智慧，像《荷马史诗》《生命中不能承受之轻》等；或振奋人心、洗涤心灵，像《钢铁是怎样炼成的》《牛虻》等。

（2）活动流程设置筛选与培训环节

在非艺术类普通高校，参与图书馆表演演绎活动的读者大部分不是表演专业的同学，舞台表演能力一般都不完美。活动流程中加入筛选与培训环节，可以使活动取得更好的效果。

（3）完善舞台呈现形式，让表演更具感染力

对布景、灯光、化妆、服装、效果、道具等与舞台呈现效果有关的事项都要仔细设计、认真准备。有了必需的舞台保障，表演者可以根据演绎需要，或配乐，或配舞，或播放配套背景视频达到更好的表达效果，观众也能产生更强的共鸣[13]114-115。

四、竞赛

（一）图书馆竞赛活动有哪些？

图书馆开展的竞赛活动有围绕文献知识的，比如北京邮电大学图书馆的"诗传古韵·词润北邮——诗词大赛"、江西师范大学图书馆的"一站到底·名著阅读"知识竞赛；也有围绕如何利用图书馆的，比如上海杉达学院的"图书馆志愿者知识技能大赛"；还有围绕图书馆文化建设开展的，比如武汉大学图书馆的"唯美是图——我眼中的图书馆"摄影比赛、"方寸世界 传递书香"书签设计大赛。

（二）案例展示：图书馆杯海报大赛

图书馆杯主题海报创意设计大赛由中国图书馆学会阅读推广委员会主办，广东粤图之星科技有限公司支持，全国各公共图书馆、高校图书馆参与组织，通过"设计师之家资源库"平台，面向馆员和读者征集作品。

2018 年首届以"新时代·新阅读·新未来"为主题，面向全国读者征集阅读推广创意海报，全国 32 个省、自治区、直辖市，共计 1168 个图书馆参与组织，17796 名读者报名，通过审核作品 13925 件[14]。

2020 年第二届"图书馆杯"以"图书馆，让生活更美好！"和"战'疫'，读书人的力量！"为两大创作主题，征集海报、插画、漫画、表情包、卡通形象五类图像作品。全国 31 个省份，共计 1125 个图书馆参与组织，28801 人报名，通过审核的作品 28352 件。活动得到了新华网、中国网、文旅报道、广州日报、网易新闻、腾讯新闻等媒体的宣传报道[15]。

（三）跟着案例做推广

对于推广小白而言，自己策划组织一场竞赛，要花的时间精力都是很大的，而且由于经验不足，可能会顾此失彼，那么先跟着组织做阅读推广，不失为一个稳妥便捷的选择。而且，跟过几期活动以后，有心的馆员对竞赛活动的策划执行肯定也能形成自己的思路。

关于举办全国首届"图书馆杯主题海报创意设计大赛"的通知

各公共图书馆、各高校图书馆：

为积极响应国家大力支持和发展文化创意与设计的政策，全力推动书香中国的建设，进一步加强图书馆与读者的互动，鼓励原创设计人才参与图书馆阅读推广宣传工作，让更多读者参与全民阅读推广，营造浓厚的阅读氛围，中国图书馆学会阅读推广委员会决定面向全国开展首届"图书馆杯主题海报创意设计大赛"。现将比赛具体事宜通知如下：

一、组织机构

主办单位：中国图书馆学会阅读推广委员会

承办单位：中国图书馆学会阅读推广委员会大学生阅读推广专业委员会、中国图书馆学会阅读推广委员会图书馆与社会阅读专业委员会、中国图书馆学会阅读推广委员会图书馆展览与文创专业委员会

协办单位：广东粤图之星科技有限公司

二、大赛主题

新时代·新阅读·新未来

三、参赛对象

全国各公共图书馆读者、各高校图书馆读者

四、参赛要求

（1）参赛作品每人限投1件，每件作品图片限2幅以内（包含2幅）；

（2）参赛作品只接受电子版，格式统一为：JPEG，A1竖式幅面（594mm×840mm），300dpi，RGB模式或CMYK模式；

（3）参赛作品围绕"新时代·新阅读·新未来"主题进行设计，需阐述作品的设计理念。（要求：中文，内容完整、条理清晰、言简意赅，篇幅50—300字左右）

（4）参赛作品需保证符合国家相关法律法规的要求，原创，无剽窃行为，无在先使用行为。

（5）参赛作品凡涉及的包括但不限于版权、肖像权、名誉权等法律责任由作者本人承担。

（6）所有参赛作品，组织机构（主办、承办、协办单位）拥有使用权（包括但不限于用于展览、出版、媒体报道、网络推广等），不另付稿酬。

（7）所有参赛作品恕不退还，请作者自留底稿。

（8）凡投送参赛作品者，均视为认同且接受本次比赛规则。组织机构对本次活动拥有最终解释权。

五、大赛程序

（1）参赛作品征集阶段（2018年6月1日—9月20日），各公共图书馆、高校图书馆组织本馆读者参赛，并以各图书馆为单位，每个单位按参赛作品数量的比例推选优秀作品参加全国大赛，具体标准为：10件以内（含10件）推选1件；20件以内（含20件）推选2件；30件以内（含30件）推选3件，以此类推，每个单位推选数量上限为10件。不接受个人投递作品参赛。

（2）图书馆推选作品阶段（2018年9月21—9月27日）。

（3）专家网络初评阶段（2018年10月10日—10月16日），组织相关专家进行网上初评，确定入围作品并公布入围名单。

（4）专家现场评审阶段（2018年10月下旬），组织相关专家进行现场评审，分别评出特、一、二、三等奖及优秀奖，并综合各单位的宣传组织情况及参赛数量、质量，评出优秀指导老师奖及优秀组织奖。

（5）获奖作品将通过大赛官方网站、各图书馆官方网站、官方微博、微信公众号等途径进行展示。所有参与图书馆均可免费使用所有获奖作品用于本馆阅读推广宣传。

六、报名、参赛流程

（1）图书馆参赛申请：通过大赛官网 http://lib.51sjsj.com"图书馆申请"入口填写图书馆相关信息，提交参赛申请；通过审核后，本馆读者方可参赛。

（2）读者参赛报名：通过大赛官网 http://lib.51sjsj.com"读者参赛报名"入口填写相关信息，完成报名。

（3）读者提交作品：完成报名后，通过比赛官网在线提交设计作品，并按要求填写作品相关信息。请勿重复投稿。

七、奖项设置

特等奖 2 名：价值 5000 元奖品＋证书

一等奖 20 名：价值 2000 元奖品＋证书

二等奖 30 名：价值 800 元奖品＋证书

三等奖 50 名：价值 200 元奖品＋证书

优秀奖 200 名：精美纪念品＋证书

入围奖若干名：电子证书

最佳人气奖 5 名：价值 500 元奖品＋证书

优秀指导老师 30 名：精美奖品＋证书

优秀组织奖 60 名：奖牌＋证书（单位＋个人）

八、联系方式

联系人：相老师（手机号码略）

全国服务电话：（400 电话号码略）

大赛组织单位沟通 QQ 群：（略）

大赛选手交流沟通 QQ 群：（略）

中国图书馆学会阅读推广委员会

2018 年 2 月 28 日

以"图书馆杯海报大赛"为例，我们可以通过学习中国图书馆学会发布的第一期活动通知，明确图书馆竞赛类活动的策划思路和执行步骤。

首先，这个活动是由中国图书馆学会阅读推广委员会主办的，主办单位决定了这是一场全国范围的比赛；其次，通知非常明确地写出了比赛的主题"新时代·新阅读·新未来"，明确了参赛对象包括了全国公共馆读者和高校馆读者；再次，对大赛的程序和参赛的要求、流程做了非常明确的规定；最后，对奖项进行了设置，并提供了联系方式以供沟通和交流。

除了通知里介绍的流程、参赛平台、作品评选、获奖奖品，主办方还提供了宣传用的全套图文资料，参与的图书馆主要的精力就是对本校师生的宣传组织，可以围绕该活动开展设计类讲座、校内设计选拔比赛等校内推广工作。

（四）实施的关键点

（1）提供显著的阅读激励

发挥竞赛的精神激励作用，比如中国图书馆学会组织的"第二届大学生中华经典美文诵读活动"，虽然只有获奖证书，但跨省级的赛事级别，给获奖者带来很高的荣誉感。竞赛为读者提供了展现个人才能的平台，名次、称号等为读者提供了精神层面的满足感。图书馆可以多关注中国图书馆学会阅读推广委员会、各省高校图工委等组织的各种活动，宣传动员本校读者参加。

发挥竞赛的物质激励作用，一些数据库商或书商会组织一些知识竞赛，奖品丰厚，几百上千的都有，这些奖品的号召力也是不错的。图书馆可以注意收集这些商家的赛事，转发赛事，条件允许的也可以针对相关知识进行技能培训，提高本校获奖的可能性。

另外，利用好校内第二课堂等积分鼓励项目。不少高校对学生有第二课堂或者通识课程学分要求，参加图书馆竞赛活动的同学，只要达到竞赛设置的参与标准，就可以获得对应的积分，可以极大地提高大学生的参与积极性。

（2）清晰的竞赛流程及规则

不管是参与中国图书馆学会阅读推广委员会、各省高校图工委等组织的活动，还是图书馆自己策划组织竞赛，一定要让参与者明白竞赛的流程及规则，知道在比什么、怎么比。如果是现场型竞赛，在流程上要注意活动的现场安排、设备准备、人员调控等问题；如果是作品征集类竞赛，在流程上要注意作品提交方式、联络方式等问题[13]113。

（3）利用好赛后资源

通过比赛也能选拔人才，树立榜样。征文比赛、书签比赛、摄影比赛、优秀读者评选等，除了展示他们在这些比赛或评选中的表现，图书馆还可以加强与参赛选手的交流和联系，发挥他们在这些比赛/评选中表现出来的特长，或在后续类似竞赛中再邀请他们参加，或鼓励他们在日常的图书馆文化建设中发挥作用。

以浙江工业大学图书馆2018年参加的图书馆杯设计大赛为例，除了公布比赛获奖者，图书馆还邀请获奖者梅倾城同学为图书馆的学习中心设计相关展板。2020年，浙江工业大学图书馆组织"听见你的声音"朗诵比赛。比赛结束后，图书馆邀请参赛同学参与后续该馆"漫读电台"栏目的主播工作，组织同学参加后续中国图书馆学会阅读推广委员会组织的"第二届大学生中华经典美文诵读活动"。在该诵读活动中，曹嘉阳同学入围"诵读银星作品"。

（4）为参赛者能力提升提供阅读资源

竞赛只是手段，我们开展活动的最终目标是促进阅读、提升阅读能力。江西师范大学图书馆的"一站到底·名著阅读"知识竞赛融知识性与竞技趣味性为一体，在吸引众多大学生参赛的同时，图书馆根据竞赛备选书目购买纸本图书、提供"知识竞赛"电子图书下载专区、提供竞赛题库……通过这些方式让参与者加入阅读名著的行列。

五、读书会

（一）什么是读书会？

读书会是一种阅读交流活动，通常由一名或数名引导者及若干参与人员就某本书或某类书交流相关问题、观点，或阅读体会。活动形式有读书报告交流会、阅读研讨会、阅读沙龙等，通过交流增进理解以达到推荐图书、推广阅读的目的。读书会也被称为"读书俱乐部""书友会""读书小组"等。

（二）案例展示：西北政法大学法学理论学科"终南山法学小组"

西北政法大学法学理论学科自20世纪80年代以来就成立了组织松散的读书会，定期不定期地举行读书活动。2009年，他们将1998年成立的"2103读书小组"更名为"终南山法学小组"。

西北政法大学法学理论学科自 1998 年成立读书会以来，共举办 30 余期读书活动，共 1000 余人次参加了读书会活动，参与主体是西北政法大学 2003—2009 级法理学专业研究生以及西北政法大学本科生和校内外的法学教师。1998年以来，读书会研读了中外法学名著共 30 余种，读书会成员形成的书评类学术成果 30 余篇，其中多篇发表在《法律科学》《中国书评》《法律书评》《清华法学》等期刊上。六年来，从读书会走出去许多优秀的学术人才，18 名读书会成员考上北京大学、清华大学、中国人民大学、中国政法大学、吉林大学、山东大学等知名学府的博士。50 余名读书会成员考上北京大学、清华大学、中国人民大学、中国政法大学、山东大学、复旦大学等著名学府的硕士研究生[16]。

（三）跟着案例做推广

参考"终南山法学小组"的运作，目标明确、活动部署清晰，即便是刚进入阅读推广领域的馆员，也可以借鉴他们的方式，轻松开展适合本馆的读书会活动。

"终南山法学小组"读书会运作流程

1. 确定会名：西北政法大学地处终南山下，又是西北地区法学研究的中心，用"终南山法学小组"命名法理学专业读书会，非常恰当。

2. 明确宗旨与目标：读书会秉承"独立思考，平等交流，自由论辩，砥砺学术"的宗旨，以西北政法大学法科研究生和本科生为主体，其目标在于培养一批潜心学术、视野开阔、知识渊博的法律人才。

3. 确定人员分工：参与人员有指导老师、主讲嘉宾，还有专人负责拍摄和录音。其中指导老师还承担主持人、负责选书、邀请嘉宾、安排读书会等任务。

4. 聚会方式：时间安排上每三周举行一次，一般在周五下午 3—6 点；地点一般在西北政法大学雁塔校区。流程上分主题报告、评论、自由讨论三个阶段，主题报告指定 2 人，每人 20—30 分钟；评论阶段由两位嘉宾进行，每人 20 分钟左右；自由讨论阶段，每位参与者发言，每次发言

不超过 5 分钟。

5. 会后整理：（1）对读书会的记录以通讯稿或文字稿的形式向西北法学理论网或学术刊物投稿；（2）将读书会中的主题报告整理为书评，指导老师推荐到各大法学期刊上发表；（3）将整个读书小组的活动纳入西北政法大学法学理论学科重点建设范畴。

（四）实施的关键点

"终南山法学小组"是读书会开展深度阅读的典范。图书馆也可以很好地利用读书会这种组织开展阅读推广工作。这方面，高校图书馆应注意争取与各方的合作：

①与院系合作开展读书会，建立稳定的长期合作关系；

②与相关学生组织合作，书友会、文学社、学习小组等读书爱好者聚集的组织更容易获得开展读书会活动的支持；

③发现善于做阅读交流引导的教师或学生，与之保持稳定的联系；

④与富有作者源的出版社合作举办读书会，增加作者与读者的见面交流；

⑤与出版商、数据库商等机构合作，在宣传合作机构的同时，增加活动经费，达到共同推进阅读的目的[13] 110-112。

另外，读书会活动的开展只要达到就某本书或某类书交流相关问题、观点，或阅读体会的目标，也不用拘泥于室内围坐讨论的形式。以"南航大学暑期阅读训练营"为例，该活动通过走访先锋书店、金陵刻经处、南京图书馆古籍部、"亲近母语"绘本馆、甘熙故居等地，通过绘画（绘本）、视频（电影）、音频（朗诵）、戏曲、参观等多种形式，最大限度地激发参与者的兴趣与参与热情，从而种下深度阅读的种子。

六、真人图书馆

（一）什么是真人图书馆？

真人图书馆（Living Library）是把"人"作为可借阅的书，把人的经历与知识作为读者阅读的内容，把真人书与读者的交流作为阅读方式，以达到鼓励交流、分享经验的目的。

（二）案例展示：微天堂真人图书馆

微天堂真人图书馆由武汉大学图书馆与学生社团阅微书社共同打造，秉持"每个人的经历都是一本书"的理念，寻找各种有趣、有阅历的人，以人为书，让读者"阅读"有故事的人并与其展开对话。这些真人图书还会推荐相关书单。微天堂真人图书馆自 2012 年 12 月 17 日首次开馆，截止到 2020 年 12 月，举办过 61 期活动，推出了 140 本真人书，逾万名读者通过室内、户外、观看录像等多种形式参与活动。2017 年武汉大学微天堂真人图书馆案例获国际图联第 14 届国际营销奖第三名。

（三）跟着案例做推广

在武汉大学图书馆网站上有一个关于微天堂真人图书馆的栏目，整理了每一期的活动预告和回顾，呈现了真人图书馆的运作模式。

（1）选书标准

适合作为真人图书的应该是有阅历、适合高校读者学习了解，愿意分享、具有公益精神的人。 真人图书涉及各个领域：有海外志愿者、90 后作家、公司 CEO、互联网达人、世界记忆大师、心外科医生、考古队员、手绘画师、漫画家、诗词冠军、配音演员、非物质文化遗产汉绣传承人、非物质文化遗产传统插花传承人、法医等。多种多样的真人图书为读者提供丰富的阅读选择。

（2）活动形式

室内真人图书馆，主要采取专场和大场两种阅读模式：专场一期推出 1—3 本真人图书，真人图书轮流上场，由导读人员带领全场读者进行互动阅读。大场则根据主题同时推出多本真人图书，分小桌进行阅读。每个小桌安排 1 本真人图书、一名导读，在导读人员的带领下进行 2—3 轮的重复阅读。读者在一个时段里只能参加一个小桌的阅读，但可以根据自己的阅读兴趣选择参加不同桌的真人图书阅读。

除了室内真人图书馆，还有户外真人图书馆和线上真人图书馆等多种形式。

（3）阅读规则

配合现场导读人员的引导，读者以一种平等的态度与真人图书进行对话，不能有违反国家法律、法规、政策的言论，须尊重宗教文化，避免性别歧视，没有经过允许，不要拍照、录音、录像。如果有隐私等问题的出现，真人图书有权拒绝回答。

（4）获取活动信息途径

关注武汉大学图书馆公众号和阅微书社公众号，每一期活动都有推文预告，同时，武汉大学图书馆微博和主页都会发布活动信息。预告的后面会附上报名链接，除了报名还可以预先填写想要了解的内容，向真人图书提出问题。

（5）活动时间

活动会不定期举行，一般集中在读书节和文化活动月期间。

（6）活动地点

校内外皆有，校内常用的场地是万林博物馆三楼珞珈咖啡、珞珈创谷、总馆艺术欣赏厅等，校外有其他高校图书馆、公共图书馆等。

（7）关于书单

书单是对每一本真人图书现场阅读的记录和延伸，使得没有机会亲临活动现场的读者也可受益。因为大场活动同时推出多本"真人图书"，所以，一场活动后会有多期"书单精选"在网页专栏或微信公众号推出。书单文末还附有真人图书的推荐书目——"真人书的荐书"，让读者就相关主题展开有趣的延伸阅读。

微天堂真人图书馆各期不会重复一样的真人图书，活动中的真人图书可以反复借阅，但是内容并非一成不变的，而是会不断更新的，比如新闻联播主播康辉，2018年1月21日以"与主播康辉共话成长"为主题参与第35期微天堂真人图书馆活动，2021年4月21日携新书《平均分》再次在真人图书馆出现。再如武汉大学临床医学毕业的昌金星多次出席微天堂真人图书馆，如2016年10月30日第3期《深海里闪闪发光的鱼》，2017年6月3日第31期《从你的全世界路过》，2020年3月28日第55期《领队昌金星 | 方舱：再见，再也不见！》》[17]。

（四）实施的关键点

（1）真人图书的选题

既然真人图书是围绕真人的经历与知识交流展开的活动，学业指导、人生导向、考研留学、艺术欣赏、科研工作等这些与大学生关系密切的类目容易引起共鸣，比较适宜作为选书的方向。

（2）活动组织

应成立一个固定的活动团队，制定活动章程，保证每次的活动流程（从真人图书的征集挑选，到活动举行后的后续管理）都有可依据的规范和准则。

（3）真人图书的保存与利用

在活动结束后，经活动参与者同意，对活动交流内容中不涉及隐私的内容进行记录、整理，使隐性知识显性化；通过腾讯视频、哔哩哔哩等各种平台，提供给更多的读者阅读，使真人图书的利用更加充分[13] 118。

七、展览

（一）什么是高校图书馆展览？

高校图书馆展览是指高校图书馆主办的供师生参观、欣赏、交流的陈列性活动。展览具有鲜明的主题，一般是利用绘画、摄影、雕塑、工艺等手段，并通过实物、模型、标本、图片、图表等的陈列，配合文字及必要的口头讲解、音响、灯光效果等各种形式来开展，以起到一定的宣传、教育、传播、引导作用[18]。高校图书馆适合举办与校情馆情相结合的文献展、提高审美能力和情趣的图文展、增强师生政治觉悟的政史知识展、展示大学生人文精神的作品展等有助于提升人文素养的展览。

（二）案例展示：中华文明高校行——兰亭的故事

该活动由浙江省高校图书情报工作委员会发起，兰亭书法博物馆提供展览内容，高等院校提供场地，旨在让广大高校师生领略中国书法艺术的动静之姿、和谐之美，让兰亭文化得到更好的传播。该活动相继在浙江大学图书馆、杭州师范大学图书馆、浙江工业大学之江学院图书馆、浙江旅游职业学院图书馆、浙江工业大学图书馆、北京大学图书馆、浙江中医药大学图书馆、浙江商业职业技术学院图书馆、上海交通大学图书馆、浙江艺术职业学院图书馆、杭州电子科技大学图书馆等高校进行巡展。

（三）跟着案例做推广

这是一个巡展，每所高校围绕这次展览做的活动会有差异，需要根据高校自身的特点及学生的需求进行策划组织。浙江工业大学图书馆是巡展的第5站，做了以下推广活动：

（1）围绕"兰亭的故事"展览主题开展"风起兰亭"的预热活动

● 图书馆内书法作品赏析；

● "菁亭杯"高校联合书法大赛；

- 静湖小时光书法主题手作沙龙，制作含有书法图案的口金包；

- 魏晋文化专题讲座，了解王羲之所处年代的名士风采；

- 书法主题书展，与本次阅读推广主旨贴合。

（2）开幕式

舞蹈《梦里水乡》、朗诵《兰亭集序》、服装秀《晋代服饰的古今交汇》、洞箫《江南小调》等节目让现场充满古韵优雅氛围。

（3）王羲之主题讲座

听兰亭博物馆馆长讲王羲之如何写好玩的字、做好玩的事。

（4）走读兰亭

组织读者参观兰亭博物馆，让参与者充分了解兰亭的历史和书圣王羲之的故事。

这次围绕展览"兰亭的故事"展开的阅读推广虽然费时较长，对读者的影响却很深刻。通过巡展，高校师生在校园内就能看到以往在博物馆才能看到的展览内容，或增长见闻，或激发其实地参观的欲望。举办展览有助于深化图书馆文化底蕴深厚的形象，吸引更多的读者走进图书馆，促进阅读。

（四）实施的关键点

（1）选择合适的合作者

成功的展览需要做学术资料查询、展品形象资料收集和整理、展览内容文本策划设计、展示空间规划与设计、展览形式构思与设计、展板制作与布展控制等准备。尤其是文物展览，必须由具有博物馆布展工程实践经验丰富的机构来承担。

（2）展览主题的选择

高校图书馆引进的展览，展期一般1—2月，属于临时展位。展览主题一般选择传统文化、艺术鉴赏这些普适性高的主题以及与本校特色相关的主题。

（3）丰富展览内涵

多数的高校图书馆不具备办文物展览的条件，故巡展多以图片形式，最好的也就是配备与主题相关的仿制品。这样的巡展形式，从文物的角度，效果肯定是不及实地。因此图书馆要从宣传展览主题知识着手，发挥图书馆馆藏知识储备的特长，积极拓展围绕展览主题可以开展的活动，让读者对展览主题产生求知欲望，从而吸引读者，取得较好的阅读推广效果。

（4）展板的制作

目前虽然有可以外包的设计公司承担展板的制作，但展板主题是什么，展板要展示的内容有哪些板块，分几个部分，用多大的展板，几块展板，这些设计排版的要素，图书馆必须提供。馆员也可以自己用 Adobe Photoshop、Adobe Illustrator、CorelDRAW 等设计软件，或者用提供模板的创可贴、图怪兽等在线制作工具制作展板。不管是何种方式，都要对展板文字进行校验，认真检查展板上的文字有没有错误，及时修改。检验无误后，方可打印张贴。

（5）发掘馆藏特点，积极自主策划

经过历史的沉淀，不同高校有自己的办学特点，相应地，图书馆也会形成自己的馆藏特点。挖掘特色馆藏，也可以策划出只有本馆才有的主题展览。如北京大学图书馆，经过对馆藏 1919—1920 年西文登录簿的整理和相关文献的查找，发掘一批李大钊先生主持北大图书馆期间引进的马克思主义及其他进步文献，在 2019 年推出"不忘初心 牢记使命——纪念李大钊先生诞辰 130 周年文献展"；清华大学图书馆从馆藏中挑选 138 本包含官方校史、校友忆作、校史研究著作等内容的图书，在 2013 年 102 周年校庆日之际推出"清华人与清华大学"专题书架；武汉大学图书馆藏有线装古籍 20 余万册，其中善本 800 余种，约 1.4 万册，有 300 多种古籍收入《中国古籍善本书目》，64 种入选《国家珍贵古籍名录》，据此，推出"馆藏古籍精品书影展"和"'我与中华古籍'摄影大赛优秀摄影作品巡展"。

第三节　高校图书馆阅读推广活动年度计划

为什么我们每年忙于策划执行图书馆的阅读推广活动，微信、微博、抖音也很努力地全部用上，却越做越茫然，不知阅读推广效果在哪，做了活动意义何在？这可能就是执行前规划性不够，需要制定一份目的明确、便于执行的年度计划。

一、长远规划，年度细化

要想达到良好的阅读推广效果，光凭偶尔一两次的开幕式、聚集活动，是做不到的。在制定年度计划时，心里一定要有长远的规划，选一个项目做深一个。三五年不长、五年十年正好，慢慢来，策划执行需要细磨，读者消化吸收也需要时间。唯有抱着如此的工匠精神，才能提高活动的系列性，取得更好成效。

如南京图书馆每年会选取一部经典，采取论坛、讲座、插图版本展览、读书会、影视赏析、诗文诵读、知识竞赛、书目推荐等方式，全方位地为读者深入解读名著精髓，揭示经典对于当下生活的启示。2001—2020 年，依次推广了《红楼梦》《西游记》《水浒》《三国演义》《论语》《孟子》《老子》《庄子》《史记》《资治通鉴》这十部名著的阅读。如此长远的规划，自有一番运筹帷幄的云淡风轻，而阅读推广效果随着时间的推移，滴水穿石、水到渠成。

阅读推广活动经过多年的开展，已经慢慢由创新型服务变成了常规服务和基础服务，跟我们的书刊借阅服务的性质逐渐趋同。那么走向常规服务的阅读推广，制订计划时，不能只考虑今年或者明年，要考虑延续三年甚至五年的计划，目光长远。

二、明确可持续品牌项目，固化策划执行流程

梳理往年做过的阅读推广活动，对于效果好的阅读推广项目，要及时优化策划执行流程，在新一年度继续启用。这些往期的推广活动，不仅有现成的流程可以套用，而且积累了一定的关注者，为新一年的阅读推广工作培育了良好的用户基础。

应当根据校内大学生的教学科研安排，选择适合的阅读推广时机。例如：

● 在 4—5 月，安排读书节活动；

● 在 5—6 月，安排针对毕业生开展创业方面的书目推荐或讲座；

● 在 9 月开学季，安排针对大一新生的浅层阅读推广；

● 在 10—11 月，安排针对研究生开题或专业写作方面的书目推荐或讲座。

对一些常用阅读推广方式，比如讲座、主题书展、图书推荐、评选优秀读者等，可以在年度计划里多次出现。

三、确定选题，选择适合的阅读推广活动

可以参考以下方法，确定选题：

①结合年度纪念日，如 2016 年汤显祖和莎士比亚逝世 100 周年，2021 年

建党 100 周年，这些都与某个重大历史纪念日相关。围绕这些主题开展活动有助于紧跟时代热点，增加相关历史知识。

②结合节日，端午、中秋、元宵等中国传统节日，可亲近传统文化，提高人文素养。

③结合校情校史，可配合具有本校特色的重大活动等开展。

④结合文化机构的年度热点，比如年度好书榜、诺贝尔文学奖等。

⑤结合社会热点新闻，比如名人去世引发的怀念效应、热门连续剧对应的原著等[2]46-48。

这些选题除了最后一个社会热点不可控外，其他方式产生的选题大部分都可以在年度计划里提前规划。对这些选题，在制订年度计划时可以参考岳修志老师的分类，根据阅读推广人的时间、精力，选择适合本馆的阅读推广类型：如果图书馆某年的阅读推广活动操作晚了，或者经费不足、人力不够，那就找一些最省力的来开展，如图书推介、读书辩论赛、读书节启动仪式和闭幕仪式、书法作品选（展览）、校园阅读（风景）摄影比赛（展览）、名著名篇朗诵、读书有奖知识竞赛、书签设计、精品图书展览等活动；如果计划得早，经费足、队伍强，那就开展相对来说比较费力的活动，如经典视频展播、名著影视欣赏、读书征文比赛、名家讲座、污损图书展览、图书漂流、读书箴言征集、评选优秀读者等活动[19]。

四、参与统一部署的活动，推广事半功倍

中国图书馆学会阅读推广委员会在每年的三四月份会发布该年度开展全民阅读工作的通知，并附全民阅读工作计划单。这个通知提出的主题，一般都具有文化战略部署的意义，或者是本年度图书馆界关注的重点，如 2021 年中国共产党成立 100 周年，主题为"阅百年历程，传精神力量"；2020 年初，新冠肺炎疫情肆虐，该年主题为"书香助力战'疫'，阅读通达未来"；2019 年是新中国成立 70 周年，是决胜全面建成小康社会、实现第一个百年奋斗目标的关键之年，推广主题为"读经典 学新知 链接美好生活"；2018 年是深入学习贯彻党的十九大和十九届三中全会精神的重要一年，也是《中华人民共和国公共图书馆法》施行元年，推广主题为"阅读，与法同行"。制定阅读年度计划时，参考或者参照他们的主题思路，站位不会低。而所附的工作计划单包

含的主旨活动、征集展示活动、展览等项目，高校图书馆可以根据本馆服务对象特点，选择适合的项目参加。参加这些全国性阅读推广活动项目，不仅能省去自己策划、组织宣传文字等"费力"的流程，活动号召力也比较高。另外，教育部图工委和各省份的图工委在每一年中也会组织一些阅读推广活动，这些活动针对高校大学生而策划，参与其中也是扩大本馆阅读推广活动规模的一种方式。

五、立足本校本馆，让活动具有鲜明特色

清华大学图书馆对老馆大库藏书进行地毯式搜索，从 27 万馆藏中找到 1 万多册签章本珍贵图书，并围绕这些珍贵书籍开展系列活动，建设签章本图书数据库，举办馆藏签章珍本展览等多种展览。宁德师范学院图书馆组织师生通过闽东地方资源中心、馆自建畲族数据库等收集当地文献资料，去实地考察，由师生 DIY 制作出一些关于当地旅游攻略的手工书，放置在图书馆活动区域内供读者阅读[20]。这些活动都是馆员立足本馆的资源与服务，挖掘其推广价值，策划出的具有鲜明特色的专题活动。

参考文献

［1］王波 . 阅读推广、图书馆阅读推广的定义——兼论如何认识和学习图书馆时尚阅读推广案例［J］. 图书馆论坛，2015（10）：4-7.

［2］王新才 . 大学图书馆阅读推广［M］. 北京：朝华出版社，2017.

［3］文意纯 . 基于流程管理的阅读推广组织变革研究［J］. 四川图书馆学报，2016（4）：85-89.

［4］陈巍，倪潇，陈松 . 基于流程规范化管理的阅读推广项目实践研究——以天津大学图书馆阅读推广项目为例［J］. 图书情报导刊，2020（5）：60-66.

［5］范并思，王巧丽 . 阅读推广的管理自觉［J］. 图书馆论坛，2015（10）：8-14.

［6］王波，等 . 中外图书馆阅读推广活动研究［M］. 北京：海洋出版社，2017：238-239.

［7］朱馨叶，张小倩，李桂华 . 图书馆阅读推广活动激励机制研究——基于 2018 年国内图书馆"世界读书日"活动案例［J］. 大学图书馆学报，2019（4）：71-78.

［8］阚德涛 . 高校阅读推广用户参与动机与激励策略研究［J］. 图书馆学研究，2016

（21）：70-74.

　　［9］邱冠华，金德政.图书馆阅读推广基础工作［M］.北京：朝华出版社，2015：50.

　　［10］胡显章.清华大学荐读书目［M］.北京：清华大学出版社，2017.

　　［11］图书馆推出第34期专题书架之科幻专题——宇宙奇趣［EB/OL］.［2021-05-05］.https://www.sohu.com/a/340575736_295452.

　　［12］图书馆·情报与文献学名词审定委员会.图书馆·情报与文献学名词2019［M］.北京：科学出版社，2019：206.

　　［13］陈幼华，等.高校图书馆阅读推广理论与方法［M］.北京：朝华出版社，2020.

　　［14］全国首届"图书馆杯"主题海报创意设计大赛［EB/OL］.［2021-05-05］.https://lib.51sjsj.com/2020.

　　［15］结果发布 | 第二届"图书馆杯"主题图像创意设计征集活动［EB/OL］.［2021-05-05］.https://mp.weixin.qq.com/s/EnGulayGjDT7EBVw-MIIlw.

　　［16］邱昭继.读书会与法科学生科研能力的培养［J］.法学教育研究，2011，4（1）：256-268，414.

　　［17］微天堂真人图书馆［EB/OL］.［2021-04-11］.http://www.lib.whu.edu.cn/reading_festival/2015/MedRealper/index.html.

　　［18］王春如.校园会展类活动指导手册［M］.长春：吉林出版社，2013：3.

　　［19］岳修志.基于问卷调查的高校阅读推广活动评价［J］.大学图书馆学报，2012（5）：101-106.

　　［20］李沛."第二届全国高校图书馆阅读推广案例大赛"获奖案例解析与启示［J］.高校图书馆工作，2020（2）：54-60.

思考题

1. 你觉得从事阅读推广工作的馆员需要具备哪些素养？

2. 围绕某一主题的阅读推广活动，如何写活动方案？

3. 实施竞赛类阅读推广活动的关键点是什么？

4. 你认为"真人图书馆"实施的难点在哪里？

5. 为本馆制定一个年度阅读推广计划。

第八讲　高校图书馆空间再造

王　宇　吴　瑾　刘偲偲[*]

新世纪，伴随着网络、传媒、数字化信息的进步和普及，教育模式的转变，空间承载功能的拓展，高校图书馆传统空间布局及藏、借、阅服务模式已经难以支撑"双一流"高校建设的需要，难以满足用户的需求，图书馆对现代高校需求的不适应性日益凸显，图书馆服务转型被不断提出并付诸实践。当然，能建设新图书馆并科学设计布局是很美好的景况，如若不能，筹谋旧馆改造更是一种明智的选择，于是一场高校图书馆对原有旧馆的功能分区、交通流线、平面布局、服务功能的破旧立新变革潮流日益汹涌澎湃起来。

第一节　图书馆空间再造缘起

一、为何强调空间再造？

高校图书馆为了能更好地履行新时代的职责与使命，必须开展图书馆空间改造，原因主要有以下四点。①传统模式与时代发展相矛盾，新时代图书馆"注重人的需要"，传统图书馆的资源与空间难以适应新时代的要求。②图书馆转型发展是必然选择。在用户需求驱动下，图书馆迫切需要打破固定空间的

　　*　王宇,硕士,研究馆员(三级),沈阳师范大学图书馆党总支书记,教育部高等学校图书情报工作指导委员会委员,出版《高校图书馆社会化服务研究》《全民阅读从创新发展中走来》《全民阅读新常态发展策略探索》等图书5部,发表论文50余篇。

　　吴瑾,硕士,研究馆员,沈阳师范大学图书馆副馆长,发表论文20余篇。

　　刘偲偲,硕士,沈阳师范大学图书馆馆员,发表论文20余篇。

局限性，利用开放并无限延展的网络力量，将用户、活动放到一个广域空间。③业界的明确导向与政策支持。2009 年在意大利都灵市举行的第 75 届国际图联（IFLA）年会上，探讨的论题是"作为第三空间的图书馆"，本质就是使图书馆从"书"的空间转变为"人"的空间，通过打造舒适的空间，为用户提供社交和活动的机会。这种空间是一个集学习、交流、展示、娱乐、创意于一体的新型空间，相比于传统的图书馆空间，新型空间是一种更加适合信息化社会的空间形式。依托新型图书馆空间的服务形成一种综合的空间服务体系，满足了用户资源体系、知识空间、服务设施、实体空间、学习研究场所、文化氛围等一系列信息利用需求，它更强调服务的综合性（即一站式的特点），重视交流与合作，鼓励创新与创意，提升人文素质，体恤用户情感。国际图书馆界的普遍关注引领、推动了图书馆空间再造的世界潮流，"新型空间服务"作为未来图书馆的重要服务模式被提出来[1]。中国图书馆学会连年下发关于开展全民阅读活动的通知，阅读文化新空间被不断催生。④空间文化的深厚积淀与推动。图书馆是社会文化公益机构，是民众阅读、研究、创造以及开展文化活动的特定场所，高校图书馆作为文化场所与生俱来就是服务于教学科研的文化基地和学生的第二课堂，其所具有的空间属性使其在长期满足读者需求的服务过程中积淀了深厚的空间文化。面对高校教育改革的需求和学生的多元化需求，高校图书馆需要不断与时俱进，将更多的读者需求元素融入空间设计与创新服务中，把图书馆打造成读者的向往之地。

二、空间再造的优势在哪里？

美国大学与研究图书馆协会（ACRL）近几年重点针对学生的成功进行了一系列调研，提炼出图书馆对于学生成功的作用之一是：图书馆空间利用是对学生学习成功的有力支持。高校图书馆的空间利用在培养人才方面的服务效能和服务价值有了新的突显。图书馆对传统空间进行改造，针对不同读者、不同专业、不同研究课题的需要，营造了许多大小适宜、布局合理、虚实兼备、舒适便捷的空间场所，统称为"信息共享空间"（Information Commons，IC）。这展示了图书馆适应网络时代需要的环境优势：一是基于开放获取的思想，确保对信息的开放获取和利用，推动信息资源共享和自由获取，支持读者学习、创新和实践。二是基于服务创新的思想，将打造信息共享空间作为整合空间、资源与服务，推动转型发展和创新服务的动力与保障。三是基于主动服务的理念，将实体空间与虚拟空间结合，有利于人们运用现代信息技术手段，用多维的、即时的方式来管理信息，灵活进行交流互动，这让被动留守的传统空间望尘莫及[2]。

三、空间再造始于何时

在内"忧"外"患"形势的逼迫下，国外高校图书馆于 20 世纪 90 年代便悄然掀起了空间改造的浪潮。1992 年 8 月，美国艾奥瓦大学图书馆"信息拱廊"（Information Arcade）的使用，成为全球"IC"建设的起源。"信息拱廊"是空间、资源和服务的集成，支持信息的开放获取，全面培养读者的信息素养，促进读者的学习、交流、协作、研究。此 IC 形式一经诞生便被美国、加拿大、英国等国的图书馆所接受并流行起来[3]。据美国大学与研究图书馆协会 2004 年 7 月公布的一项调查报告，其成员馆中开展 IC 服务的已占 30%，建成的 IC 已达百余个，IC 代表着高校图书馆发展的新潮流，对图书馆界新一轮服务创新的影响极其深远。2004 年，新加坡南洋理工大学图书馆的 IC 改造正式开始，至 2020 年，该馆共建成李伟南图书馆、中文图书馆、商业图书馆等 7 个主题图书馆，共有小组研究区 8 个，学习、会议、研讨录音等共享空间 36 个[4]。2008 年，韩国延世大学新建的三星图书馆，设有 16 个学生合作空间、16 个研究室、82 个笔记本电脑座席，构造了集学习、研究、讨论和娱乐多种功能为一体的 IC[5]。我国香港地区高校图书馆的空间改造起步较早，如香港中文大学、香港科技大学等。在内地，岭南高校图书馆等也较早打造了 IC。2005 年，上海图书馆馆长吴建中的《开放存取环境下的信息共享空间》一文首次将"信息共享空间"这一词语引入国内图书馆界，2008 年，复旦大学江湾校区图书馆的 IC 开放。此后，IC 建设在中国高校图书馆如火如荼般展开。

第二节　图书馆空间再造体系

一、图书馆空间再造规划的要点

图书馆做空间再造规划时，要关注以下三个问题：一是要对用户需求进行调研，二是要明确关键要素，三是要遵循布局原则。

（一）用户需求调研

需求分析法是图书馆空间再造规划的核心之一，完整的需求分析能让规划成为具有战略性、前瞻性的纲领性决策，同时避免因需求变更、论证不充分而出现规划反复修改的情况。结合图书馆空间再造的实践，空间规划时最常用、最典型、最有依据的是用户需求分析方法。包括：

（1）内容分析。主要以各种文献为研究对象，借助数学统计方法对文献的内容进行定量分析，从而获得比较可靠的信息。图书馆要围绕服务转型开展新空间规划，分析挖掘战略规划重点，从馆藏建设、研究支持、空间、交流合作等方面进行分析，努力建设开放、有活力、创新的空间。

（2）案例研究。搜集图书馆空间再造实践典型案例，结合具体走访、分析、解剖，研究者进入特定空间，建立真实感受和寻求解决问题的方案。成功案例具有一定的创新性和示范性，尤其重点高校图书馆在空间变革理念、配套家具设备设计、特色空间服务以及人文关怀等方面具有前沿认知，值得参考借鉴。

（3）调查问卷。以设问的方式表述问题，问卷分为面向"机构用户"和"个人用户"的问卷。机构用户包括行政机构、院系、学生社团、学生会、研究生会等。机构用户使用空间的类型主要是报告厅、展览空间、大型研讨室等。个人用户包括教师、研究生、本科生、留学生等。他们使用的空间类型主要是阅览空间、小型研讨室等。通过问卷调查所搜集到的不同用户的需求意向将作为再造空间服务功能的规划依据。

（4）专家论证。针对图书馆空间改造决策问题，征询校内专家、业内专家和建筑设计专家的意见，运用充分有力的证据直接证明观点，让各路专家参与空间布局和设计，在空间再造过程中定期组织专家论证会议^[6]。

（二）空间布局的关键要素

图书馆空间改造是对传统空间布局的颠覆性变革，新空间布局应能够整合空间、技术、设备、人等元素，成为图书馆开展复合型服务的基础，旨在将图书馆打造成为可供用户学习、研究、交流、创新的场所，提升图书馆服务的品质。再造空间布局的关键是既要考虑一切为了读者，又要发挥一切空间的最大效应。

（1）核心要素。楼层因素：楼层布局与用户使用频率呈负相关，即，使用频率高的空间布局在低楼层较好。人流因素：人流量较大的空间位于最方便的区域或低楼层。功能因素：空间依据功能布局，进行动、静分区。业务流程因素：空间使用需要建立申请手续、空间预约、自主管理等制度，建立完善的流程管理制度。资源因素：按照需求布局各类资源。服务因素：新型空间应该以服务创新为核心要素。

（2）设备配置。家具配置：空间配套的家具设备需进行明确的功能定位，注重灵活性、便利性、舒适性和人性化布局。技术设备：根据不同空间功能提供符合空间服务需要的技术设备，设备的功能以技术先进性和可扩展性为首要考虑因素，便于提供智能化和泛在化服务。

（3）环境氛围。突出文化元素：在环境设计上注重艺术性和人文性的有机结合，尤其是特藏室、阅览室、研讨室等空间，应围绕不同主题设计软环境。配套标识系统：各个部位配备便利和明晰的标识系统，楼层分布、功能区标识、图书分类标识、公共区域标识等，可以利用不同的色彩来标识区分各个区域，与空间紧密结合。营造绿色生态环境：阅览空间以自然采光为主，书架距离读者要近，灯光适合，饮水方便，用盆栽花草绿植点缀和净化空间，营造温馨舒适的绿色生态学习环境。

（三）遵循空间规划布局的原则

图书馆空间改造的目的是实现业务转型和服务创新，所以应贯彻以用户为导向的理念，一切以用户为核心。根据服务内容，空间改造布局应遵循以下基本原则：①使用便捷原则：考虑各类用户的使用习惯，提高他们利用空间、获取服务的便捷性。将用户使用频率高的空间服务放到低楼层，靠近用户、最易找到的位置。②交互顺畅原则：将内部业务工作有交叉连续的相关业务部门放在同一楼层或最近距离位置，方便业务交互；一线馆员的业务工作区域应与读者使用区相融合，便于读者有需要时第一时间获得服务。③最大化功能原则：所设空间应尽可能考虑实现多项服务内容，实现空间的多元化、最大化利用。提供一站式服务，尽量减少用户在各业务区域流动的时间，提高服务体验。④动静分区原则：所设区域必须考虑动静因素，将安静的学习区与报告讲座区、研讨交流区、影音播放区等声音嘈杂的空间进行分隔，以满足不同用户的需求。⑤多元模块分区原则：空间可以根据用户需求快速进行模块组合，即一个大空间中包括几个小区域，注重开放性、灵活性、自主性、关联性，实现多元服务功能[6]。

二、图书馆空间再造布局体系

（一）馆藏区

高校图书馆在空间改造中，首先要考虑馆藏区的布局。馆藏区的布局要综合考虑文献类型与文献利用率，利用率低的文献密集收藏，利用率高的文献开放利用。馆藏区根据文献类型一般可划分：古籍文献阅览区、民国文献阅览区、港台文献阅览区、艺术文献欣赏区、考试考级文献阅览区、中文普通图书阅览区、外文图书阅览区、中外文期刊阅览区等。截至 2015 年底，北京大学图书馆馆藏区 37 个；武汉大学图书馆馆藏区 102 个；南京大学图书馆馆藏区 101 个；山东大学图书馆馆藏区 82 个[7]。高校图书馆的馆藏区数量依馆而定，但要坚持空间紧缩原则，只要读者利用方便，利用率高，满足读者的需要，便可视作合理。

（二）自习区

一般高校教学楼的共享教室课外都作为自习室使用，这在一定程度上能减轻图书馆的负担。但图书馆的自习区、自修室、考研自习室、公共自习室仍然是必不可少的。自习室资源分配应根据学生不同时间的考试需求设置，为学生提供良好的学习条件。自习室需要安静独立的思考空间环境，对楼层分布没有严格要求，注意采光、通风、有电源和网络接口、桌椅舒适、储物柜、热水、安静等条件会提升学生的满意度。如西南财经大学图书馆新修自习室有热咖啡、蛋糕，以及休息区，被称作全国高大上的自习室。

（三）阅览区

图书馆传统的阅览室一般分为普通阅览室、专门阅览室和参考研究室等类型。空间改造后的阅览区应由若干特色阅览空间组成，如内蒙古科技大学图书馆的"经典阅读室"、电子科技大学图书馆的"博约书屋"、四川大学江安图书馆的"三品堂"、沈阳师范大学图书馆的"明德讲堂"、华南师范大学图书馆的"至善堂"、山东电子职业技术学院图书馆的"红色经典阅读区"等。经典阅览空间的功能比较注重经典阅读推广，图书馆可利用特色阅览空间举办专业经典导读、经典诵读、研讨、读书沙龙、品读分享等活动。特色文献阅览空间的功能设计侧重于开展嵌入专业学习的阅读活动，如师范院校图书馆独具特色的绘本空间，具有阅读、教学、讨论、绘本及绘本剧创作等多种功能，是培养幼教、小教师资必备的阅览空间。

（四）研讨区

图书馆研讨区包括：培训教室、共建空间、研修空间、语言交流空间、启智学术空间、写作指导等各种空间。室内配置专业经典文献、交互电视、教师用机、学生用机、投影仪、电子画板、黑板等，这些文献与设备为空间注入了浓浓的阅读元素，可开展专业导读、学术研讨、读书沙龙、小型会议等活动，适宜举办中小型会议及学术研讨活动。研讨区还可以用来开展包括新生入馆教育、文献信息检索课教学、数据库培训、嵌入式教学、专题培训等信息素养教育活动。

（五）多媒体中心

图书馆的多媒体中心一般是由过去的视听室发展而来，是图书馆不可或缺的区域。经过改造升级后出现了多媒体演讲厅、3D影视厅，以及音乐鉴赏、影音风暴、有声朗读、电子阅览室等系列空间。这些空间配备高清播放设备、交互电视、教学一体机、投影设备、电钢琴、KUKE电留声机、录音设备等工具，以及世界经典原著影片、科普影片、教学用视听资料、随书光盘，供师生开展多媒体教学、影视沙龙、学术研讨等活动使用。

图 8-1　北京大学图书馆多媒体研讨室

（六）新技术体验区

新技术体验区是近年衍生的产物，包括新技术体验空间、创客空间、创客加油站、创客大讲堂、创意研讨区、创意展示区（不同高校布局名称各异）、慕课微课制作区等。这些区域可配备 3D 打印机、苹果电脑、Kindle 电子书阅读器、云 CD 机、小米科技产品、智能家电、投影等现代化设备，同时在资源方面配备精选的相关纸本和数字文献资源。新技术体验区是读者进行创意思维训练、体验和实践创造的场所，用户在这里能够通过加工制作流程将创意变成现实。

图 8-2　清华大学图书馆"清华印记"互动体验空间

（七）珍稀文献区

高校图书馆珍稀文献区包括：古籍文献库、古籍阅览室、古籍修复室、民国文献室、地域特色文献室、红色文献库、专家文献库等。珍稀文献是重要的文化遗产，代表高校图书馆的文化底蕴，在空间改造策划中应得到保护开发和利用。古籍文献尤其应重点保护并成立修复室。红色文献是传承红色基因的重要载体，是丰富生动的教科书，蕴含着丰厚的历史与文化底蕴，值得重视、保护、挖掘、研究和传承。

（八）成果展示区

成果展示的过程是反馈交流的过程，是经验共享的过程，是思维碰撞的过程。对图书馆来说，打造成果展示空间是必不可少的。成果展示区主要包括文化展厅、展位、展柜、展板等空间与设备。展示内容包括：服装设计展、书画展、摄影展、文创产品展、课件、网页、模型、音像制品、艺术作品、发明制作等成果。许多高校成果展示区与校内各部门共享，利用率很高。

（九）校园文化区

校园文化的核心内容是校园精神文化，学校的形象、个性、风貌，往往通过校园精神文化建设体现出来。高校图书馆的空间再造应将校园文化融入其中，可将校训、校歌、校徽、校友事迹等布展在报告厅、馆内书店、研讨室、展厅等文化空间中，也可开辟能展现学校办学特色和文化传承的校园文化特色展示空间，定期举办主题文化展览、各类典礼和文化活动。通过校园文化区的设计与打造可以展示学校的发展成果与学脉传承，充分展现学校的精神风貌，增强学生的荣誉感和归属感。

（十）休闲区

休闲区是指学生在非学习时间或自习间歇时间身心调节与放松的地方。包括咖啡厅、食品店、环廊、储物柜区、观赏区、楼梯转角处等，在图书馆内可因地制宜，摆设舒适的沙发、茶几、荡椅等家具，空间搭配合理，环境设计美观，打造闲适的休息区域，供读者喝咖啡、交流、阅览、休息等，为他们提供轻松愉快的学习休闲环境，增强用户黏性。

以上划分源于高校图书馆布局的共性和规律，从普适性角度出发，将空间区域按类划分为10个区域，主旨是缩减藏书空间面积，扩大用户服务空间面积，把直接面对读者的一线业务使用空间嵌入用户服务空间，各区域之间相辅相成，互相贯通协调，互相提供支撑，改建成一种集资源、知识、服务、技术、文化于一体的一站式综合性空间服务体系。

三、图书馆再造空间的特点

高校图书馆经历了从以藏书为主→藏借阅合一→以人为本的转变，更加注重人的需求，其功能正在从资源的藏与用转变为知识的交流与创新。具有新型服务空间的图书馆，无论在工程设计、室内设计、智能照明、空间陈设以及装饰色彩、绿植选择等视觉设计方面，还是在创新服务、活动策划、组织指导、服务技能等业务方面，均体现简约而不失优雅、大气而不失灵动、时尚而不失内涵、个性而不失精准的风格，可以满足师生各种教学创意活动的需求。高校图书馆空间再造从总体情况来看呈现了如下特点：①虚实交融、多元并举。新造空间体现了主观与客观结合、实体与虚拟交融、当前与未来相济的愿景，使图书馆的服务手段更加多元，内涵更加丰富，发展形态更具延展性。②嵌入专业、涵育文化。根据学校培养目标和学科建设来组织实施，结合专业特点策划空间功能与布局，将服务功能融入专业建设，同时在拓展空间主体内容的基础上满足其他文化教育需要。③设施智能、舒适便捷。新造空间将设施智能化和设计人性化置于首位，空间设备配置体现先进性和智能化；装修设计美观典雅，配置组合式多功能家具，增强艺术气息和学术研究气氛。④管理科学、规范有序。空间使用的规则齐备，空间利用实行线上预约、免费使用，专业馆员跟踪服务，并实行质量监测与评估。⑤风格多样，特色突出。图书馆空间改造均围绕设定的主题设计空间环境及服务功能，所打造的空间风格各异，特色鲜明，许多空间颇有独到之处。

第三节　图书馆空间再造实践

一、京津冀地区高校图书馆空间改造

京津冀城市群是以首都为核心的世界级城市群，包括北京、天津和河北省的保定、廊坊、唐山、石家庄等 11 个市及定州和辛集 2 个省直管市。京津冀

地区知名大学云集，北京大学、清华大学等 10 所高校名列"双一流"建设高校名单[8]。三地高校积极适应高等教育一体化协同发展的需要，建设一流学校就必须建设配套的一流图书馆。京津冀高校图书馆空间改造以北京为引领，交流借鉴国外经验，加强理论专题研讨，举办各种讲座会议，大力宣传空间再造与功能重组经验，努力打造以人为本、富有智慧、各具特色的新时代图书馆。

京津冀城市群著名的高校图书馆，北京大学图书馆、清华大学图书馆、中国人民大学图书馆、天津大学图书馆、南开大学图书馆、北京航空航天大学图书馆、北京师范大学图书馆等在图书馆空间改造中发挥了引领作用。北京大学图书馆牵头高校图书馆资源共建和服务共享，通过资源整合、空间改造、流程重组、人力资源开发、开拓学习（创意）空间服务等一系列措施来创新图书馆的服务，将图书馆打造成校园学术文化中心。清华大学图书馆打造的"清华印记"互动体验空间，"iCenter"智能风险监控中心等新型再造项目都是很有特色的设计[9]。北京师范大学图书馆从 2011 年开始招标建设 RFID 技术下的空间拓展和服务创新，该图书馆空间改造的成功案例也让同行耳目一新。南开大学津南校区图书馆打造的 IC 空间包括 36 个研读间和 30 个研讨室，以及各种新型空间[10]。中国石油大学图书馆、中国传媒大学图书馆、天津体育学院图书馆等京津冀地区高校图书馆都在空间改造方面积极行动并取得成绩，无论在学术研究领域，还是在工作实践层面，都为全国高校图书馆树立了典范[11]。

二、江浙沪地区高校图书馆空间改造

江浙沪地区不仅是我国的经济中心、科技创新高地，更是文化教育事业发达地区，根据教育部公示的全国普通高等学校名单，江浙沪地区有普通高等院校 300 多所。江浙沪地区高校图书馆对图书馆"第三空间"的理念接受程度较高，早在 2008 年，复旦大学江湾校区图书馆建造的 IC 空间已经开放。在高校图书馆空间再造的过程中，江浙沪地区高校图书馆中的大多数都进行了不同程度改造、扩建或新建，采取及时的行动，在激烈变革中抢到先机。为了推动图书馆空间改造事业发展，这一地区的图书馆学会和高校还先后举办了图书馆空间改造主题研讨会，交流与推广各馆的好做法、新经验。2017 年 6 月，上海市图书馆学会主办了"图书馆空间再造与功能重组转型"研讨会。2017 年 11月，温州大学图书馆主办了"现代图书馆空间改造和服务创新"研讨会，通过专题研讨激发与提升图书馆服务的创新意识和能力。

在江浙沪地区，许多高校图书馆都建造了特色鲜明、功能新颖的新型服务空间。复旦大学医学图书馆打造的"新技术体验区""录音录像空间"等新空间2018年已经投入使用。上海交通大学联合京东公司建造的"交大—京东"创客空间将功能聚焦在创新创业支持上，能够提供知识分享、创意交流和协同创造等服务，该空间的建设也融入了上海交通大学图书馆的IC^{2}服务理念，打造了24个小组学习室，将图书馆服务嵌入研究过程，为团队学习、项目研讨、学术交流提供支持服务。上海海事大学图书馆于2015年改造的"众创空间"，设有讨论区、交流区、创新成果展示区、休闲区等四大功能区域，提供"全方位、一站式"创新创业支持服务。嘉兴职业技术学院图书馆以"学习者为中心"，充分满足读者的多层次、多元化、多样化需求，为大学生提供具有创新性和启发性的学习空间环境。其他高校图书馆空间改造的优秀范例还有南京师范大学图书馆的多媒体艺术阅读体验空间、浙江工业大学图书馆的学习共享空间、同济大学图书馆的"闻学堂"等。尤其值得一提的是南京艺术学院图书馆的空间改造获得了全国第五届"领读者·阅读空间奖"大奖，在该馆的颁奖词中说道：秉承闳约深美的理念，围绕"艺术与阅读"大做文章；以图书馆为课堂，"晨诵""手绘""阅享""观影""书声""读书"齐飞；一品讲堂专家汇聚，以阅读促教学，以教学融阅读，是为艺术类高校图书馆的楷模[12]。

图8-3　上海海事大学图书馆学术交流中心

图 8-4　南京艺术学院图书馆开放式报告区

三、泛珠三角区域高校图书馆空间改造

　　珠江三角洲位于广东省中南部，范围包括广州、佛山、深圳等 9 个城市，是我国全民阅读主阵地，以广州、深圳为龙头的城市文化建设和高校图书馆建设均列前茅。2003 年 7 月，泛珠三角区域即知名的"9+2"经济地区概念在国内正式提出，该地区包含了中国华南、东南和西南的九个省份及两个特别行政区（福建、广东、广西、贵州、海南、湖南、江西、四川、云南、香港、澳门）。泛珠三角区域不仅是经济协作区，而且所含各省份的教育文化也在交流合作中快速发展。各类高校图书馆在空间改造方面都紧跟时代潮流，积极筹谋，因地制宜、因馆制宜，稳步前行。四川大学图书馆推出了红色文化专属阅读空间"学习书屋"；打造了特色阅读文化品牌"真人书屋"；改造了"明远影苑"，配置专业设备及特色资源，面向校内师生提供服务。华南师范大学图书馆坚持"用户为天，资源为地，服务为梯"，打造的知识共享空间以分享、当代、人本为理念，设计了不同规格的封闭研修室和开放分享区，文化沙龙空间"至善堂"则更侧重于打造包含琴、棋、书、画、茶、香、诗、花等意象的中国古典文化氛围，变身广州最美大学图书馆[13]。此外，广州大学城图书馆、

星海音乐学院图书馆、韶关学院图书馆等图书馆，均在空间改造方面付诸行动并取得成绩。

图 8-5 四川大学江安校区图书馆红色文化阅读空间"学习书屋"

图 8-6 华南师范大学图书馆文化沙龙空间"至善堂"

泛珠三角地区的高职院校图书馆空间改造也不甘示弱。四川省 30 余个、广东省 10 余个高职院校图书馆，提出高职院校的创新发展态势是图书馆空间改造的原动力；积极开展空间再造。如厦门城市职业学院图书馆，打造了阳光阅读区、展览阅读区、休闲阅读区、户外阅读区等四个阅览区。深圳职业技术学院图书馆等近百所高职院校图书馆进行空间再造，均收到良好效果。该区域每座高校图书馆都是当地的阅读地标，所打造的共享学习空间通过各种品牌活动丰富了读者使用图书馆的体验。

香港的大学主要有香港大学、香港科技大学、香港中文大学、香港理工大学和香港教育学院等。各大学图书馆规模都不大，馆舍紧张是比较现实的问题。但他们比较重视学习空间再造，由信息共享空间（IC）到学习共享空间（LC）的转型发展较快。多所大学图书馆都打造了舒适自由、个性化的服务空间。香港大学图书馆坚持"以读者为中心"的指导思想，打造了学习空间、研究共享空间、协作学习间、IT 空间、自助服务区、视觉室、研习室、特藏阅览室、博士生研读室、研究咨询室、休闲阅读室等研究支持和学习支持的空间。香港科技大学图书馆 2006 年再造了综合"资讯坊"（IC），设有个人和团体研究室、讨论室、讲演室等，2012 年启用了综合"研习坊"学习空间，其中包括 17 个小组研讨室、2 个学习室及部分导修空间。此外，该图书馆内还设有创意媒体区，主要由媒体制作室、后期制作室、图像工作室等组成。各个空间配置设备较为先进[14]。

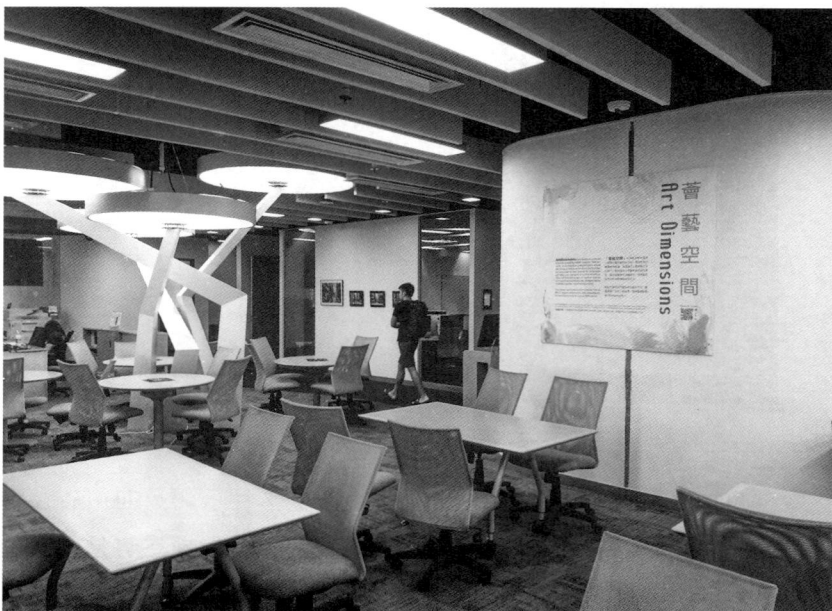

图 8-7　香港科技大学图书馆艺术空间

四、东北地区高校图书馆空间改造

东北地区不仅是我国工业、农业、林业的重要基地，而且高校数量和规模位居全国前列。这里拥有 985 工程大学 4 所，211 工程大学 7 所，多数高校专业性很强，图书馆配套建设比较完备，管理服务规范，图书馆空间再造服务创新理念先进。东北大学图书馆、辽宁大学图书馆、大连理工大学图书馆、沈阳农业大学图书馆、吉林大学图书馆、哈尔滨工业大学图书馆、东北师范大学图书馆、东北农业大学图书馆等与时俱进，大多取得了旧馆改造的新成绩。

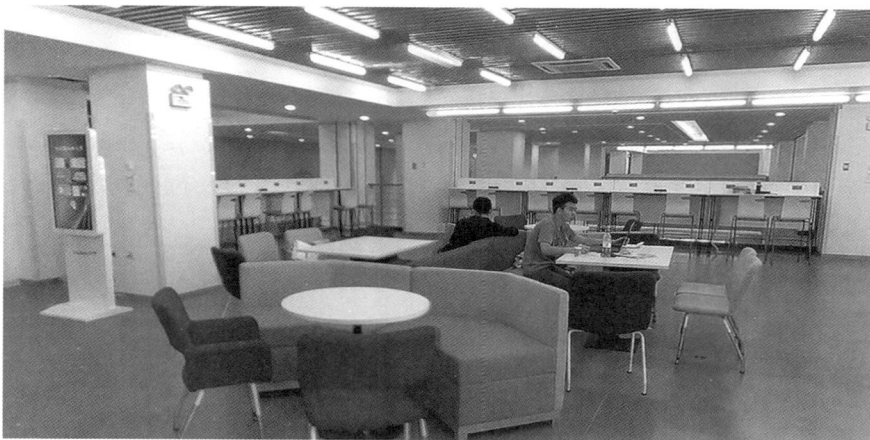

图 8-8　哈尔滨工业大学图书馆信息共享空间

值得关注的是沈阳师范大学图书馆的空间再造，从 2011 年起，先后进行了书刊密集整合，拆除传统围墙，开展空间再造。打造了 5 大区域 22 个学习共享空间，经历了从文献服务→信息服务→知识服务→空间服务→智慧服务的转变过程。该馆通过空间再造不断探索新型服务模式，取得丰硕成果：2016年获中国图书馆学会"全民阅读先进单位"；2017 年获中国图书馆学会授予"全民阅读示范基地"称号；2017 年获中国图书馆学会"第三届领读者·阅读空间大奖"；2018 年获中国图书馆学会"发现图书馆特色人文空间"一等奖。这些奖项见证了该图书馆空间再造的成就[15]。

图 8-9　沈阳师范大学图书馆绘本馆

五、台湾地区高校图书馆空间改造

台湾地区大学主要有高雄师范大学、台湾师范大学、（新竹）清华大学、彰化师范大学等。台湾地区大学图书馆的馆舍空间普遍较大，因为馆舍陈旧，空间改造需求较为迫切。台湾地区大学图书馆在空间的设置和设计上凸显人性化，体现人文情怀。高雄师范大学燕巢校区图书馆开辟了创意空间，如爱阅馆（IREAD），空间设计非常注重色彩搭配使读者感觉舒适，开放时间长、读者自由度大，学生可在该空间自由阅览、自由交谈。在阅览大厅设置有一个特定休闲区域，放置了沙发椅和脚凳，供学生休息，非常受学生欢迎。

图 8-10　高雄师范大学燕巢校区图书馆爱阅馆

六、其他地区高校图书馆空间改造

中国幅员广大，高校图书馆众多，图书馆空间改造的浪潮从北方到南方、从内地到边疆呈现遍地开花的局面，只是形式各异，时间先后有别。如湖南大学图书馆、湖北中医药大学图书馆、江西财经大学图书馆、江西理工大学图书馆、西安建筑科技大学图书馆、西安电子科技大学图书馆、山东大学图书馆、聊城大学图书馆、河南工程学院图书馆、漯河职业技术学院图书馆、安徽大学图书馆、中国科技大学图书馆等均在这方面有不俗的成绩。

图 8-11　武汉大学图书馆创客空间

郑州师范学院图书馆打造了特藏书库、特色阅读空间、研修间、视听室等功能性区域。重庆大学图书馆重点打造文化空间，以"民国风"为主体风格，包括博雅书院、新书阅览室、文物馆藏室等。武汉大学图书馆从 2001 年建设电子阅览室起步，经过 10 年努力，在文理分馆建立了 20 多个研修室和培训室，2015 年开始对老旧馆舍进行修缮并进行空间布局改造，建设了阅览区、休闲区、交流区、研修室等共享空间，2016 年创办了"创客空间"，推出创客小聚区、创客工作坊等多个区域，以及创客分享会、创意教育等多类活动。武汉大学图书馆通过打造创新技术体验馆、创新作品展示处、创新思维聚集地，实现了图书馆的功能从传统单一到复合多元的变迁[16]。

图 8-12　重庆大学图书馆博雅书院

第四节　图书馆空间再造策略

一、为每个改造项目量身定制空间再造策略

因为每个空间的服务对象、服务功能都不尽相同，甚至与合作方的合作方式也不一样，所以我们应把每个空间的改造看作单独的项目，对不同的空间改造项目要运用不同的策略，保证改造顺利推进。

（一）确立转型理念

高校图书馆的转型要基于本校培养目标定位，以用户需求为根本，以文献资源为依托，以空间为抓手，强调根据人的需要聚集空间和知识资源，突出图书馆的空间功能，促进信息知识的交流与分享。图书馆只有注重内涵建设和外延发展同步推进，顺应转型发展的需要，打造新型服务体系，才能不断提升核心竞争力，永葆发展活力。

（二）寻求多元共建

高校图书馆的空间再造都是在经费不足的情况下艰难前行，应寻求校内支持、社会捐助、馆企共建、众筹众创等多元协同共建的策略。空间再造工程除得到学校专项投入外，还应争取有关部门的支持，寻求共建共赢的合作方案。如沈阳师范大学图书馆的"星空创意绘本馆"就是和学前与初等教育学院合作共建，该馆内的"盛文书店"是与辽宁出版集团共同打造的。在空间再造的经费筹措问题上，图书馆领导要摒弃等、靠、要的做法，争取经费要采取灵活战术，要积极策划改造项目，向领导汇报说事、递报告，寻求校长支持，争取专项改造经费。图书馆也可结合专业建设特点，与学院协调合作，共同打造专业学习空间，既缓解了图书馆空间再造资金短缺的困境，也为学院的专业发展提供了更好的支撑。寻求多元共建不失为解决经费问题的途径之一。

（三）科学整合资源

整合各种资源是空间再造的基础，空间服务强调整合资源实现便捷共享。资源整合：一是物理空间资源整合。拆除原有物理空间隔断等布局，规划调整新布局，缩小书库面积，增加学习空间面积，各种区域按需统筹布局。二是各种文献资源整合。对利用率低的纸质图书和要保留的纸质期刊实行密集管理，扩大电子文献的订购与大型数据库采进，建立虚拟资源的利用平台等。三是部门人力资源整合。根据空间服务的角色需要，将原有部门进行改组，按馆员的学历、资历、能力和工作动力组建新服务团队，对服务对象实行细分与精分，履行细化资源配置的服务职责。

（四）融入先进技术

空间再造必须融入现代新技术。在管理上，智能化设备设施既能够为用户提供便利的、人性化的自助服务，又能够节省管理人力。空间内的设备需围绕空间的功能设定配备相应的自动化设备，以提升用户的体验感受，如：在研讨空间内配备投影设备、电子白板；在影音欣赏空间内配备高清影像播放设备和高保真的音响设备；在书画体验空间配备电子书法台；等等。同时，空间再造还需要充分考虑到网络环境的建设，以形成便捷的泛在化服务环境。对于图书馆而言，在空间使用过程中，智能化设施设备能够有效收集使用数据，有利于图书馆不断优化依托空间所开展的新型服务。

二、依据服务与合作对象确定空间管理原则

（一）利益相关者共享

空间设计是以读者体验为中心，但在空间服务系统里读者不再是唯一的服务获益者，读者与馆员、阅读推广人、空间的合作共建者、文献资源提供方等共同形成空间服务生态体系。新型服务空间能够为馆员、阅读推广人提供更多元化的服务环境，使其能策划更为丰富的阅读活动；合作共建方能够在空间建设过程中融入其专业发展理念和服务理念。这些群体均是再造空间的利益相关者。在整个空间服务生态系统中，必须让这些利益相关者共同参与空间环境与服务功能的设计，使空间的服务效益达到各利益相关者的获益平衡点。如上海交大"交大—京东创客空间"的合作，京东集团与上海交大是共同参与建设的合作伙伴，在建设新空间、提升用户体验与馆员满意度的同时，也要达到合作方品牌宣传推广的既定目标。

（二）服务管理优先权

空间服务管理优先权原则，是指某个空间或某项服务已有读者提出预约或安排计划，在规定期限内应享有优先权。对于提早预约者，任何后来的申请者都不应干扰或影响。空间服务优先权原则是空间管理机制的核心，用以规范用户管理，平衡空间服务的营销价值和用户体验诉求。"优先权原则"具有"法"的效用，是规范读者行为、确保空间服务流程有效执行的重要管理规则。

（三）服务对象分众化

为使全校读者都有第二课堂的去处，空间设置在尽可能满足一般泛在需求的前提下，应注重特殊、个性化的专业需求；在提供普遍服务的前提下，要提供有针对性、精准化的服务，这是分众服务的原则。分众服务即在普适性服务基础上，对服务对象实行细分，按照用户类型，分门别类地提供有针对性的精准服务。有的以专业、基础学习、学术研究分类；有的以校内、社会服务分类。其核心是提供更精准的空间服务，既能满足刚性需求，又能照顾柔性需求，从个性化出发，提升服务的品质与绩效。

（四）全方位跨空间体验

全方位跨空间体验原则，是指为满足所有读者在任何时间、任何空间都能学习的需求，从实体空间渠道、网络虚拟渠道、移动阅读渠道等全方位提供

服务。空间服务要坚持以人为本，空间再造要从全方位、多元化资源配置层面进行把握，将各个空间的角色、服务触点、读者需求、视觉审美有机地结合起来。只要读者有诉求、有预约、遵守规范，图书馆必须提供给所有读者无差别、自由利用的体验，使读者对图书馆产生意犹未尽以致流连忘返的体验效果[15]。

三、策划与再造空间相契合的新型服务方案

（一）服务策划与再造空间相平衡

图书馆空间再造后需要一系列工作跟进才能真正实现其功能，即由空间再造派生出一系列服务创新，而只有找准新空间与新服务的平衡点，才能赋予图书馆新的活力与能量。图书馆的空间再造不能以削弱其基本职能为代价，只有平衡好用户服务与空间再造之间的关系，突出文献信息保障的核心功能，才能使再造空间更具有竞争优势而得以长久发展。风格各异、特色突出的再造空间对馆员的服务能力提出了更高的要求，策划实施与主题鲜明的特色空间相契合的精细化、专深化的服务项目，才能真正实现图书馆转型与服务创新。

（二）服务主体与众多机构相协同

图书馆虽然是再造空间的服务主体，但策划组织的活动需要集合众多部门合力完成，才更容易获得支持和保障。协同合作中要注重内外兼修、深化协作。在校内，与教务处、学生处、团委、研究生院、大学生创新中心等部门合作，融入"互联网＋"、众筹等理念，做实创新服务。在校外，加强与社会力量联合，共建共享信息资源与创新服务。协同合作使思路更开阔、资源更丰富、能量更强大、活动更时尚、服务更新颖，再造空间的价值与效益更突出。

（三）空间再造与机制创新相结合

空间再造促进服务机制创新，必要时按照新型服务改组重建新部门，明确规定各部门工作的标准，在各司其职的基础上实行多部门配合联动，形成新空间服务人人有责，责无旁贷的工作机制。空间再造让图书馆走向一种新业态，馆员要提升素质，可采取外出学习、技能培训、临境体验、自主学习、实战演练等方式，使馆员胜任知识提供者、技术支持者、硬件维护员、教学合作伙伴等新角色。要特别注意健全管理机制，包括运行机制、驱动机制、

约束机制等。这些管理机制决定了共享空间管理系统各要素之间能否顺畅运行，是决定管理功效的关键。

第五节　图书馆空间服务创新

一、支撑教学科研

（一）辅助教学

积极依托新空间辅助教学工作。①嵌入教学。学科馆员与学院教师保持长期合作，并参与授课，将信息素养教育嵌入专业课堂，与专业课程有机结合。②提供专业教学资源。协助教师制作和获取课件、视频等专业教学资源。③支持教学活动。利用"空间＋资源"支持教师开展教学活动。④微讲座。以开展≤10分钟讲座的形式向院系教师推荐图书馆最新资源、新型服务、新获取方法等。⑤新书目。按照学校的学科设置，每月将相应学科的馆藏新书目推送给各个院系教师。⑥学科馆员日。学科馆员每月选定一天到院系现场推送馆藏资源，解答教师的各种咨询问题，这种方式使教师觉得更方便贴心，更有针对性。⑦数字资源推广月活动。开展数字资源推广现场活动，面向全校师生，推广馆藏数字资源，采用移动端访问方式，为师生推送更为便利的数字资源访问方式。

（二）支持学习

在新空间开展辅助学习服务更为方便。①毕业论文写作指导。开设论文写作指导专题系列讲座；开设通识选修学分课程，利用写作指导空间开展预约式辅导以及论文写作大赛活动。②小学期活动。一是利用小学期开展个性化定制服务，针对学科专业特点设计主题活动。二是为各学院开展中外文献信息检索、论文写作与投稿等服务。三是利用影视空间配合教学辅助学习，如为生命科学学院学生展播"地球家园"，为马克思主义学院展播"自然辩证法"等。四是组织各种竞赛，如戏剧艺术学院的"iH5设计大赛"等。③打造主题阅读空间。根据读者关注热点和阅读需求打造不同主题的阅读空间，为读者提供特色化自主学习空间。例如，浙江工业大学图书馆把因消防原因不能封闭的共享空间改为"写作室""养心室""运动军事室""职业规划室"4个主题共享学习空间，空间内专门放置相关主题图书、期刊，供读者随手学习阅读，开放使用。

二、助力人才培养

（一）强化信息素养教育

信息素养是指以辩证式思维，有效认知、查询、获取、利用和交流信息，促进学习、研究和创新的一种综合能力。信息素养教育是图书馆的主要教育职能之一。沈阳师范大学图书馆成立了"信息素养教育中心"，以"培养信息素养，促进终身学习"为目标，不断拓展教学内容，丰富教学手段，所采取的活动方案有：①专题培训。开展多元主题培训，将培训与学分挂钩，吸引更多读者走进培训课堂。②学分课程。开设本科生和研究生的文献检索通识课，拟定大纲和教案，编写文献检索课教材。③网络课程。自主研发网络课堂系统，在平台上推出系列微视频、微讲座、微信息，引导读者利用线上资源。④信息检索大赛。图书馆与学生社团合作，利用不同时间举办不同层次读者的信息检索大赛，通过比赛提升参与者实践能力，检验学习成果。

（二）培育双创能力

空间再造中不少图书馆打造的创客空间具有多元功能，是培养读者科学创造力的实践平台。例如，沈阳师范大学图书馆打造的创客空间由创客加油站、创客大讲堂、创意讨论区、创意展示区、新功能体验空间、视频编辑空间、慕课制作空间等多个空间组成，为培养学生双创能力发挥作用，主要开展以下活动：①嵌入双创教育。图书馆员担任校双创课程教师和大学生创新创业训练项目指导教师，培养大学生创新创业意识和技能。②搭建双创平台。依托创客空间，开展"创新商业工作坊""创新成果展"等活动，为大学生提供创意作品展示、创新思想交流的平台。③引领创业方向。邀请校内外双创名师、成功企业家做客创业大讲堂，讲述新时代的创业理念，分享创业智慧。邀请青年创业典范与大学生读者分享创业经历，助力学校双创教育。

（三）培养"工匠精神"

"工匠精神"自从被写入政府工作报告以来，受到了高校图书馆的积极关注，特别是普通院校和高职院校图书馆，扛负着培养学生"工匠精神"的重要责任。为此，在空间改造与双创教育中，要将培养学生"工匠精神"落实其中，创造条件，提升学生自身综合素养，辅助培养学生的工匠精神。例如，上海民航职业技术学院图书馆、顺德职业技术学院图书馆、常州工程职业技术学院图书馆等，围绕培养具有工匠精神的人才，充分挖掘图书馆的教育职能，从空间营造方式、实体空间设计、空间资源建设等方面制定空间再造的具体实施方案，建立基于项目的空间专业信息服务模式，让图书馆发挥高职院校学生"第二课堂"的重要作用，培养学生"工匠精神"，提升综合素质。

三、协同文化育人

（一）关注传统文化系列讲座

中华优秀传统文化的现代价值与传承是我们必须关注的问题。图书馆应贯彻《普通高等学校图书馆规程》中关于图书馆是校园文化和社会文化建设重要基地的精神，重视发挥其在学校人才培养、科学研究、社会服务和文化传承创新中的作用。图书馆要在弘扬中华优秀传统文化上做足文章，回归经典阅读、开展各种传统文化系列活动，以传统文化作为空间服务的核心主题。

（二）重视红色文化主题阅读

图书馆的空间服务中应重视"红色文化"主题，每年都应围绕"保护革命文物·传承红色基因"的宗旨，举办红色文化主题阅读活动，如展播革命回忆录纪录片，开展红色主题展、红色史迹摄影展、红色手绘海报展、红色基因图片展，宣传红色文献和当地与革命有关的不可移动文物等。图书馆要紧跟时代步伐，紧扣时事热点，开展红色文化教育系列活动。通过全方位地学习革命历史知识、故事和英雄人物事迹，让更多大学生更多了解革命历史与红色文化，培养报国为民、敢于担当的爱国主义精神，铭记历史，不忘初心，牢记使命，涵养大学生的社会主义核心价值观[15]。

（三）开辟地域文化主题阅读

地域文化一般是特定区域的生态、民俗、传统、习惯等文化表现。图书馆服务活动中不可忽视地域文化，要积极传承和弘扬地域文化中的精华内容和优秀因子，为建设当代中国特色社会主义先进文化贡献力量。完善地方文献资源建设，打造地方文化主题空间，开展相关主题的阅读活动等都是弘扬地域文化的有效方式。如东莞图书馆打造的粤剧图书馆，收藏5000多件粤剧文献资料和音像制品，有关粤剧的书籍、杂志、剧本、曲本、音像制品、海报、剧照、手稿、戏票等均成系列，蔚为大观。高校图书馆多发挥专业优势，开辟线上特色资源空间，如天津商业大学图书馆的"近代天津商业文化数据库"、内蒙古科技大学图书馆的"内蒙古阴山文化特色数据库"和镇江高等专科学校图书馆的"镇江文化专题数据库"等，均打造出有地域文化特色的数据库，为阅读推广活动提供了展示本地文化资源的虚拟阅读空间。以地域文化为视角的阅读推广活动，通常采取访谈、游学、写作等方式，以主题阅读促进文化积累，以文化探寻激发阅读兴趣。这些活动有助于引导大学生在阅读中铭记历史，传承民族精神，促进地方人文经济发展。

（四）致力于宣传本校文化

图书馆空间理应为校园文化留有余地，开辟一块校园文化平台，将校训、校徽、校歌、校友、校知名教授等代表校园精神的标志、作品进行宣传展示，实现校园文化内涵与空间布局的完美融合。在毕业季活动中，针对毕业生开展借阅记录私人定制、毕业照约拍、校友卡申领、数字资源带回家等暖心活动，增加毕业生的爱校情怀。在迎新季，针对新生开展揭示馆藏、宣传服务、实地参观、互动交流等活动，让新同学喜欢利用图书馆。加强"教师文库"建设，收集本校教师科研论著、作品等，奠定和传承本校文化底蕴。

综上所述，图书馆是一个生长着的有机体，其"空间再造"与"服务创新"是新时期业界的有机生长点。高校图书馆界空间再造的成功案例体现出人与环境的融合之美，运用新观念、新理论、新思路和新技术，提升图书馆的内涵，深化与拓展图书馆的功能与服务，以新空间展现新环境，衍生新服务，开拓新局面。空间再造推动了服务创新，服务创新实现了空间再造的价值，取得相辅相成的效益。这些已有成绩推动更多高校图书馆的空间再造与服务创新向纵深延展。高校图书馆不仅今天发生变革，未来也必然被不断颠覆改造，但其成长方向一定是以满足读者需求为目标，以传承民族优秀文化为核心，以新型智能服务为手段，形态更加丰富的图书馆。经过空间再造的高校图书馆或许更有理由成为万千学子学习生活的"天堂"！

参考文献

［1］李红培，鄢小燕.国内外图书馆第三空间建设进展研究［J］.图书馆学研究，2013

（16）：16-20.

［2］建中读书.研究型图书馆的课题（7）——战略重心［EB/OL］.［2020-05-25］.
http://www.wujianzhong.name/? m= 201708.

［3］谢朝颖.图书馆空间变革下共享空间服务的发展趋势研究［J］.图书馆界，2016
（5）：48-51.

［4］新加坡南洋理工高校图书馆主页［EB/OL］.［2020-05-25］. http://www.ntu.edu.
sg/library/Pages/default.aspx.

［5］李苗. ubiquitous 环境高校图书馆空间布局模型研究——以韩国延世大学三星图书
馆为例［J］.科技情报开发与经济，2014（9）：155-158.

［6］史艳芬，徐忠明，徐咏华.高校图书馆空间规划方法——以同济高校图书馆为
例［J］.图书情报工作，2018（16）：28-33.

［7］付敏.数字环境下国内外高校图书馆空间布局比较研究［J］.高校图书馆工
作，2017（3）：41-45.

［8］巴渝风景线.全国 116 所 211 大学，39 所 985 大学和 140 所双一流大学［EB/
OL］.［2020-05-25］. https://baijiahao.baidu.com/s?id=1637466102625672732&wfr=spider&f
or=pc.

［9］中华网科技.书山有径——走进清华大学图书馆［EB/OL］.［2020-05-25］.
https://tech.huanqiu.com/article/9CaKrnK2DQR.

［10］中国学校规则与建设服务网.南开大学津南校区［EB/OL］.［2020-05-25］.
http://www.cecssc.com/nd.jsp?id=217.

［11］赵鸿玉，韩玉巧，薛丽娜.高校图书馆微信公众平台学习支持服务探析——以京
津冀地区 27 家高校图书馆为例［J］.图书情报导刊，2020（3）：7-12.

［12］南京艺术学院图书馆.图书馆获得第五届领读者大奖［EB/OL］.［2020-05-25］.
http://lib.nua.edu.cn/bencandy.php?fid=24&id=506.

［13］中国高校传媒联盟.被华南师大图书馆刷爆朋友圈［EB/OL］.［2020-05-25］.
https://www.sohu.com/a/128973660_265457.

［14］蔡迎春.我国港台地区大学图书馆资源服务实践分析与思考［J］.图书情报工
作，2018（8）：60-66.

［15］王宇，王磊.大学图书馆空间再造与服务转型——以沈阳师范大学图书馆为
例［J］.大学图书馆学报，2019（4）：61-70.

［16］谢玲，黄永凯.在创新驱动下的高校图书馆空间建设及服务实践——以武汉大学
图书馆为例［J］.图书馆，2018（10）：45-49.

思考题

1. 为什么说空间再造是图书馆转型发展的必然选择？

2. 请简述空间再造的布局原则。

3. 空间布局关键要素有哪些？

4. 基于空间再造的新型服务体系新在何处？

5. 基于空间再造的新型服务体系中，馆员应具备哪些能力？

6. 结合本讲的学习，谈谈你所在图书馆在空间布局上有哪些可改进之处。

第九讲　高校图书馆员科研指南

王　波[*]

《葵花宝典》《武穆遗书》《九阴真经》……在金庸的武侠世界里，珍本秘籍的重要性被夸张到了极致，关乎武功天下第一的修炼。在现实生活中，情形大致相同，是医生就有人向你打探祖传秘方，是编辑就有人向你咨询发文真经……。笔者既然做了编辑，就免不了时常被人请教发表论文的心法，问得多了，也就有了好为人师的冲动，于是乘兴而作此篇，以供参考。

第一节　写作指南

一、端正态度

图书馆员写论文，不排除功利目的，比如不少图书馆员写论文是为了评职称、得学位、结课题、赚稿费、赢取单位的科研奖励，既为名，又为利。抱有这些目的无可厚非，人都是社会人，每办一事的动机往往兼顾多方面的考虑，此乃人之常情。但是从科学研究自身的发展规律看，研究者的研究动机越单纯，越接近于格物致知、追求真理的目的，所取得的成果的价值就越大，相应的荣誉和利益作为社会对创造性劳动的奖励自然会找上门来，而不是研究者在从事创造性活动之前就能打好算盘的。反之，如果科学研究的动机太复杂，则往往欲速而不达，落得空悲切的孬下场。

---

　　* 王波,博士,北京大学图书馆研究馆员,《大学图书馆学报》副主编,教育部高等学校图书情报工作指导委员会副秘书长。著有《阅读疗法》《中外图书馆阅读推广活动研究》《可爱的图书馆学》等。

　　为了写好论文，建议图书馆员们平时不要优游度日，到了评职称的时候才临时抱佛脚，急切命笔，求山神拜土地，苦苦钻营。而应该提早数年着手，使自己能够从容地以一种单纯的求知态度来确定研究方向，构思自己的论文。

　　值得提倡的图书馆员写论文的非功利的出发点主要有四个：

　　一是解决问题。目的是解决实际工作中遇到的困难，找出方案，付诸应用。如对复合图书馆印刷型馆藏和电子馆藏比例确定的研究，对新兴的数字参考服务的研究，对数据库跨库检索的研究，对图书馆管理和各项业务中的问题的发现与解决等。

　　二是谋划事业。有些问题属于面向未来的思考，并没有客观的、绝对权威的答案，但能够对学科以及事业的发展起到至关重要的影响和指导作用，比如各类型图书馆如何制定"十四五"发展规划？图书馆学教育如何守正创新？图书馆怎样为弱势群体服务，成为消弭"信息鸿沟"的一支重要力量？图书馆怎样进行制度创新、服务创新、技术创新？图书馆各项业务应该制定什么样的发展政策？智慧图书馆的具体表现形态有哪些，如何落地？我国图书馆界是否应该基于本国图书馆事业发展的大量成功经验，拿出启发世界图书馆事业科学发展的趋势报告，提出中国方案，向世界展示中国图书馆员的智慧？等等。

　　三是还原真相。就是探索事物真实、客观的面目。工作中经常会遇到一些引起自己强烈好奇心、特别感兴趣的存有疑问的数据、事件、人物等，令人产生对它们进行全方位了解和探究的冲动，如"图书馆"一词最早到底是由谁引入中国的？20世纪的"新图书馆运动"到底起于何时、终于何时？对这些同行们也感兴趣的问题的答案的找寻，也是一种有意义的研究。

　　四是创造理论。就是对图书馆本质属性的追问和探索。在长期的图书馆工作中，我们不禁要思考什么是图书馆？图书馆产生的根源？图书馆存在的价值和意义？图书馆的发展应遵循哪些规律？等等。对这些图书馆建设的终极问题的思考，对图书馆的属性和规律进行精确提炼和描述，就是图书馆学理论。图书馆学理论是图书馆学实践经验的升华和结晶，由于经过了多层抽象，和实践表面上会有距离，但内在一定要有经脉相通，否则就没有生命力。

　　图书馆员倘若能够基于上述四个出发点来搞研究、写论文，出成果、评职称都是自然而然的事，可谓水到渠成，发文难、落评悲的不良体验一般就不会发生在您的身上。经历过考试的人都知道，第一次过关非常重要，如果第一次过不了，心理就会大受影响，会连锁影响到下次考试的发挥，从而导致"习惯性流产"，以后也很难过关。同理，如果一个人从事研究的动机不纯，创造不出高质量的成果，发论文、评职称的目标一两次不能实现，本来比较正常的评审和激励机制对他而言逐渐就会演变成人生的枷锁，使其为之所困、所累，陷入恶性循环中不能自拔，痛苦不堪。要避免这种不幸的遭遇，最关键的第一步就是要摆正自己的研究动机。

由于每个图书馆员的学科背景、倾向旨趣和所处岗位不同，写作论文的优势也各不相同，各人应该了解自己的优势所在，选择感兴趣和有心得的课题来研究。例如，图书馆的中高层管理者负有规划、组织实施图书馆业务的责任，接触图书馆实践前沿的东西比较多，适合写解决问题的文章，由他们写此类论文，可信性、权威性更强；文史基础好、沉静认真，有长时间坐冷板凳习惯的图书馆员，通常博闻强识，具有善于搜集资料的基本功，适合写索隐钩沉、溯源析流这类探真的文章；事业心强，有激情，有理想主义精神，善于管理，有正义感、道德感和社会责任感的图书馆管理者和图书馆活动家，适合写反思过去、谋划当下、展望未来这类行业规划和指导性强的文章。心思缜密，善于思考，有思想家气质和雄辩才能的图书馆员，适合写图书馆学基础理论方面的论文。只有当一个人的个性、兴趣和他的研究选题十分吻合的时候，写出的论文才更有说服力和感染力，相应地，发表的机会也更大。

图书馆员们要根据所接触的工作、学科背景、专长甚至生活阅历，选择适合自己的研究方向，以免走弯路。假如违背了这个原则，硬对自己不熟悉的领域发些不着边际、隔靴搔痒的高蹈空论，被认可和发表的可能性就很小了。试想，一个基层图书馆的馆员，硬要讨论全国的文献资源布局和共享问题，一个连打字都不会的图书馆员非要讨论数字图书馆，其所谓的"论文"的质量可想而知，被经验丰富的编辑退稿也就在情理之中了。

二、讲究方法

科学研究有无数种方法，刚走进学术殿堂的年轻人尤其着魔于科研方法的比较和挑选，就好像初学武术的年轻人，总是不知道拜师是去少林寺还是武当山，选兵器是要双节棍还是流星锤。在《大学图书馆学报》的网络论坛上，经常有一些青年朋友们热衷于讨论治学方法，诸如信息论、系统论、耗散结构、客观知识、范式、证伪、博弈论、知识管理、图书馆政治经济学等各种各样的理论模型、分析工具和方法，都曾被热烈议论过，对它们在学科建设中的促进作用，大家众说纷纭，褒贬不一。我个人认为，无招胜有招，研究方法尽管千变万化、林林总总，但貌似空洞无招，实为众法之宗的还是胡适先生提出来的"大胆假设，小心求证"。所有的科学研究无非就是以直觉或些微之依据，而提出大胆之猜想，然后再以扩大之依据，小心对猜想进行证实或证伪的过程。"大胆假设，小心求证"是科学研究的总战略，至于其他研究方法，不过是不断变换的花样和视角，是为攻克猜想而作出的战术调整。真正掌握了"大胆假设，小心求证"这一招，就像掌握了武学真谛的大侠一样，草叶、琴音皆为武器，杀敌破阵随心所欲而不逾武德之矩，您就会成为真正的学术大师。

在落实"大胆假设，小心求证"的过程中，应该走好以下几步：

（一）第一步：大胆假设——精心选题

"假设"就是选题，就是找亮点，就是寻找当前学科和事业发展的着力点、关注点、空白点、困难点。找选题的途径有二：一是从工作中找。那些曾经使自己困惑的，而现在已经部分或彻底解决，自己确有心得，想讲出来让同行借鉴、推广的问题，通常就是一个好的选题。二是从阅读中找。那些感觉在以往的文献中别人没有研究过，自己首先发现，或虽有相关文献，但有把握比别人研究得更深入的问题，也是一个好选题。

但是，选题究竟怎么样？不是凭感觉就可断定的，还要通过查新来检验。查新就是对你所选定的这个选题的学术史进行全面的回溯检索，从而对选题进行肯定、否定或修正。如果通过检索，发现此选题已经研究得很充分了，没有发展的余地，就要敢于自我否定，另行选题。如果觉得此选题虽有相关研究，但不够完善，就要缩窄选题的范围，把力量集中到前人未及的方面。当然，最有新意的选题通常是前人所不曾涉及的，查新检索不到相关资料或相关资料很少，对这样的选题一方面要充满信心，立志做好，另一方面也要充分估计因为资料缺乏而造成的研究难度，做好在素材收集方面下更大功夫的思想准备。

（二）第二步：小心求证——备足论据

"求证"就是广泛而精心地搜集理论素材和事实素材，使猜想建立在坚实的逻辑基础、理论基础和事实基础之上，让读者心悦诚服地认同猜想的成立。

论证的"小心"体现在：只有孤证的东西不写，明知没有操作性、不可重复的东西不写，论据不充分的东西缓写。

求证的环节是一个严格遵从学术规范的过程，最能体现一个学者的学术素养。求证应做到：对学术史尽可能进行全面、公允的回顾，不遗漏、不歪曲；对自己研究的意义进行客观评估，不夸大、不护短；所有的论据出处明确，不断章取义、不造假；所有不注明出处的内容，皆能做到言从己出，不抄袭、不剽窃；方法上力求定量和定性研究相结合，文献研究和实证研究相结合，逻辑推演和调查归纳相结合，主观判断和科学实验相结合。

（三）第三步：精心写作——精益求精

学术论文虽然有各种学术规范的约束，不能像文学作品那样天马行空、语言华丽、情节生动，但也要服从一般的文章写作规律和审美要求，这包括：一气呵成，保持文气的连贯性；逻辑纠错，增加文章的严谨性；语言斟酌，提高文章的可读性。一篇学术论文，不管论据多么充分，观点多么精辟，结论多么重要，如果不符合上述几点写作要求，读起来味同嚼蜡，就会应了孔子的警告："言而无文，行之不远"。缺乏语言美的论文就像蓬头垢面的女子，自然引不起别人的重视，难以登上选美的擂台，更不用说夺冠封后了。

学术论文不仅在求证时要在内容上严格遵守学术规范，在写作和修改时还要从形式上遵守学术规范，后者实质上是对内容必须严格遵守学术规范进行二次约束和提醒。形式上的学术规范使学术论文通常比一般文章具有更多的要件，包括中英文题名、作者姓名、作者单位、摘要、关键词、脚注、尾注、通讯地址、电子信箱、作者简介等。作者在论文完成后，不可忽视这些小要件，要像对待正文那样，认真增补、校对，要件的完善正确与否，也是作者学风严谨程度的反映。

论文完成后，不要急于投稿，建议进行一段时间的冷处理，放置几天或更长时间后再看，这样可以发现文章刚写好，自己处于兴奋状态时所难以发现的语病和逻辑问题，以便进一步修改论文，使之更加严谨耐读。

三、贵在创新

论文的价值取决于其创新性，"新"是论文的灵魂。对于人所共知的宏观情况、历史情况、负面情况可不介绍或简要介绍，如图书馆人员素质低、知识结构不合理、人才流失严重等，与事业无益，徒费笔墨，可直接谈自己的建设性意见，不要固守一反一正、先抑后扬、非昨厚今的老模式。碰到那种陈陈相因、似曾相识、俗不可耐、叙述失禁、内容空转、套话连篇的"大路货"式的文章，编辑们通常比较反感，容易一眼就将其否决了。

为了使论文出新，应特别重视以下几个方面的自我训练和实战运用：

（一）提炼新概念

大多数学者对炒概念十分反感，这是一种偏见。在我看来，学者应具备的才能之一就是擅长提炼新概念，通俗地说就是要善于炒概念。概念是理论的种子，理论都是从概念生发出来的，无能力创造新概念的人，怎么能指望他创造新理论呢？科学技术发达的美国是一个善于创新的国家，表现之一就是其炒概念的能力举世无双，从总统到百万富翁都是炒概念的高手，大家经常可以看到，当美国总统在某个重要场合的演讲中运用了一个新名词，马上就能引起全球学术界的大地震，而这个词不一定是个政治名词。如果您记忆不是很差的话，不难想起，风靡全球的"信息高速公路"这个词就是由曾担任美国副总统的戈尔在任上提出的。即便是在美伊战争中，美军的一个个攻击行动也都被赋予了既具有威慑力又好记易懂的名称，如"沙漠风暴""斩首行动"等，可见在美国，炒概念也是武夫的必备才艺。在我们所熟悉的图书馆学领域，那些曾经或者至今仍在引领风骚的时尚概念，诸如信息高速公路、知识经济、信息资源管理、CIO、知识管理、元数据、信息构建、学科馆员、数字图书馆、后数字图书馆、知识服务、知识导航、信息鸿沟、E-Knowledge、Web2.0 等，无一不源自美国。这一系列概念，在原有的图书馆学知识体系中难道完全没有吗？不是的，其中一部分的确是结合新技术所产生的新概念，另一部分则不过在修补旧知识的基础上，给旧概念涂上了新油彩，如知识管理、元数据等。美国同行最善于通过概念创新和分析模式创新来带动理论体系的全面更新，不但在理论上新词不断，在数字图书馆建设方面也为许多项目和产品注册了典雅的名称，如美利坚记忆（America Memory）、独角兽自动化系统（Unicorn system）、甲骨文公司、复合数字对象解决方案"桶"（Bucket）等。

反观我国图书馆界，概念创新的能力极端不足，令人汗颜。在理论上，对外开放后一味崇洋媚外，严重缺乏学术的本土化意识，对我国古人创造的概念从不放在眼里，陷入了言必称美国、亦步亦趋、步步拾荒的学术怪圈，离开了美国式概念，唯一的结果就是哑然失语、重度伤残、不能自理。在实践方面，尤其是在方兴未艾的数字图书馆建设上，也暴露出了概念创新的惊人缺席，上马的数字图书馆项目不是命名为这工程那工程、这计划那计划，就是命名为这中心那中心，因为名字太长，又把其英译名称的词首字母捏到一起当成缩写，一个"CALIS"，讲坛上的专家有人念成"开利斯"，有人念成"卡丽思"，也不知道谁的更标准，谁应该笑话谁。如果碰上一个第一次听到该词的外行，他/她更是一头雾水，不知道这个 CALIS 是什么，是外国美女的名字？是一种香肠的品牌？还是中国哪个航空机构的缩写？中英文溯源一番就得折腾半天。

在我们这个创造了回文诗、璇玑图，唐诗宋词万古传，最擅长遣词造句、最崇尚文采风流的国度，居然创造不出像"美利坚记忆"这样典雅的数字图书馆项目名称，简直是天大的讽刺！不知道后人看到我们今天在国家项目中玩弄洋泾浜是何感想，会不会像我们今天看到 20 世纪 20 和 30 年代那些充斥媒体的中英文混排的文章那样感到好玩和可笑！显然，在概念创新方面，我国的图书馆界确实也应该举一举本土化的旗帜，该出手时就出手，力争创造出也能让全球的同行欣赏或产生共鸣的有价值的概念。

目前国内炒概念意识比较自觉，而且能炒出本土概念的行业的代表当属房地产业，它们炒概念的技巧俨然已驾轻就熟，每推出一个楼盘，利用温泉的就冠名"汤 House"，能提供宽带网的便美曰"韦伯（web）时代"，想卖给北大教师的猛吆喝"教授花园"……煽动性的概念确实给客户们带来了改善生活质量、跟上时代的良好感觉。信息时代缺的不是信息而是注意力，学术研究特别是像图书馆学这样的社会应用性学科的研究，应该学会设法把自己的发现用最精当、最响亮的概念提炼出来，最好是中英文概念一块提炼出来，让学术界通过你的新概念就知道你的理论的大意。采用新概念容易给整篇文章的表述都带来奇崛和陌生化的效果，可以有效地消解枯燥感，增加新鲜感和可读性。

如果你消耗了大量脑细胞，沥血创造了一个新概念，就不要藏在袖筒里，琢磨着趁人不备，当暗器一般发出，一举中在学术界的脑门上。说实话，这样做其实很难得手，倒容易被文字的流沙连人带暗器给埋没了。常规的容易见效的做法是像程咬金耍板斧一样开门见山，尽力把新概念甩出，使之骄傲地戳在标题和引言中，让编辑和读者一眼就能发现这个亮晶晶的新货。在这一点上，作者们不如多学一些新闻学知识，掌握了新闻记者们拟标题的技巧，就是修得了写作上的画龙点睛术，会让您的论文因为标题词序的调整而瞬间脱俗刺眼。举例说，某位先生写了一篇图书馆学研究对象再思考的论文，核心思想是提出图书馆学的研究对象是文献知识单元的可获得性，那么他的文章标题与其拟为《图书馆学研究对象新论》，把新概念"可获得性"留在正文而不是标题中，就不如拟为《文献知识单元的可获得性——图书馆学研究对象新识》，这样就可以让作者着力创造的新概念"可获得性"冲出窝窝囊囊的盖头而走向 T 型台，闪亮登场，引人注目。

当然，学术研究的炒概念是有前提的，应做到严谨，合乎尺度，不可夸大其词、无中生有地狂炒滥炒。学术上的炒概念，严格地说是提炼概念而不是乱扣帽子、哗众取宠，是为了把自己的观点和理念简洁地表达出来，凸显其特色，这与伪劣新闻中牵强附会、虚张声势、反复报道某一概念的炒法是不同的。按照惯例，学术论文的标题的字数一段不能超过 20 字，因此也不能为了突出新概念和论文的中心思想而把标题起得过分特指或冗长，那样新概念反而会被不必要的字词遮盖得密不透光，无异于珍珠藏在乌贼肚——明珠暗投了。

（二）阐发新观点

学术论文不是讲义。讲义是对成熟的优质知识的汇编，可以述而不作，允许收集前人的口水，照着讲。学术论文是创造新知，交代学术史的小述是为了创造性的大作，必须从前人讲完的地方接着讲，发前人之未发，所以最忌讳陈陈相因、老生常谈、重复老掉牙的旧说。

要想灵感如泉涌，头脑起风暴，成为新话题、新观点的连环制造者，经常有学术论文顺着核心期刊满坡滚，让同行们一不小心就被您的大作撞闪了腰，那就需要娴熟地掌握三板斧。

第一斧，别具只眼，细察深思。21 世纪初，我国有五位年富力强的图书馆学理论家成果丰硕，引领着学术潮流，在专业论坛和博客社区中被称为"五虎上将"，他们是范并思、李国新、王子舟、程焕文、蒋永福。五虎将的共同特点就是博学、慎思、明辨，能够透过纷繁复杂的现象，诊断出行业发展不前的症结和瓶颈。如范并思对图书馆精神的研究、李国新对图书馆法和信息自由的研究、王子舟对知识援助的研究、程焕文对晚清图书馆史的研究、蒋永福对制度图书馆学的研究，都是瞅准了我国图书馆事业发展或者学术研究的空白点、软肋或者说是七寸，猛然发力，以大胸襟、大格局的醒世恒言、喻世明言、警世通言来救学济业。

第二斧，面向未来，把握先机。优秀的学者对新事物总是有一种超乎寻常的敏感，善于观察专业大势，能够选准国际上最新鲜、最前沿的热点，开展研究与对话，如刘国钧对 MARC 的引介、汪冰对数字图书馆的研究、董小英对知识管理的研究、刘嘉对元数据的研究等。这些研究犹如诸葛亮茅庐纵论三分势，具有很强的预见性和指导性。

第三斧，冷眼观潮，审视批判。真理并不一定总是站在地位高的或名声大的人的一边，也不一定总是为多数人所拥护，对既有的理论和形成热潮的东西保持审视和批判的眼光，多一些独立的冷思考，对相沿成习的东西多存一份怀疑，想想有无改进的可能，往往也可以得出发人深省之论，或拿出高明的改进方案。如黄俊贵对图书馆学研究中某些丑陋现象的批判、李金荣对图书馆学本土化研究误区的揭示等，都起到了棒喝当下、扶正固本的作用。

有新鲜观点的文章，上品当然是具有建设性、开创性的文章，可以快速直接地推动理论创新和事业进步；此外，反思文章、翻案文章、批判文章等则可以为创新卸掉包袱、披荆斩棘，也各有其意义。

（三）切入新视角

同样的材料，由于切入角度不同、组织方式不同，就能说明不同的问题，从而产生新意。例如围绕着书籍的历史研究，如果只见书不见人，就是书籍史，如果既见书又见人，就是出版史或阅读史，如果见书见人又见场所，就是图书馆史。这些不同科目的历史所依赖的素材很大程度上是相同的，只是因为分析、重组、阐释的角度和目的不同，而垒砌出了不同的理论大厦。

循规蹈矩、习惯了纵向切苹果的人，永远也不知道苹果如果横切的话，果核的切面会呈现出美丽的五角星状。面对常见的素材，高明的学者总是能够转换切入的角度，打开别一洞天，把被习惯所遮蔽的、总是从我们眼皮底下溜走的、本不应然而被误认为应然的东西揭示给我们。例如，我们所熟悉的图书馆创收的大量事实素材，多数学者从中得出的结论是图书馆应该大力提倡创收，努力适应市场经济，实行一馆两业、以文补文；而少数学者却从中看到了对公共图书馆精神的践踏、对社会信息保障制度的背离，批判这种集体非理性的传染性失误拉大了社会信息鸿沟，疏远了弱势群体，侵犯了部分读者的合法权益，消减了图书馆的政治优势，反而陷图书馆于不义，使图书馆全盘丧失了政治、精神、道德、人文、制度的立足点、制高点，损害了自身的生命力。显然，后一部分学者是站在绝大多数读者的立场，以历史的眼光研究问题，而不是从惯常的图书馆员的短视的角度研究问题，结果在众声捧扬中发现了潜在的危险因素，所以他们的结论更催人警醒，更有益于事业的长远发展，当然也更具创新性。

（四）列举新举措

新观点需要由新论据来支持，对图书馆学论文来说，新论据通常不是史料，也不是经典著作中的言论，而是图书馆工作中的实践经验。实践经验可能很多，但不能全部拿来，过度堆积容易造成"叙述的失禁"。作为论据的实践经验最好是新近采取的新举措。新举措的列举也是有讲究的，不仅可以列举已经实现的，也要讲理论上可行，未来能够实现的，即所谓的思想实验，如盘点机器人、咨询机器人、送书机器人、送书无人机等是否适用于图书馆，如有成功运用的例子固然很好，如果没有，周全地设想一下应用前景也有一定的说服力。另外，有些新举措，如果成功开展的不止本馆一家，在谈本馆经验之前，最好也介绍一下著名的图书馆的做法，以提高论文的普遍性和代表性。如推荐书目的编制，北大、清华开列的书目可能更受关注，倘若你所在的是一个不太知名的高校图书馆的话，只谈本馆的做法显然不能引起足够的重视，而若是能把北大、清华最新的且它们自己忽视了宣传的举措也连带披露分析一下，就会加大论文的信息量，吸引编辑和读者的注意。编辑选稿，受主办机构宗旨和读者兴趣的制约，首先会对论文内容的代表性、普遍性、新颖性、可读性等进行考量，这样来自偏僻地区的小型图书馆或者专科大学的图书馆的论文，如果只谈本馆的具有个别适应性的新举措，就很可能因为缺乏普遍性和代表性而被否定，解决的要诀之一就是扩大阅历以解决亲历范围之不足，把文献中其他图书馆类似的举措总结一下，扩大信息量以吸引读者的注意力。如果您所在的图书馆不是明星大馆的话，标题最好不要拟为"我馆……"或"某某学院……"，因为读者都是势利的和追星的，这样的标题并不吸引人，而杂志并不是为作者办的，而是为读者办的，满足了读者就是赢得了市场，所以当您和您服务的图书馆处于声望弱势的时候，"拉大旗做虎皮"也是一种叙述策略，可以在重视普遍性的前提下宣传一点本馆的特色，但不能相反，否则您的论文就很难被采用。

（五）升华新理论

概念和观点的交代都是为了对现有的理论进行修改、补充和完善，所以在对既有成果的追述等方面一定要从简，但对自己的心得及自认为对理论发展有独特贡献的地方一定要浓墨重彩、说深说透，充分加以表达。理论的升华是新颖鲜活且具有高度概括力的概念与科学、规范、独特的研究方法以及优美的语言表达的化合反应。只有这三个方面都做到位，理论的升华才能更璀璨、更成功。在编辑工作中经常可以发现，有的论文对现象的描述很到位，有的论文调查数据很认真，但结论却一点也不出彩，辛辛苦苦的分析和实证只是为一句常识性的结论作了垫背，让编辑很为作者惋惜。实际上写论文是在发现问题，而不是为现行的政策和工作找论据。如果作者改换思路，把注意力集中到与预期不同的现象和数据上，往往能发现新问题，为现有的理论找到修正方案或创造新的理论，为学术的发展做出较大贡献。读中西方学术大师的名著，让我们惊叹的往往是他们于众人不疑之细微处质疑，于众人忽视之细微处探询，以客观零度之感情执手术刀精密解剖问题的精神。只有把平淡的东西焦化和馏化才能升华、抽象出纯粹的理论。

四、不落俗套

当前的图书馆学论文中有几类常见的问题，如果在写作时注意加以克服，会明显提高论文的质量。

（一）样本要有代表性

实证研究是当代学术界非常推崇的一种研究方法，图书馆学领域对实证方法的应用也有越来越广泛的趋势，文献计量和问卷调查分析一类的文章越来越多。但是正确应用实证方法的前提是科学选择样本，如果样本选择不当，研究就毫无意义，结果就毫无价值。好的样本应该有代表性、示范性，最好是公众感兴趣的对象。很多作者不重视样本的选择，在样本的确定上不动脑筋，比如对本校或本校某个学院的读者阅读倾向、利用图书馆的情况等的调查，对某种专业期刊的文献计量分析，对本馆核心期刊的计量分析和遴选研究等。这些基于小样本的研究论文，特殊性强，普遍性差，发表在本校的学报上应该是合适的，但是要发表在全国性的期刊上，感兴趣的读者能有几何？从编辑的立场看，显然是不适合发表的，而且这类文章易于仿制，每个图书馆的馆员都可以把文中的数字对照本校的情况改一下或编造一下，再投给编辑部，那编辑部要不要发呢，不发必然被指责厚此薄彼，发了必然被讥为千篇一律。所以，作者在给编辑部投寄实证性文章的时候，一定要换位思考，站在编辑的立场审视一下稿件中样本的代表性，看适合投到哪种类型、哪个层次的期刊。

多年以来，图书馆界养成了一种很不好的风气，就是对图书馆学期刊发文的计量过于频繁，几乎一两年就有多人计量多次，而且动机不纯，对刊物的褒奖多于建议，结论毫无新意，占的是刊物不好意思拒绝作者为刊物投入大量劳动来歌功颂德的便宜。这种一步一回头的做法，浪费了大量版面，实为有识见的期刊所反对。今后此类文章不是不可有，但一定要大力加以遏制，刊物每隔 5 年、10 年可以有一篇计量文章，这样时间跨度大、样本大，或许能发现些问题。至于 1 年、2 年便计量、便总结的文章，就只能发表在废纸篓里了。

（二）谨慎翻译

因为牵涉版权问题，我国图书馆学期刊基本不发翻译文章，只发表一些解析国际图联、美国大学与研究图书馆协会等世界知名的图书馆组织所发布的年度趋势报告的论文，都属于译中带评的性质。打算融入论文正文发表的大段译稿或作为某篇论文附录发表的整篇译稿，应征得原作者许可，将作者的信件等许可凭证和文章一道投寄到编辑部，编辑部才能择优选用。将许多篇外文消化吸收，烂熟于胸后，把大意带上个人的评价转述出来，称作编译稿。编译稿在表达形式上已与原作迥异，而且加入了自己的智力成果，无须征得所引用论文的外文作者的许可，信息量大，侵犯版权的风险小，通常比单纯的翻译稿更受编辑部欢迎。

（三）严守规范

近几年学术界违反学术道德的恶劣事件不断出现，全社会要求整肃学术规范的呼声很高，措施之一就是强化学术论文的形式规范。形式规范的核心是文后参考文献的规范，由于文后参考文献的国家标准是以图书馆学家为主体制定的，故而图书馆学期刊对加强学术规范的响应一贯相当积极，所发表论文的形式规范程度一直高于社会科学领域的很多期刊。作者在撰写论文的过程中，一定要严格按照现行的国家标准——《信息与文献　参考文献著录规则》（GB/T 7714—2015），认真著录参考文献，久而久之，就会养成在收集资料时就重视记录出处的好习惯，养成优良的学风。形式规范除了统一的文后参考文献规范，还有各刊要求的个性化规范，比如有的期刊要求文摘按"目的／意义""方法／过程""结果／结论"的顺序写，有的要求在文后写明各位署名作者的分工与贡献，有的要求添加中国图书馆分类号、ORCID 号（开放研究者与贡献者身份识别码）等，须按各刊要求仔细补充。

第二节　投稿指南

　　写作是播种，投稿是收割，"只管耕耘，不问收获"的治学态度已经过时，如果不注意及时收割学术庄稼，时效性强的学术成果就会发霉变质，沦为垃圾；耐放的学术成果也存在着被学术田鼠剽窃、抄袭的危险。因此投稿要及时，但投稿也需要知识和技巧，应对其有所了解，在投稿的时候才能做到有的放矢。

一、扫描病毒

　　在长达 9 年的编辑工作中，为职责所系，笔者一方面为人作嫁，广结善缘，另一方面辣手摧稿，四海结怨，退掉的来稿不计其数，退稿的理由千差万别，分类总结一下，稿件落选的原因主要有 18 种。大家可以视这 18 种原因为病毒定义，在投稿之前对自己的论文扫描一遍，删除或隔离各种病毒和 bug，这样您的论文才有可能顺利突破编辑的经验防火墙，离被选用更接近一步。

　　（1）选题结合热点，有新意，但同类来稿太多，"撞车"严重，已留相关稿件，不便再用。例如信息高速公路热时谈信息高速公路、知识经济热时谈知识经济、知识管理热时谈知识管理……随着热点的转移，同类稿件便一窝蜂地投来。殊不知，第一个形容女人为花的是天才，第二个形容女人为花的是庸才。编辑部选留了一篇同类来稿，就算是对这个问题表了态，对之后来稿的要求相应就提高了，如不能超越前文，是很难发表的。可惜的是，很多作者不明此理，不断追风，不断落选，还为同样的选题，他人发了，自己未发，而鸣冤叫屈。

　　（2）题目太大，类似提纲，未能深入展开。有的作者，喜欢宏大叙事，写文章动辄就是纲要、论纲、战略，内容却十分单薄，全篇都是大标题和小标题，好像文章刚列了个提纲，便投到了编辑部。对这种电报体、古龙体未完成的作品，编辑部还是等其竣工再说吧。

（3）选题不新，炒冷饭，未能跳出以往讨论的窠臼。这类来稿很多，比如数字图书馆和传统图书馆的区别，明明吴建中、黄宗忠等名家圣手已经给出了高明权威的见解，可是很多作者还要用口语再啰唆一遍寄来，分明是小看编辑们的知识积累。作者们应该了解，编辑们阅稿无数，各个编辑部之间还有互赠刊物的礼节，所以编辑在把握学术进展方面有很大的优势，任何以次充好、以旧充新的试探都是不明智的。

（4）立论牵强，提法不妥，论证不足。如图书馆要走市场化或产业化道路的提法，新世纪以来已经从理论上和政策上对其进行了彻底否定，图书馆界拨乱反正，已经重新回到公益性服务的基本原则和轨道上。但是当前仍有一些文章，参考 20 世纪 90 年代的论文，大力鼓吹图书馆开展营利性服务，进行产业化。事过境迁，这样的文章显然是不会被发表的。

（5）内容虽新，但移植痕迹太重，文章前后缺乏有机联系，给人"两张皮"的印象。学科发展的跨学科趋势使移植现象在学术论文中大量出现，善于移植是图书馆学论文的一大特点，但移植要成功，首先要解决排异反应，才能做到水乳交融、浑然一体。而很多论文并非如此，往往用大半篇幅介绍要移植的东西，再用小半篇幅轻描淡写在图书馆的应用，前后结合不紧，给人以"两张皮"的印象，而且结论多是猜想式的，理论上是想当然的，至于具体怎么应用？应用的限制条件是什么？作者所在的馆尝试过没有？对这些读者很容易发问的问题，却一概不予解答。对这类文章，编辑也只能敬而远之。

（6）写得全面、系统，但无新意，无新的突破。有的作者善于综合，能把当前讨论的某个热点问题面面俱到地熔于一炉，像教科书的一章，写得全面系统，但是仔细分析起来，观点都是他人的，作者自己毫无创见。相比起来，期刊更欢迎对某个小问题深入掘进的文章，宁愿要有心得、有创见，但想法不一定成熟、表述不一定完美的论文，也不要这种四平八稳，显示不出创新精神的文章。

（7）内容较空，可行性差，无实际意义。有的论文只追求观点上求新求异，哗众取宠，不考虑落实的种种困难，看起来很美，实际上一无可用。对于图书馆学这样的社会应用性学科而言，只能停留在纸面上、落实不到现实的论文究竟有多大的价值呢?

（8）涉及面窄，无普遍意义。有相当一部分投稿，内容是本馆的业务总结、本馆自动化系统的使用经验和评测等，这样的论文对该馆的业务促进可能是十分宝贵的，但是作者似乎忘了，由于各个图书馆所处的地域、所属单位的类型、所形成的传统、所确立的特色、所选定的自动化系统等的不同，事实上各个图书馆在某些具体业务上不一定有共同语言，其平台和做法都各有一套，如果作者所在的图书馆，不是北大图书馆、清华图书馆等这样的业界表率，他所写的经验总结论文实际上代表面很窄，并没有普遍的指导作用，编辑自然不会拿其占用版面、广而告之了。

（9）内容过简，理论深度欠缺。有的论文选题过小，只是谈装订、分编等具体业务上的一个小经验、小窍门，自有刊物发表这类论文，但对于挂着"学报""学刊"这类名头的期刊来说，若是几乎没有理论深度，显然是不够格的。

（10）重复讨论，知识性内容偏多，创新不够。有的作者投机取巧，把中外百科全书、中外图书馆学教材上的内容复述一遍，就当作论文投到编辑部。这样的行为，从法律上讲是侵犯知识产权，从知识创新的角度讲是无效劳动。这是令编辑部最反感的行为，不但不能发表，严重的还要进行批评教育。

（11）图表过多，不便排版，图表中某些内容与文字叙述重复。这是从形式上对投稿进行要求。当前的学术论文中，图表是一种常见的内容分析和表达方式，好的图表的确能起到提纲挈领、化繁为简的作用，但是在有些投稿中，明明图表已经说清楚的问题，作者还不厌其烦地用文字再说一遍，一来容易造成叙述重复，二来累赘无用的图表容易造成排版印刷的不便，面对这样的稿件，如果还有表述简洁、主题近似的来稿，编辑们肯定会倾向于选择后者。可以说，图表当用而用是优点，当用而不用或滥用便成了缺点。

（12）引文分析、期刊分析和调查研究样本偏少，流于形式，没有采用新方法，发现新问题，得出新结论。这一条前面已经讲过，无论再烦琐、再庞大的实证研究，如果结论平淡无奇，跟不调查所想象的一个样，那这样的调查研究还有什么意义?

（13）篇幅过长，且内容一般化。一般而言，图书馆学期刊的承载力是有限的，拥有的作者群又比较庞大，为了以有限的版面照顾更多的作者，因而所选用稿件的篇幅不可能太长，通常以 3000 字到 6000 字为宜。对优秀的稿件，虽然可以适当扩大版面，但通常也只能以连载的方式最多分两期发表。为提高投稿的命中率，作者在投稿时应自觉精简文字、压缩内容，争取在篇幅上合乎编辑部的要求，不要因篇幅问题而给编辑部留下退稿的理由。

（14）综述文章意义不大。综述文章和文献计量文章的泛滥是多年来图书馆学论文的两大痼疾，其共同的毛病或者是选题缺乏时代感，或者是概括力不强，或者是时间跨度不够长，或者是样本偏少等。综述每年或更长时间发表一篇，信息量必然大，有助于人们把握学术前沿，但是如果针对一个问题，扎堆写综述，月月出综述，那信息量必然稀薄，读起来寡淡如水，发表的可能性就会大打折扣。

（15）编译水平欠佳，食洋不化，生涩难懂。国内的图书馆学长期以来追踪西方，亦步亦趋，因而介绍国外新动态的编译文章受到各个图书馆学期刊的普遍欢迎。但是在编辑部收到的大量编译文章中，绝大部分稿件的质量实在令人不敢恭维，其主要问题是作者还没消化，就生吞活剥地转销，句子保留着外语语式，不合汉语习惯，别扭晦涩，硬译误译之处满篇皆是，理解起来一头雾水，这样的以其昏昏还想使人昭昭的文章，当然入不了编辑的法眼。

（16）非图书馆学论文，与刊物不对口，或体裁不是学术论文。在编辑部收到的来稿中，经常夹杂着漫画、诗歌、小说、散文，以及经济学、政治学、文化学论文等，更不用说还有图书馆学的亲缘学科，诸如新闻学、出版学、档案学方面的论文，这些论文都是找错了对象，投错了胎。期刊有分工，图书馆学期刊自然要发表图书馆学论文，纵然您是经济学的泰斗、政治学的巨擘，论文可获诺贝尔奖，图书馆学期刊也不太可能发表您的论文。另外，编辑虽然是杂家，但也不能杂到行行是专家、越俎代庖的地步，不识货就不能乱发，这是他的职业要求和职业道德。奉劝作者在投稿时，一定要看准目标，否则无异把雪莲种在沙滩上，木耳栽上仙人掌，瞎耽误功夫。

（17）缺摘要、关键词，或参考文献著录不规范。学术论文有一套行头，就像和尚必须穿袈裟、戴念珠、敲木鱼，这是行业规定、职业形象，违背不得。做学问就得有做学问的样子，要老老实实按照学术论文的要求，把摘要、关键词、参考文献等著录齐全。时间长了，您就会认同、欣赏这种学术论文的严谨、烦琐之美，偶尔抛出一篇光秃秃的只有正文的文章，就会觉得好像没化妆就走到了大街上，无脸见人，浑身不自在。据说，搽惯香水的人，一日不搽就感觉好像没穿衣服。什么时候您感受到了学术论文的形式美，对参考文献的依恋就像美人对香水的依恋，您在学术上基本上算是登堂入室，离成为一名成熟的学者已经不远了。相反，学术论文的附件不全，就像女人不穿礼服、不戴首饰、不化妆就参加高级酒会一样，人家很可能会将你拒之门外。

（18）写作欠认真，语句不通，层次不明，逻辑性较差。文通字顺、逻辑清楚是对稿件的最起码要求，大部分投稿都能达到要求，但遗憾的是，仍有个别稿件连这个要求都达不到。目前，随着人们物质生活水平的提高，再简陋的稿件也不至于写在手纸上、香烟盒上，手写稿已经是稀有品种，打印稿占了绝大多数。影响编辑阅读的主要是那些打印在废纸的背面，墨色又太淡，字迹挂了白道，难以辨认的稿件。编辑部不要求投稿都要用新纸彩色打印，但字迹容易辨认是最低要求，希望作者在投稿时能稍微讲究一些，保持稿面整洁、字迹清楚，也算是对编辑部的起码尊重。这跟面试还得穿套西装的道理是一样的。还有一种稿件，也让编辑们一接触就头疼，其特点是一上来就表态，希望编辑部高抬贵手，予以发表，那么他将"不甚感激"①。一看到"不甚感激"，编辑就知道遇上语言"高手"了，果不其然，正文里满篇都是别字，喝醉了酒的句子颠倒错乱、纷至沓来，对这种读着费劲的稿件，编辑们的高手想抬也抬不起来。

"18"谐音"要发"，作者投稿的目的就是"要发表"，可是稿件中常见的上述18种不足，影响了作者们愿望的实现。学术论文的写作实际上是比赛周密、比赛严谨的过程，希望作者们每写一稿，都能痛快淋漓地扫除这18种障碍，彻底征服编辑，如此在学术之路上才能要风得风、风风光光，要发就发、发得漂亮。

二、谨慎投稿

（一）精校稿件

投稿之前要对稿件作最后一次认真检查、审校，仔细推敲、校对所有文字，尽可能杜绝错别字。尽量做到附件完整，中英文题名、摘要、关键词、参考文献完备，论文附件中出现的瑕疵很容易被编辑判断为做学问不严谨，累及整篇文章的选用。例如编辑有的时候本来是对来稿中的某个事实或某个观点的

---

① 正确的用词应该是"不胜感激"。

来源产生怀疑，但亲自核实这些资料需要花费较大的精力，那他就会从作者的论文格式是否严谨、错别字是否多等能表现一个人学风的细节上来判断其正文的原创性和严谨性，决定来稿的取舍。所以对摘要、参考文献等这些正文以外的要项的正确性也千万不能忽视，以免因小失大，累及论文落选。

（二）精选期刊

投稿的关键一步是选择期刊，要争取把自己的论文投给与其风格、主题最接近的期刊。我国的图书馆学期刊虽然同质化问题比较严重，绝大多数为综合性期刊，如撒胡椒面似地发表图书馆各个业务方面的文章，专题性期刊极少。但在中国图书馆学会的协调分工和市场经济的冲击下，各刊在选稿方面还是有一定的特色。因此在投稿前要了解各个杂志的特点，有针对性地投稿。如大型课题文章优先投给《中国图书馆学报》，该刊近年把课题文章作为选稿的重点，每期课题文章占的比例很大。广义信息管理领域的文章，举凡知识管理、信息管理、编辑出版、竞争情报、政务信息，则投给《图书情报工作》和《图书情报知识》，因为前者重视图书情报学与社会环境的互动，重视刊物的论题和读者覆盖面的扩张，重视信息资源管理领域的宏观研究；后者是信息管理学院办的刊物，随着学院学科结构和课程体系的扩张，需要容纳更广泛的学科内容。具有新、洋、实、快特点的纯粹的图书馆学论文投给《大学图书馆学报》，该刊十分重视论文的指导性、实践性、时效性和国际性，拒绝发表与大学图书馆实际工作关系不大的宏观信息管理领域的论文，将图书馆学论文和非图书馆学论文进行严格区分，强调所发的每一篇文章都能落实到高校图书馆的实际工作当中。传统的以体系设计和概念辨析为特点的图书馆学基础理论文章投给《图书馆》《图书馆理论与实践》，这两种刊物一以贯之地注重发挥理论、理念、精神对事业的引导作用，其善于制造理论气氛的特点得到读者的认可。文献学文章投给《图书与情报》《四川图书馆学报》，这两种刊物深居于神州西北和西南，受几乎可称为时代病的工具理性主义的影响较小，人文气息高于他刊，能够气定神闲地关注传统文化，为包括目录学、校勘学、版本学等在内的文献学研究保留了一块绿洲和净土。

除此之外，还有一个总的投稿原则值得注意，那就是论述大学图书馆的文章投给图工委系统办的杂志，论述公共图书馆的文章则投给各省学会办的杂志。由于期刊刊名的制约，投给《大学图书馆学报》的来稿，标题上不应有

"公共图书馆"的字样。

兵法云：知己知彼，百战不殆。在众刊中选定目标刊后，应把该刊最近一两年内发表的论文浏览研究一遍，衡量一下自己的论文有无新意，有无发表的必要。只有内容、风格等和预投刊物的要求相匹配，才更容易被选用。

（三）准确投递

当前学术期刊常通过线上投稿平台接受投稿，一些不法分子了解到这个情况，便想出了以虚假的投稿平台敛财的损招。《中国图书馆学报》《大学图书馆学报》《图书馆论坛》等核心期刊都发现网上存在模仿自家投稿平台的假网站。这些假网站的服务器设在境外，我国的执法部门在管理上有难度。无奈之下，编辑部只能在主页发布声明，提醒投稿者注意鉴别真假投稿平台。

所以，投稿这一步貌似简单，也要小心，切莫"大意失荆州"。投稿者不能只依赖搜索引擎来寻找期刊的投稿平台，那样检索的结果往往有真有假，若不细加甄别就随意投出，很可能把付出巨大心血的研究成果投到假网站，在遭遇几轮盘剥，支付了评审费、版面费、加急费等诸多名目的不菲费用之后，便与所谓的编辑部再也联系不上了，诉告无门。又过了几个月，从某本期刊上赫然发现自己的文章被其他单位的同行署名发表了，与之交涉，才发现这位同行也是受害者，是从假网站高价购买的。图书馆学研究者常以信息素养高来自我标榜，如果犯了把稿件投给假网站这种证明信息素养奇差的低级错误，岂不是无地自容？

假的投稿平台网站通常有两个特点：一是域名的层级很高，通常是以 .cn 结尾的一级域名，而按照我国的网络管理法规，期刊编辑部这个层级的单位是不能取得一级域名的。二是编辑部通常不留固定座机电话号码，邮箱后缀是社会化平台网址而非单位网站域名。可根据这两点判断投稿平台是否是冒充的。

怎样找到真正的期刊投稿平台？正确的方法有两个：一是查看期刊纸质版的目录页，通常印有该刊物投稿平台的网址。二是从期刊所属上级单位的网站通过导航条逐级查找。

按照刊物的正规采编平台的注册、投稿要求，大作顺利提交后，稿件就进入同行评议流程，作者可定期到平台查看审稿进度，按平台提示进行论文的再修改、再上传等后续工作，直到被编辑部正式录用、发表。

余论：需要指出的是，文章的评价毕竟只是一种主观评价。由于各个期刊的宗旨、办刊方向、学术旨趣、选稿重点和倾向不一样，不同编辑的才、学、识、德有差别，对同一篇文章价值判断的差别有时会较大。同一篇文章在此刊收到冷遇，在彼刊受到热遇，都是很正常的现象。经验丰富的大教授和编辑也难保没有被退稿的经历。收到退稿信后，若有编辑部的意见，可揣摩编辑部的意见认真思考修改；没有编辑部意见的，可跳出主观意气，设想自己处在编辑的位置，再来反思一下自己文章的优劣，完全没有必要沮丧、难受。修改完善后，再改投其他刊物就是了。编辑部退稿除了稿件的质量问题，还有多种非学术的原因：有时候是同类稿件留用的太多，即便有更好的，也不宜再用；有时候是会议报道任务比较重；有时候是约稿发表不过来；有时候是期刊的口味、风格和作者的刚好不同；等等。退稿并不完全是稿件的学术水平不行。作者应对编辑部的工作特点有所了解，不要因为退稿而影响情绪、影响工作。

一个合格、正直、有职业道德和学术精神的编辑，自己也要写稿、投稿，对写作学术论文的甘苦是非常了解的，对广大图书馆员的需求和期望也非常了解，只要稿件达到了用稿水平，是一定会公正选用的。编辑部通常实行的是同行评议，审稿流程包括：编辑初审→至少两名以上编辑部之外的专家的匿名审阅→专家全票通过后由副主编再审→主编终审，每一关都有淘汰的权力，所以也请大家理解编辑的难处，不要把发表论文的希望寄托于与编辑的人际关系，多在稿件的质量上下功夫。

第三节　申请课题指南

除了写论文之外，很多同行希望申请课题。申请课题需要注意以下几个方面：

第一，基于两个角度选题。第一种是基于单位工作的选题，可思考馆里、部门的工作哪些适合通过项目制完成，可将其作为项目申报，由馆领导或部门主任牵头，获批后，大家像平时的工作一样，一起做项目。如果申请不到，这项工作照样干，来年继续申请。基于单位工作的选题，因为人多力量大，适合报重大、重点项目。第二种是基于个人兴趣的选题，由个人自由选题、自由组织课题组，工作之余搞研究，和工作没有明显的直接关系。基于个人兴趣的选题，若没有长期积累，通常适合报一般项目或青年项目。

第二，尽量从本学科申报。如果报的是跨学科的选题，觉得既像图书情报，又像新闻传播、历史文献、古籍整理或其他学科，建议从"图书、情报与文献学"学科申报，毕竟我们的工作主要属于这个学科，与评委有更多共同语言，评委一看前期成果，容易判断申报单位和专家的实力，能够把有价值的选题交给有实力的研究者。

第三，标题要简练精准。突出亮点，严格限制在 20 个字以内。

第四，客观评述研究现状。学术回顾用词勿满。勿武断地全面否定前人劳动，或许评审专家正在你的否定之列。要谦虚、委婉、实事求是地指出以往研究的不足，不能为了突出自己选题的重要性，而一棍子打翻一船人，引发众怒。综述一定要点到重要人物、重要专著，期刊论文则不必面面俱到。少写一名知名专家和一部经典著作，可能会让评审专家觉得申报者不了解情况，而否定申请。评述多用书面语。注意语气、态度，要让评委看出申请人的严谨、谦虚、敬贤、认真，避免给人留下武断、傲气的印象。

第五，论述突出重点。论述要紧密围绕选题的亮点，或者说是独到之处展开，不要游离太远。用扎实的论据、平实的语言、诚恳的态度说清楚为什么选这个题、选题的价值即可，万勿滥用华丽、浮泛的语言和形式。

第六，高度重视版式美观。申报通过率高的学校，通常要求所有的申报材料统一字体、统一行距、统一装订，用的都是最好的纸张。建议申请表全文行距为 1.2—1.5 倍，不能低于 1.2 倍。各级小标题采用不同字体。标题和加重点的地方，用黑体，不用加粗的宋体。千万勿密密麻麻，毫不讲究。纸张尽量选用有一定质量的。在水平接近的情况下，评委自然倾向于形式美观的申报书。形式美观说明申报者高度重视申报工作，对工作、对科研有敬畏感、责任心，尊重评审专家，更容易赢得评审专家的信任。

第七，逐年修订、逐年申报。若一次申报不中，不要气馁，可以积累经验，逐年修订申报书，逐年完善，连续申报。在课题申报中，不乏多次坚持，直至获得立项的例子。

最后祝广大作者的研究能力不断提高！论文越写越好！投稿顺利！申请课题取得成功！成为图书馆学的学问家！

（注：本文原名《图书馆学论文写作与投稿全攻略》，载《图书馆工作与研究》，于 2008 年第 1—2 期连载，收入本书时进行了修订增补。）

思考题

1. 开展图书馆学研究应持什么样的态度？

2. 应基于哪些角度开展图书馆学研究？

3. 如何理解"大胆假设，小心求证"？

4. 如何提出真正的新概念而不是哗众取宠？

5. 投稿有哪些注意事项？

6. 面对退稿，哪种态度是积极的、可取的？

7. 申请课题有哪些注意事项？

附录1　教育部关于印发《普通高等学校图书馆规程》的通知

教高〔2015〕14 号

各省、自治区、直辖市教育厅（教委），新疆生产建设兵团教育局，有关部门（单位）教育司（局），部属各高等学校：

为适应高等学校图书馆事业发展需要，更好地指导和规范高等学校图书馆工作，我部对 2002 年发布的《普通高等学校图书馆规程（修订）》进行了修订。现将修订后的《普通高等学校图书馆规程》印发给你们，请遵照执行。

教育部

2015 年 12 月 31 日

普通高等学校图书馆规程

第一章　总则

第一条　为促进高等学校图书馆的建设和发展，指导和规范高等学校图书馆工作，依据《中华人民共和国教育法》《中华人民共和国高等教育法》及相关规定，制定本规程。

第二条　高等学校图书馆（以下简称"图书馆"）是学校的文献信息资源中心，是为人才培养和科学研究服务的学术性机构，是学校信息化建设的重要组成部分，是校园文化和社会文化建设的重要基地。图书馆的建设和发展应与学校的建设和发展相适应，其水平是学校总体水平的重要标志。

第三条　图书馆的主要职能是教育职能和信息服务职能。图书馆应充分发挥在学校人才培养、科学研究、社会服务和文化传承创新中的作用。

第四条 图书馆的主要任务是：

（一）建设全校的文献信息资源体系，为教学、科研和学科建设提供文献信息保障；

（二）建立健全全校的文献信息服务体系，方便全校师生获取各类信息；

（三）不断拓展和深化服务，积极参与学校人才培养、信息化建设和校园文化建设；

（四）积极参与各种资源共建共享，发挥信息资源优势和专业服务优势，为社会服务。

第二章 体制和机构

第五条 高等学校应由一名校级领导分管图书馆工作。图书馆在学校授权范围内实行馆长负责制。学校在重大建设和发展事项的决策过程中，对于涉及文献信息保障方面的工作，应吸收图书馆馆长参与或听取其意见。

第六条 高等学校应根据图书馆实际工作需要设置图书馆内部组织机构和岗位，明确各组织机构和岗位的职责。

第七条 高等学校可根据学校校区分布或学科分布设立相应的总图书馆、校区分馆、学科分馆和院（系、所）分馆（资料室），分馆（资料室）受总图书馆领导或业务指导，面向全校开放。

第八条 高等学校可根据需要设立图书馆工作委员会，作为全校图书馆工作的咨询和协调机构。

图书馆工作委员会由学校相关职能部门负责人、教师和学生代表组成。学校主管图书馆工作的校领导担任主任委员，图书馆馆长担任副主任委员。

图书馆工作委员会应定期召开会议，听取图书馆工作报告，讨论全校文献信息工作中的重大事项，反映师生的意见和要求，向学校和图书馆提出改进工作的建议。

第三章　工作人员

第九条　图书馆工作人员应恪守职业道德，遵守行业规范，认真履行岗位职责。

第十条　图书馆设馆长一名、副馆长若干名。

图书馆馆长应设置为专业技术岗位，原则上应由具有高级专业技术职务者担任，并应保持适当的稳定性。

馆长主持全馆工作，组织制订和贯彻实施图书馆发展规划、规章制度、工作计划、队伍建设方案及经费预算。副馆长协助馆长负责或分管相应工作。

第十一条　高等学校应根据发展目标、师生规模和图书馆的工作任务，确定图书馆工作人员编制。

图书馆馆员包括专业馆员和辅助馆员，专业馆员的数量应不低于馆员总数的50%。专业馆员一般应具有硕士研究生及以上层次学历或高级专业技术职务，并经过图书馆学专业教育或系统培训。辅助馆员一般应具有高等教育专科及以上层次学历，具体聘用条件根据工作岗位的要求和学校的人事管理制度确定。

第十二条　高等学校新聘用图书馆工作人员，按照规定应当面向社会公开招聘的，按照规定执行。

图书馆工作人员按照国家有关规定，实行专业技术职务聘任制和岗位聘任制，享受相应待遇。

第十三条　高等学校应将图书馆专业馆员培养纳入学校的人才培养计划，重视培养高层次的专家和学术带头人。鼓励图书馆工作人员通过在职学习和进修，提高知识水平和业务技能。

第十四条　高等学校对于在图书馆从事特种工作的人员，按国家规定给予相应的劳保待遇。

第十五条　高等学校应根据图书馆工作特点，制定考核办法，定期对工作人员进行考核，考核结果作为调整工作人员岗位、工资以及续订聘用合同等依据。

第四章　经费、馆舍、设备

第十六条　高等学校应保证图书馆正常运行和持续发展所必需的经费和物质条件。

图书馆应注重办馆效益，科学合理地使用经费。

高等学校应鼓励社会组织和个人依法积极向图书馆进行捐赠和资助。

第十七条　高等学校要把图书馆的经费列入学校预算，并根据发展需要逐年增加。

图书馆的经费包括文献信息资源购置费、运行费和专项建设费。运行费主要包括设备设施维护费、办公费等。

第十八条　图书馆的文献信息资源购置费应与学校教学和科学研究的需要相适应，馆藏文献信息资源总量和纸质文献信息资源的年购置量应不低于国家有关规定。全校文献信息资源购置费应由图书馆统筹协调、合理使用。

第十九条　高等学校应按照国家有关法规和标准，建造独立专用的图书馆馆舍。馆舍应充分考虑学校发展规模，适应现代化管理的需要，满足图书馆的功能需求，节能环保，并具有空间调整的灵活性。

馆舍建筑面积和馆内各类用房面积须达到国家规定的校舍规划面积定额标准。

第二十条　高等学校应有计划地为图书馆配备服务和办公所需的各种家具、设备和用品，重视自动化、网络化、数字化等现代信息基础设施建设。

第二十一条　高等学校应做好图书馆馆舍、设备的维护维修，根据需要持续改善图书馆的服务设施，重视图书馆内外环境的美化绿化，落实防火、防水、防潮、防虫等防护措施。

第五章　文献信息资源建设

第二十二条　图书馆应根据学校人才培养、科学研究和学科建设的需要，以及馆藏基础和资源共建共享的要求，制订文献信息资源发展规划和实施方案。

第二十三条　图书馆在文献信息资源建设中应统筹纸质资源、数字资源和其他载体资源；保持重要文献、特色资源的完整性与连续性；注重收藏本校以及与本校有关的各类型载体的教学、科研资料与成果；寻访和接受社会捐赠；形成具有本校特色的文献信息资源体系。

第二十四条　图书馆应积极参与国内外文献信息资源建设的馆际协作，实现资源共建共享。

第二十五条　图书馆应根据国家和行业的相关标准规范，对采集的信息资源进行科学的加工整序，建立完善的信息检索系统。

第二十六条　图书馆应合理组织馆藏纸质资源，便于用户获取和利用；应加强文献保护与修复，保证文献资源的长期使用。

第二十七条　图书馆应注重建设数字信息资源管理和服务系统，参与校园信息化建设和学校学术资源的数字化工作，建立数字信息资源的长期保存机制，保障信息安全。

第六章　服务

第二十八条　图书馆应坚持以人为本的服务理念，保护用户合法、平等地利用图书馆的权利，健全服务体系，创新服务模式，提高服务效益和用户满意度。

第二十九条　图书馆在学校教学时间内开馆每周应不低于 90 小时，假期也应有必要的开放时间，有条件的学校可以根据实际需要全天开放；网上资源的服务应做到全天 24 小时开放。

第三十条　图书馆应不断提高文献服务水平，采用现代化技术改进服务方式，优化服务空间，注重用户体验，提高馆藏利用率和服务效率。

图书馆应积极拓展信息服务领域，提供数字信息服务，嵌入教学和科研过程，开展学科化服务，根据需求积极探索开展新服务。

第三十一条　图书馆应全面参与学校人才培养工作，充分发挥第二课堂的作用，采取多种形式提高学生综合素质。

图书馆应重视开展信息素质教育，采用现代教育技术，加强信息素质课程体系建设，完善和创新新生培训、专题讲座的形式和内容。

第三十二条　图书馆应积极参与校园文化建设，积极采用新媒体，开展阅读推广等文化活动。

第三十三条　图书馆应制定相关规章制度，引导用户遵守法律法规和公共道德，尊重和保护知识产权，爱护馆藏文献及设施设备，维护网络信息安全。

第三十四条　图书馆应为学生提供社会实践的条件，设置学生参与图书馆管理与服务的岗位，支持与图书馆有关的学生社团和志愿者的活动。

第三十五条　图书馆应通过加强无障碍环境建设等，为残障人士等特殊用户利用图书馆提供便利。

第三十六条　图书馆应加强各馆之间以及与其他类型图书馆之间的协作，开展馆际互借和文献传递、联合参考咨询等共享服务。

第三十七条　图书馆应在保证校内服务和正常工作秩序的前提下，发挥资源和专业服务的优势，开展面向社会用户的服务。

第七章　管理

第三十八条　高等学校应秉持改革与创新的理念，确定图书馆办馆宗旨。

图书馆应根据学校发展目标制订图书馆发展规划，建立健全各项规章制度。

第三十九条　高等学校应推动图书馆严格遵循相关的专业标准，不断完善业务规范和考核办法，改进和优化业务管理。

第四十条　高等学校应支持图书馆有计划地开展学术研究，组织和参与国内外学术交流活动，发表研究成果。支持图书馆积极参加专业学术团体，按国家有关规定申请加入国际学术组织。

图书馆应鼓励馆员申报各级各类科研项目，有条件的可根据需要自行设立科研课题。

第四十一条　图书馆应注重统计工作，如实填报各类统计数据，做好统计数据的保存和分析。

第四十二条　图书馆应建立文书和档案管理制度，制订管理规范，妥善收集、整理和保存文书档案资料。

第四十三条　图书馆应重视馆藏文献等资产的管理，建立完整的资产账目和管理制度。

第四十四条 高等学校应重视图书馆公共安全管理，采取多种防护措施，制订突发事件应急预案，保护人身安全。

第四十五条 高等学校应鼓励图书馆积极开展业务评估评价活动，不断提高办馆效益和水平。

第八章 附则

第四十六条 本规程适用于全日制普通高等学校。各高等学校可依据本规程并结合学校的办学层次、学校性质、学科特点、学校规模、所在地区等具体因素，制订本校图书馆的工作规定和实施细则。

第四十七条 教育部高等学校图书情报工作指导性专家组织可根据本规程制订各类型高等学校图书馆的建设与服务方面具体规定，指导各类型高等学校图书馆的发展和评估评价工作。

第四十八条 本规程自发布之日起施行。原《普通高等学校图书馆规程（修订）》（教高〔2002〕3号）同时废止。

附录2　高校图书馆员应读书目 *

图书馆历史

赵建爽.图书馆老照片.北京：国家图书馆出版社，2020.

韩永进.中国图书馆史.北京：国家图书馆出版社，2017.

谢灼华.中国图书和图书馆史.武汉：武汉大学出版社，2011.

中国图书馆学会.百年文萃　空谷余音.北京：中国城市出版社，2005.

图书馆学理论

邱均平.文献计量学.北京：科学出版社，2019.

王子舟.图书馆学是什么.北京：北京大学出版社，2019.

吴慰慈，董焱.图书馆学概论（第四版）.北京：国家图书馆出版社，2019.

马费成.信息管理学基础.武汉：武汉大学出版社，2018.

朱强，别立谦.泛在信息社会与图书馆服务转型.北京：人民出版社，2018.

范并思，等.20世纪西方与中国的图书馆学：基于德尔斐法测评的理论史纲.北京：国家图书馆出版社，2016.

刘兹恒.ISO IFLA图书馆标准规范体系研究.北京：国家图书馆出版社，2016.

于良芝.图书馆情报学概论.北京：国家图书馆出版社，2016.

吴慰慈，刘兹恒.图书馆藏书.北京：国家图书馆出版社，2013.

柯平.图书馆知识管理研究.北京：北京图书馆出版社，2006.

王知津.竞争情报.北京：科学技术文献出版社，2004.

---

* 本书目是在王波提供的书目基础上，由浙江工业大学图书馆陈洁整理修改而成。

孟广均 . 信息资源管理导论 . 北京：科学出版社，2003.

王子舟 . 图书馆学基础教程 . 武汉：武汉大学出版社，2003.

李华伟 . 知识管理的理论与实践 . 北京：华艺出版社，2002.

肖希明，袁琳 . 中国图书馆藏书发展政策研究 . 南京：南京大学出版社，2002.

吴慰慈 . 当代图书馆学情报学前沿探寻 . 北京：北京图书馆出版社，2002.

徐引篪 . 现代图书馆学理论 . 北京：北京图书馆出版社，1999.

张琪玉 . 情报语言学基础 . 武汉：武汉大学出版社，1997.

图书馆学研究法

《中国图书馆学报》编辑部 . 图书馆员论文撰写与投稿指南 . 北京：国家图书馆出版社，2018.

王子舟 . 图书馆学研究法：学术论文写作撷要 . 北京：北京大学出版社，2017.

图书馆实务

黄如花 . 信息检索（3 版）. 武汉：武汉大学出版社，2019.

潘燕桃，肖鹏 . 信息素养通识教程 . 北京：高等教育出版社，2019.

孙更新 . 国际性编目规则及其发展研究 . 武汉：武汉大学出版社，2019.

程焕文 . 信息资源共享 . 北京：高等教育出版社，2016.

胡昌平，柯平 . 信息服务与用户研究 . 北京：科技技术文献出版社，2015.

柯平 . 信息检索与信息素养概论 . 北京：高等教育出版社，2015.

肖珑，等 . 数字信息资源的检索与利用 . 北京：北京大学出版社，2013.

ISBD 评估组 . 国际标准书目著录（2011 年统一版）. 顾犇，译 . 北京：北京图书馆出版社，2012.

马张华 . 信息组织 . 北京：清华大学出版社，2008.

国家图书馆 MARC21 格式使用手册课题组 . MARC21 书目数据格式使用手册 . 北京：北京图书馆出版社，2005.

初景利 . 图书馆数字参考咨询服务研究 . 北京：北京图书馆出版社，2004.

杨玉麟 . 信息描述 . 北京：高等教育出版社，2004.

徐建华 . 现代图书馆管理 . 天津：南开大学出版社，2003.

潘寅生 . 图书馆管理工作 . 北京：北京图书馆出版社，2002.

《科技查新教程》编写组 . 科技查新教程 . 北京：机械工业出版社，2001.

彭斐章 . 书目情报需求与服务组织 . 武汉：武汉大学出版社，2000.

吴建中 . DC 元数据 . 上海：上海科学技术文献出版社，2000.

阅读推广

蔡迎春，金欢 . 图书馆阅读推广案例赏析 . 北京：国家图书馆出版社，2019.

陈进，李笑野，郭晶 . 高校图书馆阅读推广案例精编 . 北京：海洋出版社，2017.

王波 . 阅读疗法 . 北京：海洋出版社，2014.

王波 . 中外图书馆阅读推广活动研究 . 北京：海洋出版社，2017.

王新才 . 大学图书馆阅读推广 . 北京：朝华出版社，2017.

王余光 . 中国阅读通史：理论卷 . 合肥：安徽教育出版社，2017.

李东来 . 图书馆数字阅读推广 . 北京：朝华出版社，2015.

邱冠华，金德政 . 图书馆阅读推广基础工作 . 北京：朝华出版社，2015.

王余光 . 图书馆阅读推广研究 . 北京：朝华出版社，2015.

徐雁 . 阅读的人文与人文的阅读 . 北京：科学出版社，2014.

图书馆职业感情

麦仑，维特 . 小猫杜威 . 马爱农，译 . 上海：上海译文出版社，2019.

肖燕 . 应对变革：30 年来美国图书馆楷模人物撷英 . 北京：国家图书馆出版社，2019.

王波 . 快乐的软图书馆学 . 北京：海洋出版社，2014.

王波 . 可爱的图书馆学 . 北京：海洋出版社，2014.

程焕文 . 图书馆精神 . 北京：北京图书馆出版社，2007.

凯恩 . 图书馆这一行 . 北京：北京图书馆出版社，2007.

图书馆未来

吴建中. 21世纪图书馆新论（第三版）. 上海：上海科学技术出版社，2016.

美国国会图书馆. 21世纪国会图书馆数字战略. 蒋伟明，等译. 北京：北京图书馆出版社，2004.

附录3　相关法律法规及图书馆界的行业准则

陈洁　整理

我国相关法律法规

1.《中华人民共和国宪法》（1982 年 12 月 4 日第五届全国人民代表大会第五次会议上正式通过，根据 1988、1993、1999、2004、2018 年五次《中华人民共和国宪法修正案》修正）第二十二条：国家发展为人民服务、为社会主义服务的文学艺术事业、新闻广播电视事业、出版发行事业、图书馆博物馆文化馆和其他文化事业，开展群众性的文化活动。

2.《中华人民共和国著作权法》（1990 年 9 月 7 日第七届全国人民代表大会常务委员会第十五次会议通过，根据 2020 年 11 月 11 日第十三届全国人民代表大会常务委员会第二十三次会议《关于修改〈中华人民共和国著作权法〉的决定》第三次修正）

3.《中华人民共和国民法典》（2020 年 5 月 28 日第十三届全国人民代表大会三次会议表决通过，自 2021 年 1 月 1 日起施行）

4.《中华人民共和国公共图书馆法》（2017 年 11 月 4 日第十二届全国人民代表大会常务委员会第三十次会议通过，自 2018 年 1 月 1 日起施行，根据 2018 年 10 月 26 日第十三届全国人民代表大会常务委员会第六次会议《关于修改〈中华人民共和国野生动物保护法〉等十五部法律的决定》修正）

5.《中小学图书馆（室）规程》（2018 年 5 月 28 日中华人民共和国教育部印发，自 2018 年 6 月 1 日起施行）

6.《中华人民共和国公共文化服务保障法》（2016 年 12 月 25 日第十二届全国人民代表大会常务委员会第二十五次会议通过，自 2017 年 3 月 1 日起施行）

7.《音像制品管理条例》（2001 年 12 月 25 日中华人民共和国国务院令

第341号公布，自2002年2月1日起施行，根据2016年2月6日国务院第666号令《国务院关于修改部分行政法规的决定》第三次修订）

8.《普通高等学校图书馆规程》（2015年12月31日中华人民共和国教育部印发）

9.《图书馆建筑设计规范》（JGJ 38—2015）（2015年8月28日中华人民共和国住房和城乡建设部公告批准、发布）

10.《电子出版物管理规定》（2007年12月26日中华人民共和国新闻出版总署第2次署务会议通过，自2008年4月15日起施行）

11.《公共文化体育设施条例》（2003年6月26日中华人民共和国国务院发布，自2003年8月1日起施行）第二条：本条例所称公共文化体育设施，是指由各级人民政府举办或者社会力量举办的，向公众开放用于开展文化体育活动的公益性的图书馆、博物馆、纪念馆、美术馆、文化馆（站）、体育场（馆）、青少年宫、工人文化宫等的建筑物、场地和设备。

12.《出版管理条例》（2001年12月25日中华人民共和国国务院令第343号公布，自2002年2月1日起施行）

13.《全国图书资料系列高级职称评审基本条件》（试行）（2000年1月1日中华人民共和国文化部发布）

14.《中等专业学校图书馆规程》（1997年4月7日中华人民共和国国家教育委员会颁发）

15.《省（自治区、市）图书馆工作条例》（1982年12月中华人民共和国文化部颁布执行）

16.《中华人民共和国教育法》（1995年3月18日第八届全国人民代表大会第三次会议通过，根据第十二届全国人民代表大会常务委员会第十八次会议《关于修改〈中华人民共和国教育法〉的决定》第二次修正）第五十一条：图书馆、博物馆、科技馆、文化馆、美术馆、体育馆（场）等社会公共文化体育设施，以及历史文化古迹和革命纪念馆（地），应当对教师、学生实行优待，为受教育者接受教育提供便利。

17.国家教委所属高等学校实行《图书、资料专业职务试行条例》的实施细则（1987年6月16日中华人民共和国国家教育委员会制订）

18.《图书、资料专业职务试行条例》（中华人民共和国文化部制定，1986

年 4 月 2 日中央职称改革工作领导小组转发）

国际国内图书馆界的行业准则

1.《图书宪章》（1972 年国际图书年由联合国教科文组织发布）

2.《联合国教科文组织 / 国际图联公共图书馆宣言》(《公共图书馆宣言》1949 年由联合国教科文组织制定并颁布，1972 年、1994 年两次修订，1994 年修订版文后说明"该《宣言》系与国际图联共同拟订"）

3.《中国图书馆员职业道德准则（试行）》(中国图书馆学会编，北京图书馆出版社 2003 年出版）

附录4 标准、规范

陈洁 整理

1. 国家及行业标准

标准名称	标准号
标准文献元数据	GB/T 22373—2008
测绘制图资料著录规则	GB/T 3792.6—2005
电子连续性资源元数据规范	WH/T 63—2014
电子图书元数据规范	WH/T 64—2014
公共图书馆服务规范	GB/T 28220—2011
公共图书馆建筑防火安全技术标准	WH 0502—1996
公共图书馆评估指标 第1部分：省级公共图书馆	WH/T 70.1—2015
公共图书馆评估指标 第2部分：市级公共图书馆	WH/T 70.2—2015
公共图书馆评估指标 第3部分：县级公共图书馆	WH/T 70.3—2015
公共图书馆评估指标 第4部分：省级少年儿童图书馆	WH/T 70.4—2015
公共图书馆评估指标 第5部分：市级少年儿童图书馆	WH/T 70.5—2015
公共图书馆评估指标 第6部分：县级少年儿童图书馆	WH/T 70.6—2015
公共图书馆少年儿童服务规范	GB/T 36720—2018
公共图书馆业务规范 第1部分：省级公共图书馆（征求意见中）	20181917—T—357
公共图书馆业务规范 第2部分：市级公共图书馆（征求意见中）	20181918—T—357
公共图书馆业务规范 第3部分：县级公共图书馆（征求意见中）	20181919—T—357
古籍函套技术要求	GB/T 35662—2017
古籍著录规则	GB/T 3792.7—2008
管理元数据规范	WH/T 52—2012
流动图书车车载装置通用技术条件	WH/T 76—2016
普通图书著录规则	GB/T 3792.2—2006

标准名称	标准号
期刊论文元数据规范	WH/T 66—2014
社区图书馆服务规范	WH/T 73—2016
视频资源元数据规范	WH/T 62—2014
术语工作 文后参考文献及源标识符	GB/T 23289—2009
数字对象唯一标识符规范	WH/T 48—2012
数字资源长期保存元数据规范	WH/Z 1—2012
缩微摄影技术 在 16mm 和 35mm 银－明胶型缩微胶片上拍摄文献的操作程序	GB/T 16573—2008
图书馆参考咨询服务规范	WH/T 71—2015
图书馆古籍书库基本要求	GB/T 30227—2013
图书馆古籍特藏书库基本要求	WH/T 24—2006
图书馆馆藏资源数字化加工规范 第 2 部分：文本资源	GB/T 31219.2—2014
图书馆馆藏资源数字化加工规范 第 3 部分：图像资源	GB/T 31219.3—2014
图书馆馆藏资源数字化加工规范 第 4 部分：音频资源	GB/T 31219.4—2014
图书馆馆藏资源数字化加工规范 第 5 部分：视频资源	GB/T 31219.5—2016
图书馆行业条码	WH/T 74—2016
图书馆 射频识别 数据模型 第 1 部分：数据元素设置及应用规则	WH/T 43—2012
图书馆 射频识别 数据模型 第 2 部分：基于 ISO/IEC 15962 的数据元素编码方案	WH/T 44—2012
图书馆视障人士服务规范	GB/T 36719—2018
图书馆数字资源统计规范	WH/T 47—2012
图书馆数字资源长期保存信息包封装规范	WH/T 72—2015
图书冷冻杀虫技术规程	GB/T 35661—2017
图像数据加工规范	WH/T 46—2012
图像元数据规范	WH/T 51—2012
网络资源元数据规范	WH/T 50—2012
文本数据加工规范	WH/T 45—2012
文献成像应用 对原始文件制作的建议	GB/T 30536—2014
文献成像应用在 35mm 胶片上缩微拍摄非彩色地图	GB/T 18730—2002
文献档案资料数字化工作导则	GB/T 20530—2006

续表

标准名称	标准号
文献管理 电子内容／文档管理（CDM）数据交换格式	GB/T 30541—2014
文献主题标引规则	GB/T 3860—2009
文献著录 第 1 部分：总则	GB/T 3792.1—2009
文献著录 第 3 部分：连续性资源	GB/T 3792.3—2009
文献著录 第 4 部分：非书资料	GB/T 3792.4—2009
文献著录 第 9 部分：电子资源	GB/T 3792.9—2009
乡镇图书馆统计指南	WH/T 69—2014
信息与文献 参考文献著录规则	GB/T 7714—2015
信息与文献 档案纸耐久性和耐用性要求	GB/T 24422—2009
信息与文献 都柏林核心元数据元素集	GB/T 25100—2010
信息与文献 公共图书馆影响力评估的方法和流程	WH/T 84—2019
信息与文献 交互式文本检索命令集	GB/T 19689—2005
信息与文献 开放系统互连 馆际互借应用协议规范 第 1 部分：协议说明书	GB/T 23270.1—2009
信息与文献 开放系统互连 馆际互借应用协议规范 第 2 部分：协议实施一致性声明（PICS）条文	GB/T 23270.2—2009
信息与文献 书目数据元目录 第一部分：互借应用	GB/T 19688.1—2005
信息与文献 书目数据元目录 第二部分：采访应用	GB/T 19688.2—2005
信息与文献 书目数据元目录 第三部分：情报检索	GB/T 19688.3—2005
信息与文献 书目数据元目录 第四部分：流通应用	GB/T 19688.4—2005
信息与文献 书目数据元目录 第五部分：编目和元数据交换用数据元	GB/T 19688.5—2009
信息与文献 术语	GB/T 4894—2009
信息与文献 图书馆和档案馆的图书、期刊、连续出版物及其他纸质文献的装订要求 方法与材料	GB/T 30108—2013
信息与文献 图书馆和档案馆的文献保存要求	GB/T 27703—2011
信息与文献 图书馆绩效指标	GB/T 29182—2012
信息与文献 图书馆射频识别（RFID）第 1 部分：数据元素及实施通用指南	GB/T 35660.1—2017
信息与文献 图书馆射频识别（RFID）第 2 部分：基于 ISO/IEC 15962 规则的 RFID 数据元素	GB/T 35660.2—2017

标准名称	标准号
信息与文献 图书馆统计	GB/T 13191—2009
信息与文献 文件管理第 1 部分：通则	GB/T 26162.1—2010
信息与文献 文件管理过程 文件元数据第 1 部分：原则	GB/T 26163.1—2010
信息与文献 文献用纸耐久性要求	GB/T 24423—2009
信息与文献 信息检索（Z39.50）应用服务定义和协议规范	GB/T 27702—2011
信息与文献 信息交换格式	GB/T 2901—2012
信息与文献 叙词表及与其他词表的互操作 第 1 部分：用于信息检索的叙词表	GB/T 13190.1—2015
信息与文献 叙词表及与其他词表的互操作 第 2 部分：与其他词表的互操作	GB/T 13190.2—2018
信息与文献 资源描述	GB/T 3792—2021
学位论文元数据规范	WH/T 68—2014
音频数据加工规范	WH/T 49—2012
音频资源元数据规范	WH/T 67—2014
印刷型文献价格指数标准	GB/T 15693—1995
知识产权文献与信息 分类及代码	GB/T 21373—2008
知识产权文献与信息 基本词汇	GB/T 21374—2008
中国古今地名数据描述规范	WH/T 85—2019
中国机读书目格式	GB/T 33286—2016
中国少数民族文字古籍定级	GB/T 36748—2018

2. 国际图联各种标准、规范、指导原则（IFLA Standards）

参见 IFLA 官网 https://www.ifla.org/

3. 其他

（1）国家知识产权局、教育部《高校知识产权信息服务中心建设实施办法》

（2）国家知识产权局《技术与创新支持中心（TISC）建设实施办法》

附录5 主要专业术语缩写表

缩写词	全称
AUIPIS	高校知识产权信息服务联盟（Alliance of University Intellectual Property Information Service）
CADAL	大学数字图书馆国际合作计划（China Academic Digital Associative Library）
CALIS	中国高等教育文献保障系统（China Academic Library & Information System）
CASHL	中国高校人文社会科学文献中心（China Academic Social Sciences and Humanities Library）
CHAIR	中国高校机构知识库联盟（Confederation of China Academic Institutional Repository）
DRAA	高校图书馆数字资源采购联盟（Digital Resource Acquisition Alliance of Chinese Academic Libraries）
NSTL	国家科技图书文献中心（National Science and Technology Library）
OCLC	联机计算机图书馆中心（Online Computer Library Center）
TISC	世界知识产权组织技术和创新支持中心（WIPO Technology and Innovation Support Center）
北大核心	北京大学图书馆《中文核心期刊要目总览》
南大核心	南京大学《中文社会科学引文索引》（Chinese Social Sciences Citation Index，CSSCI）
教育部图工委	教育部高等学校图书情报工作指导委员会
国际图联 IFLA	国际图书馆协会和机构联合会（International Federation of Library Associations and Institutions）
《中图法》	《中国图书馆分类法》
中图学会	中国图书馆学会